「盧《ろ》溝《こう》橋《きょう》事件記念日」をめぐる日本と中国

政治的語りに見る日中戦争像の比較研究

鄒燦
Zou Can

大阪大学出版会

はしがき

一九七八年の日中平和友好条約締結から四〇年となる。この条約は日本と中国がはじめて対等の立場で締結した条約であり、以後四〇年間、両国間のヒト・モノ・カネと情報の往来は不可逆的に拡大・深化した。同時にこの四〇年は東アジア歴史問題が一九八〇年代に発生し二一世紀に新たな展開を見る時期であり、それは、日中の安定した関係を構築するうえでも避けて通ることのできない重要課題として私たちの眼前に置かれている。日中歴史問題とは日中戦争に関わる問題であり、日中戦争に関する認識について、両者の間に看過し得ない不一致が様々な局面で現れ、それが深刻な対立を生むこととなった。

一九八二年、日本の歴史教科書において「侵略」の「進出」への書き換えを求める検定意見が出されたとする新聞報道を契機に、中国と韓国が批判を展開、教科書問題が国際問題化した。これに対して日本政府は検定における「近隣諸国条項」を作成し、事態を収拾した。またA級戦犯の靖国合祀は一九七八年に行われていたが、八〇年代、首相の靖国公式参拝に対して中韓の批判が見られるようになった。

一九八九―一九九一年、天安門事件・ベルリンの壁崩壊から東欧・ソ連の社会主義放棄に至る東西冷戦の瓦解は、第二次世界大戦後国際政治のパラダイム転換をもたらした。日本では一九九三年に五五年体制が崩壊、連立政権時代となった。一九九五年の戦後五〇周年の衆議院決議と村山首相談話をめぐる紛糾と曲折は、冷戦後の新たな環境のもとで、日本が戦後五〇年をどのように総括し将来をどのように展望するのかについての国家の意思を集約したものであり、以後の日本社会が担わねばならない課題の重さを示すことになった。一方、中国では、社会主義イデオロギーによる社会的凝集力性の減価を補うため、ナショナリズム（愛国主義）が強調されるようになった。

二〇一五年、戦後七〇周年に当たり安倍首相、習近平・中国主席、馬英九・台湾総統はそれぞれ以下のような談話・スピーチを発表した。

八月一四日に公表された安倍首相の七〇年談話は、有識者懇談会の報告が公表された後、閣議決定を経て発表された。すなわち、（一）アジアで最初に立憲政治を打ち立て独立を守りぬいた日本は、世界恐慌後「新しい国際秩序」への「挑戦者」となり、進むべき針路を誤り戦争への道を進んでいった。（二）事変・侵略・戦争といういかなる武力の威嚇や行使も、国際紛争を解決する手段としてはもう二度と用いてはならない。（三）あの戦争には何ら関わりのない私たちの子孫に謝罪を続ける宿命を背負わせてはならない。（四）我が国は、自由・民主主義・人権という基本的価値を堅持し、その価値を共有する国々と手を携えて「積極的平和主義」の旗を高く掲げ、世界の平和と繁栄に貢献する、とした。翌日の日本各紙はいずれも安倍談話についての社説を掲げたが、『日経』『毎日』『読売』のそれは、いずれも、河野・村山談話など従来の内閣の見解を継承しその延長線上に今回の談話に置くことによって東アジアの将来を展望しようとしている。

九月三日、中国は「中国人民抗日戦争・世界反ファシズム戦争勝利七〇周年記念大会」を天安門広場で開催、軍事パレードが行われた。習近平・中国国家主席は、この軍事パレードに先立ち講話を行い、(一) 十四年の長きにわたる中国人民抗日戦争の勝利は、近代以来の中国が外敵の侵入を撃退したはじめての完全な勝利であった。(二) 世界反ファシズム戦争のなかで、中国人民抗日戦争は最も早くはじまり持続時間も最長であった。(三) 世界の各国は、共に国連憲章の理念と原則を核とする国際秩序と体制を維持し、さらに合作共利 (提携することによって共に利益を得ること) を核とする新国際関係を積極的に構築し、共に世界平和と発展という崇高な事業を推進しなければならない、と述べた。この講話において、習近平は、第一に、この戦争を一九三一年満洲事変にはじまる中国人民戦争と規定し、それは世界反ファシズム戦争を構成する重要な一環であったとし、第二に、国連憲章に基づく国際秩序を踏まえつつ、二一世紀における中国のグローバル大国化を背景に米国と新たな二国間関係の構築を求めている。

九月二日、台北で開かれた抗戦勝利七〇周年・中華民国一〇四年軍人節慶祝活動において、馬英九・

台湾総統は、（一）八年抗戦は中華民国を救い台湾を光復しただけではなく、連合国と共に第二次世界大戦の勝利を勝ちとった。（二）抗戦は国民政府・蔣中正委員長の領導のもと全国軍民の困苦奮闘の成果であり、抗戦勝利がなければ台湾光復はなく、国軍の犠牲と奮闘がなければ今日の中華民国の自由・民主・繁栄の生活はあり得ない。（三）台湾の各族群の歴史の記憶は必ず尊重しなければならないが、同時に多くの先人が反侵略・反殖民のために心血と生命を捧げたことを忘れてはならない、と述べた。すなわち、一九三七年の盧溝橋事件にはじまる八年の対日抗戦は蔣介石・国民政府のもとで戦われたこと、そしてそれを第二次世界大戦勝利から戦後に至る国際情勢の展開の重要な一環として、史実として位置付けなければならない、ということである。

上記の安倍・習・馬の語りは、日本・中国・台湾の政府レベルにおける今日の日中戦争認識であるとしてよいが、これらはいつごろどのようにして発生したのであろうか。その淵源は一九四五年の終戦・敗戦／勝利の時点に置かれるのであろうか。

本書は、日中戦争期にこの戦争を戦っていた各政権が盧溝橋事件をどのように記念していたのかを復元することによって、日本と中国の日中戦争認識が日中戦争期までさかのぼり得ることを明らかにする。慷慨は次の通り。

一九三七年七月七日、北平（現在の北京）近郊の盧溝橋で発生した日中両軍の衝突は八月なかばには全面戦争に発展した。本書は、この盧溝橋事件を発端とする日中戦争勃発から終戦前夜まで、共に戦時体制を強いられた日本と中国を四つの異なる政治空間（日本本土、日本軍による中国占領地、重慶国民政府が管轄する「国統区」、中共が支配する抗日根拠地）において、それぞれの権力の主体（日本政府、対日協力の汪精衛政権、重慶国民政府、中共政権）が、七月七日の盧溝橋事件を戦争動員あるいは政治宣伝の必要に応じてどのように記念し、それぞれの戦争解釈を支配下にある国民にどのように語ったのかを復元することによって、日本と中国の戦争認識に関わる差異（「加害」と「被害」、「敗戦」と「戦勝」）を検証する。

［第一章　聖戦の語り］　天皇による支那事変一周年の勅語下賜にはじまった支那事変周年記念は「聖戦」記念日として定着したが、それは一九四二年の五周年記念行事が最後となった。その後の「聖戦」の語りは、一九四一年一二月八日に発せられた英米に対する宣戦勅書に拠るようになっていく。そもそも太平洋戦争勃発前に形成されていた「聖戦」の語りには相手側の中国に対する加害の事実がほとんど見られない。さらに、戦局が「支那事変」から「大東亜戦争」へ発展していくと、この加害の相手すら不在となっていく。このように変貌した「支那」不在の「聖戦」の語りと加害者不在の戦争認識は、戦後アメリカ占領期の「太平洋戦争史観」と内的に連続していった。

［第二章　平和の語り］　占領地の「七七記念」は、重慶政権や中共の抗日宣伝に対する反宣伝を余儀なくされた結果、厳重な警備のもとでかつ「聖戦」記念日の影響を受けつつ行われた。占領地にお

ける名目上の主権者として、汪精衛政権は日本側の制約を受ける一方、「聖戦」の語りに対抗しながら、「七七記念」を通じて自らの「平和」の語りを行うことによって戦争認識を構築しなおそうとした。汪政権にとって、それは受動的であっても「七七記念」が「日中平和」を用いて政権に正当性を付与する一つのきっかけとなった。しかしながら、太平洋戦争が勃発すると、汪政権は平和と背馳する「大東亜戦争の完遂、戦時体制の強化」を記念日に主張せざるを得なくなった。占領地の「七七」記念活動から見えてくる日中戦争像は交錯し、かつ曖昧な様相を呈していた。

［第三章　建国の語り］　国民党と国民政府は盧溝橋事件一周年を前に七月七日を抗戦建国記念日に制定し、その記念活動は「抗戦建国綱領」の主旨にしたがい「抗戦必勝・建国必成」を目指したものであった。そこでは「反汪鋤奸」（汪精衛批判・「漢奸」粛清）と中共による記念日活動に対する警戒が見られた。その「建国」の語りは、国民党と国民政府が抗戦を徹底して指導する主体であり、抗戦建国事業の完成と抗戦を通じた国際的地位の向上によって、強力な近代国家を建設し民族復興を成就するというものであった。「抗戦建国記念日」は終戦まで実施されたが、一九四三年以降、「七七」に付与される意味は中華民族の恥辱から民族の栄光に変化する。戦後、国民政府は七月七日の「抗戦建国記念日」を「陸軍記念節」に改めた。こうして「建国」の語りにおける「抗戦」の記憶は、「七七」という国難に対して立ち上がった民族の悲愴から、「九三」（九月三日）の勝利を掴んだ民族の誇りに移行した。

［第四章　革命の語り］　第二次国共合作のもとで一地方政権として辺区政府を指導する中共は、「抗戦建国記念日」を辺区で実施しつつ、国民党による記念要綱の主旨とは異なる記念宣言の発表によって抗戦に対する自らの主張を公表した。抗戦を抗日民族革命さらには世界反ファシズム戦争の構成部分と捉える中共は、形式上は国民政府の管轄下にあったが、延安をはじめとする中共根拠地において「抗戦建国記念日」が実際に展開される時、中共による「革命」の語りの独自性の方が、「国統区」の記念活動との一致よりも重視された。戦後、一九四六年に本格化した内戦のなかで国民党・国民政府に反対する民族革命の主張に正当性を与えるため、中共は「七七」を記念し続けた。そこでは、日中戦争期の抗戦像にある日本侵略とその残酷さの部分を継承する一方で、内戦期を経て自らが抗戦の主役であるような抗戦像を構築しようとした。

一九四五年八月の終戦によって植民地帝国は崩壊し、日本はGHQの占領下に置かれた。一方、ヤルタ協定で蔣介石・国民党のもとでの再建を目指した中国は、一九四六年一月に創設された国際連合で安全保障理事会・常任理事国となったが、国共交渉や政治協商会議にもかかわらず六月に国共内戦がはじまった。一九四九年一〇月、内戦に勝利した中共のもとで中華人民共和国が成立する。朝鮮半島では前年一九四八年八月と九月に北緯三八度線を境にして南北朝鮮が成立していたが、一九五〇年六月に朝鮮戦争が勃発、これを契機に台湾海峡はアメリカ太平洋艦隊によって制御され、結果、人民共和国と中華民国との分裂が固定化した。一九五一年九月のサンフランシスコ講和条約と日米安保条約によって、日本は国際政治への復帰を果たした。東アジアにおける東西冷戦が構造化するなかで、一九五二年四月に日華平和条約が結ばれた。日本と中国における「不正常な関係」は、一九七一年一〇月の国連中国代表権決議と翌年一九七二年二月のニクソン訪中の後、九月に田中角栄首相の訪中と日中国交正常化を待たねばならなかった。

日本と中国の日中戦争認識はこうした戦後政治の展開に規定されながら定型化していったが、本書は、日本・中国・台湾の戦争認識が日中戦争期におけるそれぞれの認識に規定されたものであったことを、盧溝橋事件の周年記念のありかたに関わる実証を通して明らかにしている。著者は日本・中国・台湾の公文書館が所蔵する未公刊文書や新聞、関連資料を渉猟し、その実態を丹念に復元した。また中国側の対象を三者に分けていること、とりわけ日中のグレーゾーンに位置する日本占領下の汪精衛政権の活動に注目することによって、当時の日中戦争認識の実態を立体的に構成することに成功している。

ヒト・モノ・カネと情報の往来から近現代の日本と中国の関係を俯瞰すれば、一九世紀後半から二〇世紀前半に至る百年もまた極めて濃密な実質を有していた。日清戦争、対華二十一か条要求、満洲事変が示すように、それが敵対的あるいは深刻な対立を孕んでいたことは、日中戦争にとどまらない。二一世紀の今日、この日本と中国の近代百年をどのように捉え、将来をどのように構想するのかが問われている。私たちがこうした課題に取り組むために、本書は有意な思路を提供している。本書が広く読まれることを期待する。

大阪大学大学院法学研究科　田中　仁

目次

凡例

（一）「盧溝橋」の「盧」字については、以前の資料では「蘆」と記される場合がある。今日、「盧溝橋」が正しい地名表記であるとされていることから、本書では、資料の引用も含めすべて「盧」字に統一した。
（二）日本語の公文書や刊行資料集について、文献の直接引用を除き、仮名表記を片仮名からすべて平仮名に、旧字体を新字体に改めた。
（三）中国語の資料は日本語訳で示す。その訳は著者によるものである。
（四）中国語資料の名称の表記については必要な場合を除いて、簡体字や繁体字を用いず、それらに対応する日本語の漢字で表記する。
（五）読者の誤解を招くと判断した資料中の表記には「ママ」と付した。中国人名・地名に対してはルビを、また資料には著者による現代語訳を適宜付けた。
（六）書名と文献名における数字は原書の表記に従う。
（七）引用文に対する著者の補足は［　］内に示した。
（八）用語についての著者の説明は（　）内に示した。

序章　本書の研究課題

第一節　問題関心　　戦争認識の比較研究

　日中戦争は、その武力の行使という側面から、日本と中国が共に直視せざるを得ない近代日中関係史における重要な構成部分である。日中戦争史研究（中国では抗日戦争史研究とされる）は終戦から七〇年の時を経ても、重要な研究テーマであり、個々の事件や事象に対する史実の考証が依然として歴史研究者の関心を引く一方で、新たな歴史テーマやもう一つの歴史的真実として日中戦争をめぐる記憶や認識についても、研究されるようになってきた。(1) こうした研究動向の要因は次の二点に求めることができる。

　一点目として、一九七〇、八〇年代からポストモダニズムに影響された歴史学における研究視野と研究方法の転換が挙げられる。そのうち、記憶の歴史（history of memory）は、新文化史やグローバルヒストリーなどの新興分野と共に、歴史過程を国民国家形成の物語に統括する「大きな物語」(grand narrative）が特徴だった歴史学を批判・解体する役割を担いながら出現し、歴史学に大きな衝撃を与えた。(2) 二点目は、冷戦体制の崩壊が、イデオロギーの東西対立によって排除・隠蔽された戦争の歴史の様々な側面を発掘し、戦時期を再検討するきっかけを作ったことである。そのため、ホロコーストをはじめとして南京大虐殺、慰安婦問題、広島・長崎の原爆ひいては植民地・占領地被害などに関する歴史的考察が盛んに行われ、記憶研究の極めて重要な役割を担うようになった。そのようなかで、歴史学において周辺化された「他者」が「大きな物語」の内側と外側との両方から歴史研究者の視野に入ってきたのである(3)。

このような状況において、歴史の現場に関係する複数の多様な主体が、時には個人として、時には集団として相次いで登場し発言するようになり、それが固有の歴史認識に積み重ねられるようになり、ついには同一の歴史事件や事象に対して、記憶の相違や認識上の衝突が新たに意識され、噴出した。それはまたグローバル化に伴う国家・地域間の頻繁な交流およびインターネットの普及がもたらしたメディア技術の革新的発展によって加速され、激化する傾向にある。東アジアにおける歴史認識問題の顕在化がまさにその典型的な一例であろう(4)。上記を端緒とした日中間の歴史認識問題の多くの争点は、日中戦争をめぐる日本と中国の認識の差異に由来するものであり、両国間の相互認知に対立の感情を引き起こす可能性をはらむだけでなく、両国関係や国民の認知構造にも影響を及ぼすと考えられる。日中両国の戦争認識に介在する差異の確認は、有用で喫緊の課題であり、それを実現するために日中双方の戦争認識の形成過程に対する対照的考察が求められる。

第二節　戦後を対象とする先行研究とその問題点

一般に日中戦争をめぐる認識、いわゆる戦争観は、戦後日本と中国の国民的・国家的記憶であると同時に、今日の日中間の歴史認識問題にも大きく関わっている。日本の戦争認識・戦争観に関する従来の研究は、概ね一九九〇年代から盛んになったが、主に戦後が検討対象であった。このような学界の動向は、日本の歴史教科書問題や靖国神社参拝問題をめぐる議論が国内から国際社会へと盛り上がる政治的現実に関連し、歴史修正主義の台頭を批判する意味をも持っていた。このため、戦争に対する反省度合いや戦争責任の追及にまつわる論考が中心となった。

吉田裕著『日本人の戦争観――戦後史のなかの変容』は一九九〇年代の代表作である。本書は終戦から中曽根内閣時代に至るまでの、占領期・復興期・高度成長期に対応する政治・社会の変容と戦争観の推移を追跡することによって、日本人の戦争観がどのような歪みや偏りをもって形成されてきたのかを論じている。そのなかでは戦争責任問題について、対外的姿勢と国内的な取り扱いを使い分けるようなダブル・スタンダードがあるという分析が興味深い。すなわち、対外的には「必要最小限度の戦争責任」を認めるが、アジア被害国・被害者への心慮は非常に欠如しており、対内的には本格的な反省や責任が軍部や一部の国家指導者のみに押し付けられているという指摘である。政治史の視座から世論、国民意識の変化に焦点を当て戦争観を論じた吉田氏と異なり、成田龍一著『「戦争経験」

の戦後史——語られた体験／証言／記憶』は、戦後に出現した戦争関連の書物や記録の内容とその特徴の推移を手がかりに、戦争経験を「体験」「証言」「記憶」の三位一体として捉えることによって、戦争像を考察するには時間と空間の構成要素に基づく必要があると強調する。また、日本人の植民地認識や占領地認識の欠如を問題視し、「帝国—植民地認識」という包括的な戦争認識の構図をもって帝国にとっての「他者」と向き合うことを提起する。両氏の戦争認識研究は独自の着眼点をそれぞれ有しつつ、どちらの議論も戦後史を射程とし、アジア諸民族に対する侵略の責任、すなわち「対外的加害性」が十分に認識されてこなかったことを指摘している[5]。

　これに対して、中国は被侵略国かつ戦勝国であるため、戦争そのものを反省することや戦争責任の検証はもっぱら隣国日本の課題と位置付け、中国の戦争認識が従来俎上に載せられることはなかった。戦争認識を戦争責任問題から切り離して、「戦争に対する認識」という意味で一般用語として中国研究で用いられたのは、つい最近のことである。まず、石井弓著『記憶としての日中戦争——インタビューによる他者理解の可能性』が挙げられる。本書は毛沢東時代から一九九〇年代に至る時期の国家言説の史料分析と日中戦争の最前線の地、山西省農村部で行ったインタビューに基づいて、中国における日中戦争の集合的記憶がいかにして三つの政治運動を通して共有化・再記憶化されたのかを検討する。すなわち、一九五〇年代に「訴苦」で語られた個人の経験は、一九六〇年代に「四史」によって歴史に編纂されることで地域を越えて共有され、さらに文化大革命期に「憶苦思甜《イークースーティエン》」（昔の苦しみを思い起こし現在の幸福をかみ締める）によって語りなおされることで再記憶化されていった。著者は、中国における日中戦争の集合的記憶には「勝利」と「被害」という戦争表象のダブル・スタンダードが見られることを指摘して、それが結局、被害記憶に収斂されたと考えた。ほぼ同じ時期ではあるが、国際関係論の視座から中国の歴史認識を論じるワン・ジョンの著作『中国の歴史認識はどう作られたのか』が日本語に翻訳された。本書は、一九世紀以降の中国の歴史とその記憶が、どのようにして現在の中国政府によって選択的に利用されたのかを検討するなかで、国民的アイデンティティの再構築と政権の正当性の確保のために作られた中国の歴史認識が、「栄光」と「トラウマ」によって構成されているという論点を提示した。これらの研究によれば、中国は、戦争認識を常に戦後の政権の正当性と関連付け、日中戦争に課された「被害」（トラウマ）とその勝利（栄光）を、対内的には政治運動によるイデオロギー教育、対外的には愛国感情を育む格好の素材としてきた(6)。

このような先行研究のなかで、日本と中国の戦争認識を比較検討する研究は極めて少ない。管見の限りでは、佐藤卓巳・孫安石編『東アジアの終戦記念日――敗北と勝利のあいだ』が、「一国中心の歴史」を超えた文脈で二国間の過去を捉えなおそうと試みているのみである。本書は、東アジアにおける終戦を日本・南北朝鮮・台湾・中国のメディアがどのように報じ、それぞれの敗戦・独立・解放・光復（日本の統治下からの解放）・勝利の記憶が終戦記念日の創造を通じていかに構築されてきたかを検証している。編者の佐藤は、著書『八月十五日の神話――終戦記念日のメディア学』において、日本の「八・十五終戦」が歴史的事実というよりも、国内の政治的都合で創られた国内向けの記念日であることを既に明らかにしており、ここでは前書を踏まえて、東アジア各国の終戦記念日の比較研究を行うことによって、メディア研究者が記憶や認識問題に貢献できることを目指したとする。議論は終戦直後のメディア報道に留まるが、戦争に関わる認識問題の比較研究として特筆すべき成果であり、拙書の研究課題にも示唆を与えてくれる。(7) 最近十数年における日中関係史分野では、国境を越えた歴史認識に接近しようとする試みにより、日本と中国の歴史研究者を集めた様々な形の共同研究が進められている。これらの研究には日中戦争に触れたものが少なくないが、戦争認識の比較研究というよりも歴史的事実の検証をめぐる研究者同士の対話に終始してしまっているといわざるを得ない。(8)

総じていえば、日本と中国の戦争認識について、従来の研究はほとんどその差異の要因を戦後にのみ求めているが、そのような視点は十分とはいえない。なぜなら、一九四五年で区切られた戦後の日本は、敗戦の体験と戦後復興の現実から、戦時中に「聖戦」を標榜した大規模な国民動員や戦時統制下の宣伝を全否定したため、戦時動員と宣伝に育てられたナショナリズムと歴史認識の深層を検証しようとしていないからである。このことは、日本が「対外的加害性」を充分認識できなかった要因でもある。他方で、一九四九年の中華人民共和国の成立を画期とする戦後の中国は、国共内戦と「抗日戦争」を中国共産党による革命叙述の重要な構成部分と位置付けたため、日本による戦争被害が常にナショナリズムをかきたてるものとなっている。つまり、「戦後」を歴史的転機として捉えている日本と中国は、共に戦前と断絶した一面的な日中戦争像を描いてきたのである。また、このような戦後に視点を置く戦争認識の研究は、戦時中から既に形成されていた戦争認識を戦後のそれと親和的なものと捉え、それが様々な曲折を経て成型したものであることについて、しかるべき留意を欠いている。以上のことから、日中間の戦争認識の差異を確認するために、著者は戦時中に形成された戦争認識が、戦後の戦争認識の基礎となり、大きな影響を与えているものとして検討し、戦時と戦後との連続面に留意した長期的な日中戦争像を提供することが不可欠だと考える。

第三節　戦時動員と戦争認識の構築　集合的記憶というアプローチ

戦時中の戦争認識は、戦時総動員と密接に関わるものであり、国民動員を抜きに議論できない。一般的に、二〇世紀の戦争を特徴付ける総力戦（total war）においては、大規模かつ長期にわたる戦争を支えるために、社会のあらゆる物的・人的資源が国家によって総動員され、国民国家が総動員体制によって社会のシステム統合を進展すると考えられている。[9]一九三七年七月に勃発した日中全面戦争も、このような性格を持った戦争である。日中戦争の拡大と長期化に伴い、日本と中国はそれぞれ国民を総動員し、共に戦時の動員体制を敷いた。そして、前線の将兵の士気を鼓舞し、銃後の戦争支援を獲得するために、国家や民族の大義を掲げて戦争の正当性を主張した。そこには、現代から見れば独善的な解釈や言説、偏見や誤りが多く含まれているが、当時はそれが「正しいこと」として広く流布され、国民的な戦争認識は形成されていった。しかし、戦時における国民動員に着目した従来の研究は、主に銃後の社会構造の変容という視角から分析するものであり、戦後社会の問題性の出発点を戦時に求めながら、例えば社会福祉制度の発生のように総力戦による近代化の合理性をも見出そうとする。[10]一方、国民動員を通して国家権力によって作られ、国民国家のアイデンティティとナショナリズムの養成に大きな役割を果たした国民の戦争認識は議論の焦点になっていない。[11]このような戦争認識の構築をめぐる日本と中国の比較を可能にするために、著者は集合的記憶（collective memory）というアプローチから研究課題を具体化していく。

集合的記憶は、社会学者のモーリス・アルヴァックス（Maurice Halbwachs）によってはじめて提起され、心理学分野の個人的記憶に対応する概念とされた。彼によれば、すべての個人的記憶は社会構造や秩序のなかで構成され、それは所与の社会的集団から離れて理解することはできない。また、歴史的出来事が集団の社会性によって意味付けられて再解釈され、個人の意識と相互浸透しながら集合的記憶を形成する。[12]モーリス・アルヴァックスの集合的記憶論は、一九八〇年代からの歴史学における史料実証主義の方法と国民国家言説の叙述スタイルを批判する潮流に乗じて、歴史研究に活用されることによって再評価されてきた。つまり、集団としての「国民国家」はそのメンバーにある種の共同体の感覚を加えて、「国民」統合を図るアイデンティティの創出と維持が必要であるため、史料および史料で実証できた国民国家言説は歴史的真実というよりも、構築された虚構性のある集合的記憶として扱うべきものだというのである。そのため、言説分析（discourse analysis）を用いて国民的意識がいかに構築されたのかを歴史的に考察する流れが生み出され、伝統的な史料のほか、日記、回想録、小説、歌、絵、写真などのテキスト、そして建築や国旗、記念日、儀式などのシンボルは言説分析の道具として使われるようになった[13]。フランスの国民意識がどのように形作られたかを研究しているピエール・ノラ（Pierre Nora）は、それらの道具が生まれた時空を「記憶の場」とする[14]。上記の理論と研究方法に示唆されて、著者は戦時動員の「場」に生まれた戦争記念日および記念活動を分析の道具として、戦時中にいかなる国民的な戦争認識が構築されたかを解明する[15]。

記念日は国民国家が誕生する近代に発生し、国家統合のシンボルの一つとして、国民国家にとって欠かせない役割を担ってきた。民衆の日常生活のリズムに密接する季節や神話に由来する伝統的節句と異なり、記念日は主に近代国家の成立・発展に関わる重要な出来事と人物を記憶させ、歴史的記憶を人々に共有させることで、国民意識を育成するための重要な手段となった。したがって、「いかなる日付を記念日にするか、記念日にいかなる意味を込めるか[16]」といった点に、上から下への強い政治イデオロギーの浸透が図られた。そして、記念行事において「儀式が社会的制御を生じ、従って、記念儀式を通しての権力闘争」が常に演じられる[17]。日中戦争中の日本と中国は、盧溝橋事件という一つの事件を共に国家の重要な出来事としてその勃発日を記念し、それぞれの必要に応じて銃後動員に活用しながら、国民に記憶させて共有させようとした。また、記念日一般と異なり、日中戦争に関わる重要な出来事を記念するこの戦争記念日は、戦争動員の重荷を背負わせられた複数の政治主体によって、それぞれの立場による戦争解釈と国民意識育成の目標を組み込まれたため、平時よりも過剰な言説が用いられた。

以上の研究史と研究方法を踏まえて、本書の具体的な研究課題を提示する。すなわち、本書は、盧溝橋事件勃発日から終戦に至るまでの間に、日本本土と中国において勃発日である「七月七日」がいかに国民動員に結び付けて記念されたのかを比較検討し、そのプロセスで作り上げられた日中戦争像の日本と中国における差異について論じる。いうまでもなく、戦時下の抑圧的で混乱した社会環境における戦争認識の考察は容易な作業ではない。為政者が行った数多くの動員活動の意図も時期によって変化し、また社会の受け取り方も必ずしも為政者と一致していたわけではない。本書では論点を整理し、日中両政府の比較を可能にするため、双方の政府が盧溝橋事件記念日をどのように効果的に利用しようとしたのかについて、主に為政者（個人と組織）の意図と記念活動の実態から議論したい。その際、こうした動員を民衆がどのように受け止めたのかという重要な論点については、可能な範囲で論及する。

第四節　なぜ「盧溝橋事件記念日」なのか

一九三七年七月七日夜、北京近郊の盧溝橋畔での一発の銃声をきっかけに、付近に駐在していた日本支那駐屯軍と中国国民革命軍第二九軍が戦闘を交えた。その後、支那駐屯軍と中国冀察《きさつ》政権[18]の間では、事件を「現地解決」でおさめるよう何度も交渉が行われたが、結局戦火は華北から華中へ、さらに中国全土まで拡大の一途を辿った。現在の日中戦争史研究における有力な見解である「十五年戦争論」[19]によれば、盧溝橋事件によって、満洲事変以来の日中間の局地的な軍事衝突が全面戦争へと転化したという。このような日中全面戦争の発端と位置付けられている盧溝橋事件は、日中戦争に対する認識を検討するためには、好個の素材となるであろう。

なお、盧溝橋事件で日中のどちらが最初の一発を撃ったのかについては、事件勃発当時から論争が続いており、現在まで謎のままである。一般世論のみならず、日中戦争史研究者の間でさえも一致した意見が得られず、「日本軍謀略説」と「偶発説」が依然として対峙している。[20]さらに、日本においては「中国軍謀略説」や「中共謀略説」なども一時的に取りざたされた。[21]したがって、どちらが最初に攻撃を仕掛けたのかを議論する「第一発問題」から全面戦争へと発展した特殊な事件に対して、日中双方が勝手な解釈と都合のよい意味付けあるいは位置付けを行った可能性も十分考えられる。

さらに、日中全面戦争へと拡大した後、日本と中国は相次いで戦時総動員を発動して戦時体制の構築に踏み切った。戦時動員を推進するために、日中双方は共に盧溝橋事件の周年記念活動を繰り広げ、「七月七日」の前後に過去の戦闘成果や日中間の出来事をそれぞれの文脈のなかで総括宣伝し、銃後の民衆動員を行い、戦争認識を形成する手段とした。このことから盧溝橋事件記念日は、戦争遂行と同時に形成された日中戦争像を具現化する国家の記憶（national memory）であり、かつ日中双方の戦後の国民的な認識に対しても色濃く影を落とした可能性が高い。そして日本と中国の戦争認識がどのように異なっていたのか、その出発点を明らかにするための格好の素材となる。さらに、こうした周年記念活動は、日本本土と中国で戦時期を通じて継続的に行われたため、戦争認識形成の過程を追跡調査することが可能である。

戦時期の盧溝橋事件記念日に言及した研究は、次のものが挙げられる。まず、郭輝と馮攀は共に中国国民政府（重慶政府）に着目し、前者は「九・一八」（柳条湖事件）と「七・七」（盧溝橋事件）を例にして、国家記念日が国民精神動員に果たした役割とその限界性を論じ、後者は記念活動の様式と内容を整理した。ただ、両者の研究では、どちらも記念日と国民の戦争認識やナショナルメモリーとの関連性に触れていない(22)。また、盧溝橋事件記念日をめぐる中国国民党（以下、国民党）と中国共産党（以下、中共）の比較研究を行ったのは、張義成・劉洪英だけであり、国共両党の軍人や政治家が発表した記念文書を解読し、両者の抗戦方針と戦略における相違を明らかにしている。しかし、こうした国共両党の政策上の相違が、記念日を通じた国共双方の抗戦認識構築の争いとどのような関係にあったのかについては分析していない[23]。さらに、中共の農村革命による権力掌握の内実を解明しようとする丸田孝志の研究は、中共華北根拠地と華北占領地に現れた「七・七」記念日にも言及しているが、記念日の全体構成の推移と時間意識の改造という視点から、中共による革命が華北農村社会の変容にどれほどの影響力があったのかを目指す論考であり、「七七記念」に立ち入って検討するものではない[24]。管見の限り、戦時の日本における盧溝橋事件記念日に関する研究は、現時点で見られない。

本書は、上記の先行研究を踏まえ、戦時期の盧溝橋事件記念日と同時代の国民の戦争認識との関係を検討する。

第五節　本書の構成と主要資料

日中全面戦争期における盧溝橋事件記念日は、国家権力が戦時国民動員を推進するなかで生まれたものであり、権力の主体によって記念日に込められた意味や戦争認識が異なる。それを比較検討するためには、単純に日本と中国を別々に考察するだけでは不十分である。なぜなら、戦時の日本が基本的に戦火から遠く離れた銃後であるのに対して、日中戦争の主戦場となった中国の事情ははるかに複雑だったためである。日中全面戦争が勃発すると、国民党と中共は対日抗戦のために第一次国共合作崩壊以来の提携を行い、戦時中国の政治舞台で主な役割を演じる二つの政治勢力となった。しかしながら中共が第一次国共合作の経験に鑑みて、国民党に吸収されないように国民党に合流することを避け、党外協力の形式を確保することに成功したため、両党はそれぞれ独自の軍隊を持ち、各自の支配地域を有していた。さらに、日本軍占領地域の拡大に伴い、日本は占領地統制と治安維持のため、中国占領地に対日協力政権を次々と成立させた。[25] この結果、戦時中国は、少なくとも重慶国民政府が管轄する「国統区」（国民党統治区域）と中共とその辺区政府が支配する「抗日根拠地」、傀儡政権とされる対日協力政権がコントロールする「被占領地」という多元的な政治環境に置かれた。したがって、本書では日本本土、中国占領地、「国統区」、「抗日根拠地」という四つの区域で展開された盧溝橋事件記念日を比較分析の対象とする。以下では、各章の構成と分析に使用した主な資料を説明する。

第一章では、日本本土において「支那事変周年記念」がいかに展開され、それに伴う「聖戦」の語りがいかに記念活動に反映させられ、国民的戦争認識の形成を規定したかを論じる。盧溝橋事件勃発後、日中戦争の拡大とさらなる長期化のなかで、戦争に大義名分を与えて国民動員の推進を求めた日本政府は、「聖戦」を提起して「支那事変」を意味付けながら、それを「支那事変周年記念」によって時局宣伝と国民教化に活用していった。このようなプロセスのなかで構築されていた聖戦像とその変化から、戦時日本の戦争認識とその特徴を見出すことを本章の狙いとする。そのために、戦時情報統制・宣伝活動・国民動員に関する資料集のほか、「支那事変周年記念」を直接に企画した内閣情報部（のち情報局）と陸軍省が作成した政策文書を主な資料として利用する。それらの資料は、多くがアジア歴史資料センターと国立公文書館のデジタルアーカイブとして公開されている。また、国民の間で実際に展開された記念活動の様相を確認するために、内閣情報部・情報局の機関誌『週報』と『写真週報』の記念日特輯記事、さらには同時代に発行されていた全国紙（『東京日日新聞』『大阪毎日新聞』『大阪朝日新聞』『読売新聞』など）における記念活動の報道を可能な範囲で収集した。さらに、一般国民の個人の回想録や日記にもこの記念日に関する叙述が散見されるため、それらを補足資料として使用する。

第二章では、日本軍による中国占領地で盧溝橋事件記念活動が行われた経緯と、そこに内在する占領地における「日中」双方の対抗しつつ協調する関係が、いかに対日協力の汪精衛《おうせいえい》政権による記念活動を制約し、占領地の戦争認識を特徴付けたかを論じる。占領地の形式上の中央政府としての汪精衛政権は、自らの政権の正当性を主張するために、盧溝橋事件記念日をきっかけに「平和」を中核とする戦争解釈を占領地の民衆に語ろうとした。そこから日中全面戦争期における日本本土、「国統区」あるいは中共根拠地とは異なる如何なる戦争認識が見えてくるのか、またそれが日本本土の「聖戦」の語りとどのように関わっていたのかを明らかにすることが、本章の課題である。そのため、戦時日本の対占領地政策と対中宣伝策を確認できる日本側の公文書と資料集のほか、上海市档《どう》案館（公文書館）に所蔵されている汪精衛政権行政院宣伝部が作成した「七七記念日宣伝要点および方法」などの具体的な政策文書を分析に用いる主な資料とする。さらに、日本軍と対日協力政権の共同支配下に置かれた占領地の記念活動の実像を把握するために、華中占領地で発行されていた日系紙『大陸新報』（立命館大学図書館所蔵）、その姉妹紙『新申報』（国立国会図書館・関西館所蔵）、また親日紙でありながら汪精衛政権の機関紙たる役割を果たした『中華日報』（上海市図書館所蔵）で報道された占領地の記念活動の様相について対照的分析を行う。

第三章では、日中戦争を戦った中国側の中央政府である重慶国民政府が、どのような理由で「七月七日」を「抗戦建国記念日」に制定し、それをどのように戦時国民動員に利用して全国展開させようとしたかを論じる。重慶国民政府およびそれを指導する国民党は、その「抗戦建国」における主導的・独占的地位を主張する「建国」の語りを記念活動に織り込みながら公式の抗戦像を構築しようとした。そこでは日中戦争をどのように捉えていたのか、またそのような捉え方が戦時中国の戦争認識にいかなる影響を与えたのかを本章で解明したい。対象地域としては、重慶国民政府が実際に統治しその指示が伝達し得る「国統区」を中心とする。分析に用いる主な資料は、台北国史館、台北国民党文化伝播委員会党史館、中国第二歴史档案館（南京）、中国湖北省档案館（武漢）で収集した抗戦建国記念日の企画と具体的な展開に関わる政策文書および報告書などの一次史料である。また、国民党の政治理念および蔣介石の中国戦時体制の構築に対する考えを集約する資料集と、「国統区」における記念活動の様相を記録していた重慶国民政府の機関紙『中央日報』（大阪大学総合図書館所蔵）も利用する。

第四章では、対日抗戦のために国民党と連携することに成功した中共が、実際に支配する「抗日根拠地」において、国民政府に「抗戦建国記念日」の実施を要求されたことをどのように受け止め、どのような記念活動を行っていたかを論じる。中共は「抗日民族統一戦線」の樹立と強化を抗戦体制の構築の基本的な方針として、重慶国民政府に対してそれに適応する政治改革を求めたが、国共両党関係の悪化に伴い、自らの抗戦の主張と国家建設に関する政治理念を集約する「革命」の語りを、記念日に乗じて中国の民衆の間に広めるようになった。こうした国民政府による「建国」の語りに対抗する「革命」の語りに影響された抗日根拠地の記念日の様相にいかなる特徴があったのか、そこから見えてくる抗戦像が「国統区」のそれとどのように異なっていたのかを、本章で明らかにしたい。まず、中共が記念日を通じて公表した抗戦に対する自らの主張とそこに含まれていた意図を確認するために、『中共中央文件選集』（一一─一八冊）と共に、張聞天・毛沢東・周恩来をはじめとする戦時中共の主要な政治・軍事指導者の年譜や文集を利用する。また、中共の独自の記念活動を記録した抗日根拠地で発行されていた機関紙『新中華報』（のち『解放日報』）、および全国的に発行されていた機関紙『新華日報』と機関誌『群衆』を利用価値のある史料として分析に用いる。

終章では、第一章から第四章まで検討した戦時日本と中国の四つの異なる政治空間に、それぞれの権力の主体が盧溝橋事件記念日を利用して構築しようとした日中戦争像とそれぞれの特徴を総括し、四者それぞれの戦争像がどのように日本側の「聖戦像」対中国側の「抗戦像」という構図として定着していったかを解明する。さらに、複数の日中戦争像の比較検討を通じて、日中の戦争認識における差異を「加害」「被害」、「敗戦」「戦勝」のキーワードで特徴付け、それがどのように戦後に継承されたかを確認して結論付ける。

ここで、本書の論述に関わる三つの重要な用語について説明しておく。一つは「語り」である。本書では「語り」を権力の主体が、その戦争に対する解釈や捉え方を記念要綱、記念日講話および記念活動の内容と様式に織り込むことによって、国民に認識させようとした言説（discourse）という意味で使用する。このような言説には、権力の主体の戦時動員およびそれに伴う政治宣伝の意図が集中的に込められていたため、それが国民の戦争認識を構築する一つの要因となった。第三節で言及したように、本書では戦争認識を、集団（＝政治的権力の主体）の社会性によって意味付けられ再解釈しながら形成された集合的記憶と捉える。したがって、本書で使用する一つ目の重要な用語――「構築」の意味は、戦争認識が日本と中国の権力の主体によって盧溝橋事件および日中戦争に意味付けて再解釈しながら作り上げられたものという動態的プロセスを指している。二つ目は、正当性・正統性という言葉である。政治的用語として、正当性・正統性は政治的支配や行為の妥当性あるいは合法性を意味する。本書では、重慶国民政府が汪精衛政権や中共政権に対して、自らが中華民国の唯一の合法的政府であることを主張する場合、「正統性」の用語を使用する。それは、「正統性」を「正当性」と区別し、排他的で唯一の合法性という意味を強調するためである。

また、中国の資料状況についても、若干の説明を要する。現在、中央から省・県レベルまでの档案館（公文書館）に所蔵されている公文書は、公刊された資料集を除いて、手軽に利用し得る状況ではない。編集された資料集に収められていない重要な資料は数多く、各档案館によって整理状況や公開手続きが異なっている。本書で用いる中国第二歴史档案館（南京）、上海市档案館、中国湖北省档案館（武漢）、武漢市档案館の資料は、このような状況のもとで閲覧し得た一次資料である。

注

（1）終戦七〇周年に当たる二〇一五年には、日本、中国、台湾、アメリカなど多くの国や地域において、第二次世界大戦研究に携わる研究者らを集めた学術会議や国際シンポジウムが開催された。このような学術界の大きなイベントではいつも新しい研究動向を見ることができる。二〇一五年七月七日—九日の三日間、台北で開かれた「戦争的歴史与記憶：抗戦勝利七十周年国際学術討論会（War in History and Memory: An International Conference on the Seventieth Anniversary of China's Victory in the War Against Japan）」は、世界中の十二の国や地域からの日中戦争史研究を専門とする研究者七十数人が報告する極めて大規模な研究集会であった。注目に値するのは、従来と異なり、今回の会議では「戦争記憶」の問題が取り上げられ、全八回のセッションが「档案館・博物館・記念館類」「政治・軍事・外交類」「社会・文化・地域研究類」の三組に分けられて議論されたことである。

（2）王晴佳『新史学講演録』中国人民大学出版社、二〇一〇年、八四―九五頁、王晴佳・古偉瀛『後現代与歴史学――中西比較』台北巨流図書有限公司、二〇〇四年、彭剛「歴史記憶与歴史書写――史学理論視野下的〝記憶的転向〟」『史学史研究』二〇一四年第二期などを参照。

（3）女性史やフェミニズムの勃興は、「大きな物語」からこぼれ落ちる視点について国民国家の内部から指摘する代表的な研究分野と見なされている。例えば、かつて「他者」として扱われた女性が歴史過程において不可欠の役割を演じたという主張がそれである。これに対して、ポストコロニアリズムは外側から「大きな物語」を批判する傾向がある。ここでは周辺化された植民地の文化や歴史の主体性が強調される。（前掲王晴佳・古偉瀛『後現代与歴史学――中西比較』、九一―九二頁を参照）

（4）東アジアにおける歴史認識問題は、そもそも一九九〇年代から現れた日本の歴史修正主義に対する国内外（主に中国、台湾、韓国）の批判を指し、基本的に日本の歴史認識が核心となっている。広義で捉えれば、歴史認識は「歴史を通じて国家民族の過去における種々の出来事を説明することや、アイデンティティを構築し未来はどちらに進むのかを導くことを意味する」（許育銘（和田英男・周妍訳）「東アジア共同研究と台湾の歴史認識」、田中仁編『21世紀の東アジアと歴史問題――思索と対話のための政治史論』法律文化社、二〇一七年、一七四―一七五頁を参照）。本書では広義の捉え方で歴史認識と歴史認識問題を見ていく。

（5）吉田裕『日本人の戦争観――戦後史のなかの変容』岩波書店、一九九五年、成田龍一『戦争の経験を問う　「戦争経験」の戦後史――語られた体験／証言／記憶』岩波書店、二〇一〇年のほか、江口圭一『日本の侵略と日本人の戦争観』岩波書店、一九九五年、庄司潤一郎「戦後日本における歴史認識――太平洋戦争を中心として」『防衛研究所紀要』二〇〇二年二月第四巻第三号、一〇〇―一一九頁、冨山一郎編『歴史の描き方3　記憶が語りはじめる』東京大学出版会、二〇〇六年などを参照。

（6）石井弓『記憶としての日中戦争――インタビューによる他者理解の可能性』研文出版、二〇一三年、ワン・ジョン（伊藤真訳）『中国の歴史認識はどう作られたのか』東洋経済新報社、二〇一四年などを参照。

（7）佐藤卓巳・孫安石編『東アジアの終戦記念日――敗北と勝利のあいだ』筑摩書房、二〇〇七年、佐藤卓巳『八月十五日の神話――終戦記念日のメディア学』筑摩書房、二〇〇五年などを参照。なお、田中仁は同じようなテーマを扱っており、一九九五年から十年ごとに二〇〇五年までの日本、中国、台湾における「終戦」「抗戦」記念日の新聞社説を比較分析することによって、戦後の東アジアにおける戦争認識をめぐる論争課題の整理を行った。（田中仁「「終戦」「抗戦勝利」記念日と東アジア」、西村成雄・田中仁編『現代中国地域研究の新たな視圏』世界思想社、二〇〇七年、一九四―二三二頁を参照）

（8）研究グループとしては、二〇〇〇年頃にエズラ・F・ヴォーゲル（ハーバード大学教授）の提議で発足した日米中台の学者による「日中戦争の国際共同研究」と二〇〇六年から日中両政府と両国の学者との連携で結成した「日中歴史共同研究」が挙げられる。前者はこれまで六回の会議を開催して、研究成果を論文集にまとめて出版してきた。後者は四回の全体会合を経て、研究報告書を二〇一四年に日本と中国で同時に出版した。このほか、劉傑・三谷博・楊大慶編『国境を越える歴史認識――日中対話の試み』東京大学出版会、二〇〇六年、服部龍二『日中歴史認識――「田中上奏文」をめぐる相剋1927–2010』東京大学出版会、二〇一〇年、家近亮子ほか編著『岐路に立つ日中関係――過去との対話・未来への模索』（改訂版）晃洋書房、二〇一二年などの研究成果が次々と出された。

（9）山之内靖、ヴィクター・コシュマン、成田龍一編『総力戦と現代化』柏書房、一九九五年、一一一二頁、笹川裕史「中国の総力戦と基層社会」、久保亨・波多野澄雄・西村成雄編『日中戦争の国際共同研究5　戦時期中国の経済発展と社会変容』慶應義塾大学出版会、二〇一四年、二三二―二四五頁などを参照。

（10）代表的研究を挙げる。倉沢愛子ほか編『岩波講座アジア・太平洋戦争3　動員・抵抗・翼賛』岩波書店、二〇〇六年。倉沢愛子ほか編『岩波講座アジア・太平洋戦争6　日常生活の中の総力戦』岩波書

店、二〇〇六年。笹川裕史・奥村哲『銃後の中国社会——日中戦争下の総動員と農村』岩波書店、二〇〇七年。高岡裕之『戦争の経験を問う　総力戦体制と「福祉国家」——戦時期日本の「社会改革」構想』岩波書店、二〇一一年。

(11) 思想史の分野における知識層による日中戦争遂行をめぐる議論と戦争理論に関する研究、またメディア史の視角から戦時情報統制と言論弾圧に制約された戦時メディアの発展とその戦争責任を検討するものには、国民の意識や戦争認識に言及するものがある。（今井清一「日本における日中戦争論　一九三七—一九四一」、井上清・衛藤瀋吉編著『日中戦争と日中関係——盧溝橋事件50周年日中学術討論会記録』原書房、一九八八年、二七一—二八八頁、津金沢聰廣・有山輝雄編著『戦時期日本のメディア・イベント』世界思想社、一九九八年、赤澤史朗ほか編『戦時下の宣伝と文化』（年報・日本現代史第七号）現代史料出版、二〇〇一年、山本武利責任編集『岩波講座「帝国」日本の学知第４巻　メディアのなかの「帝国」』岩波書店、二〇〇六年、貴志俊彦・川島真・孫安石編『増補改訂　戦争・ラジオ・記憶』勉誠出版、二〇一五年、玉井清編『戦時日本の国民意識——国策グラフ誌『写真週報』とその時代』慶應義塾大学出版会、二〇〇八年、里見脩『新聞統合——戦時期におけるメディアと国家』勁草書房、二〇一一年などを参照）。それらの蓄積は本研究の参考になるが、本書がめざす国家の記憶（national memory）としての日中戦争像の構築を解明するものではない。

(12) M・アルヴァックス（小関藤一郎訳）『集合的記憶』行路社、一九八九年。

(13) テキストあるいはシンボルに対する言説分析を行って国民的な意識や国家の記憶の構築を研究する成果は豊富である。日本と中国に関わる代表的研究の一部を挙げる。洪長泰『新文化史与中国政治』一方出版、二〇〇三年。陳蘊茜『崇拝与記憶——孫中山符号的建構与伝播』南京大学出版社、二〇〇九年。貴志俊彦『満洲国のビジュアル・メディア——ポスター・絵はがき・切手』吉川弘文館、二〇一〇年。Rudolf G. Wagner, "Ritual, Architecture, Politics, and Publicity during the Republic: Enshrining Sun

Yat-sen", Edited by Jeffrey W. Cody, Nancy S. Steinhardt, Tony Atkin, *Chinese Architecture and the Beaux-Arts*, Hong Kong University Press, 2010。小野寺史郎『国旗・国歌・国慶――ナショナリズムとシンボルの中国近代史』東京大学出版会、二〇一一年。孫江『中国の「近代」を問う――歴史・記憶・アイデンティティ』汲古書院、二〇一四年。

(14) ピエール・ノラ編（谷川稔監訳）『記憶の場――フランス国民意識の文化＝社会史』（第一巻「対立」、第二巻「統合」、第三巻「模索」）岩波書店、二〇〇二年一一月、二〇〇三年一月、二〇〇三年三月。皮埃爾・諾拉主編（黄艶紅等訳）『記憶之場――法国国民意識的文化社会史』南京大学出版社、二〇一五年。『記憶の場』の日本語版と中国語版は、それぞれ原著の三部七巻一三五篇の論文から三一篇、一一篇を選んで翻訳されたものである。

(15) 近年、集合的記憶論を使用する日中戦争の記憶研究はかなり蓄積されている。例えば、石田雄『記憶と忘却の政治学――同化政策・戦争責任・集合的記憶』明石書店、二〇〇〇年、Xiaohua Ma, "Constructing a National Memory of the War: War Museums in China, Japan, and the United States", Edited by Marc Gallicchio, *The Unpredictability of the Past: Memories of the Asia-Pacific War in U.S.-East Asian Relations*, Duke University Press, 2007、長志珠絵『占領期・占領空間と戦争の記憶』有志舎、二〇一三年、伊香俊哉『戦争はどう記憶されるのか――日中両国の共鳴と相剋』柏書房、二〇一四年などが参考になる。しかし、これらの研究はいずれも戦争記憶と戦時動員とのつながりに着眼するものではない。

(16) 小関隆編『記念日の創造』人文書院、二〇〇七年、八―一五頁。

(17) D・I・カーツァー（小池和子訳）『儀式・政治・権力』勁草書房、一九八九年、一三六―一六三頁。

(18) 中国冀察政権とは、一九三五年一二月に成立した冀察政務委員会のことであり、委員長は第二九軍軍長・宋哲元であった。名目上は当時の南京政府の管轄を受けるはずであったが、実際のところは独自の権限を持つ一地方政権であった。

（19）「十五年戦争」という概念と用語を提起したのは評論家の鶴見俊輔であり、それ以来歴史学研究もこの認識を共有しながら議論を重ねてきた。それは中国大陸への日本の侵略の開始と見なされる満洲事変から、盧溝橋事件をきっかけとする日中全面戦争へ、さらにアメリカ、イギリスなどが巻き込まれた太平洋戦争に至る、日本の対外膨張戦略の連続性を主張する。（鶴見俊輔「知識人の戦争責任」『中央公論』一九五六年一月号、江口圭一『十五年戦争研究史論』校倉書房、二〇〇一年、安井三吉『柳条湖事件から盧溝橋事件へ――一九三〇年代華北をめぐる日中の対抗』研文出版、二〇〇三年などを参照）

（20）「日本軍謀略説」とは、柳条湖事件と同じように、盧溝橋事件が日本人の陰謀であり、日本軍が華北出兵に口実を作るために事前に計画していたということである。この観点を中国と台湾の多くの研究者が主張する。（陳在俊「日本発動盧溝橋事件的真相和背景」『近代中国』一九八四年六月第四一期、李雲漢『盧溝橋事変』台北東大図書公司、一九八七年、曲家源「対〝一失踪士兵〟的考証――盧溝橋事変起因研究之一」『近代史研究』一九九一年第三期、蔡徳金「対盧溝橋事変幾個問題的思考」『抗日戦争研究』一九九七年第三期、一四―四〇頁、曲家源「再論日本発動盧溝橋事件的計画性――兼答安井三吉教授」『抗日戦争研究』一九九九年第四期、臧運祜「関於一份七七事変前夕日軍陰謀侵占華北的機密文書的考論」『抗日戦争研究』二〇〇二年第三期、二七―四八頁、魏宏運「関於盧溝橋之戦的幾個問題（上）」『南開学報（哲学社会科学版）』二〇〇六年第六期、五七―六八頁など参照）。「偶発説」とは、盧溝橋事件が事前の計画や謀略によるものではなく偶発的なものとする説であり、日本の研究者の多数がこの説を採用している。（江口圭一『盧溝橋事件』岩波書店、一九八八年、三七頁、安井三吉『盧溝橋事件』研文出版、一九九三年、三〇五頁、秦郁彦『盧溝橋事件の研究』東京大学出版会、一九九六年、三七六―三七七頁、安井三吉「盧溝橋事件研究の現状と課題」『歴史科学』二〇〇八年一二月一九五号などを参照）

(21) 「中国軍謀略説」とは、盧溝橋付近の中国国民革命軍第二九軍が、演習中の日本軍に違法に発砲したという説である。現在の日本の研究においても、「第一発」の発砲者を中国の第二九軍兵士とする見解があるが、それは意図的に「計画」されたのではなく、演習中の日本軍の軽機関銃の発射音に驚いた第二九軍兵士が反射的に発砲したという解釈が一般的である。「中共謀略説」を主張する代表的論者は葛西純一である。彼によれば、盧溝橋事件は「中共が日中両軍に向けて銃声（爆竹のような）を同時に浴びせかけ〝点火〟に成功した」謀略であるとする。しかし、この説は証拠に乏しいため、既に研究者らによって否定されている。（前掲安井三吉『盧溝橋事件』一九頁、二八八―二八九頁を参照）

(22) 郭輝「民族危機与政治動員――抗戦時期国家紀念日増設述略」『抗戦史料研究』二〇一三年第一輯、一六―二三頁。馮攀「抗戦時期国民政府七七紀念活動研究」西南大学修士学位論文、二〇一三年。

(23) 張義成・劉洪英「国共有関抗戦問題表述方面的比較研究――以『新華日報』国共両党〝七七〟紀念文章為対象的考察」『広西社会科学』二〇一五年第八期、九六―一〇一頁。

(24) 丸田孝志『革命の儀礼――中国共産党根拠地の政治動員と民俗』汲古書院、二〇一三年。

(25) 日中全面戦争勃発後に樹立された対日協力政権は主に以下の三つである。①一九三七年一二月一四日に北京で創立された王克敏《おうこくびん》を首班とする中華民国臨時政府、②一九三九年三月二八日に南京で梁鴻志《りょうこうし》らによって成立された維新政府、③一九三九年九月一日に河北省の張家口《ちょうかこう》で創設された蒙疆《もうきょう》聯合自治政府（一九三七年一一月二二日に蒙古聯盟自治政府と察南自治政府、晋北自治政府による聯合委員会に由来）で、これらの協力政権はいずれも、一九四〇年三月に汪精衛が南京で樹立した国民政府に編入された。

第一章

聖戦の語り

日本本土における「支那事変周年記念」と加害不在の日中戦争像

はじめに

本章では、まず一九三七年七月七日に起こった盧溝橋事件の直後から日本政府が事件不拡大方針を放棄するまでの間、日本のマスメディアが国民に伝えた中国における日中間の軍事衝突の実像について考察し、本格的な国家宣伝や戦時国民動員が展開される前の日本社会の日中戦争に対する一般的な認識を確認する。そのうえで、日中戦争の拡大とさらなる長期化のなかで、天皇の名義で出された支那事変一周年の勅語下賜にはじまる「支那事変周年記念」と銃後動員、そして国民的な戦争認識の形成・変化との関わりを分析する。さらに、政府・軍部の意図と実際に展開された記念活動の表象についても終戦までの時期の検討を行う。

第一節　盧溝橋事件の勃発と「自衛戦」観の流布
『東京日日新聞』を中心とするメディアの報道から

盧溝橋事件の直後、当時の日本政府首相近衛文麿は「事件が勃発することは、政府の人は勿論一向に知らず、陸軍の本省も知らず、専ら出先の策謀によったものである」と言ったという(1)。また、河辺虎四郎参謀本部戦争指導課長も自身の回想応答録において、「盧溝橋は本当にどういふ真相だったか、之は支那軍が本当にやったのか、或は此方が何かの間違ひであったのか、（中略）陸軍省に於いても政府に於いても国家の大事だと真剣に奮ひ立ったとは思はれません」と述べている。[2] 当時の日本政府や軍部は事件についての正確な情報を把握できておらず、ましてや対中全面戦争にまで拡大するとは想定していなかったことが、これらの証言から分かる。しかも、事件勃発の翌日（一九三七年七月八日）、陸海外三省事務当局者会議および閣議で「事件不拡大と局地解決方針」が決定され、同日に支那駐屯軍に対して事件不拡大の指示が出された。[3]

ところが、七月八日頃に日本軍の内部では、事件の処理をめぐって、参謀本部と陸軍省のそれぞれにおいて拡大（強硬）論と不拡大（慎重）論の対立が生じていた。陸軍省の杉山元陸相・田中新一軍事課長、参謀本部の武藤章作戦課長・永津佐比重支那課長などは華北の兵力を増強し、情況によっては一撃を加える意向であった。これに対し参謀本部の石原莞爾第一部長・河辺虎四郎戦争指導課長、陸軍省の柴山兼四郎軍務課長などは、対ソ防衛戦略と中国の民族感情の高揚を考慮したうえで、平和的手段によって慎重に処理するよう主張していた。[4] 江口圭一の研究によれば、最終的に「中国駐在武官らから蔣介石直系の中央軍北上中という情報が過大に伝えられるもとで、急速に拡大論の方向へまとめられていった」[5] とされる。また、支那駐屯軍司令部の人事交替による「不拡大方針」伝達の無力化や、作戦・情報などの実務者の多数が不拡大方針に反対したことにより、日本軍内部の慎重派の指示は方針通りに進められなかったとの指摘もある[6]。

いずれにせよ、盧溝橋事件は「不拡大方針」のもとで拡大していくことになった。一九三七年八月一三日に上海で大山事件が起こると、日本政府はようやく「従来の事件不拡大方針を放棄」すると発表した。さらに、同年九月二日の閣議で日中間に起こった一連の軍事行動が「北支事変」から「支那事変」と改称され、これまで確定していなかった日中関係の方向性が明らかになった。それでは、本格的な国民動員と戦争宣伝[7]がまだ開始されていない日中戦争の初期段階で、盧溝橋事件とその拡大について、日本の一般国民はどのような情報を得て、どのような対中世論を形成したのか。これらを明らかにするために、本節では当時の東京地域で発行部数第一位の主流メディア『東京日日新聞』（以下、『日日新聞』）を主な資料として検討する[8]。

『日日新聞』の盧溝橋事件に関する最初の報道は一九三七年七月九日号外に掲載された。同紙は、「(中国国民革命軍第二九軍）馮治安《ふうちあん》部隊の第三七師はわが部隊に対し不法発砲し、（中略）わが方は隠忍自重して応射せず直ちに演習を中止し両軍対峙のまま暁明を待ち、その間わが駐屯軍の森田中佐は該支那駐屯軍責任者に対する謝罪を要求したが、支那側はわが要求に応せず遂にわが軍もこれに応戦」することになったと書き、事件の全責任を中国軍に求めている[9]。また、同日の号外には盧溝橋付近における日中双方の軍隊撤退と、軍事衝突が外交交渉の段階に移ったことを示す陸軍省の電報が転載されたものの、夕刊には「支那軍は撤退の模様なく、かつすでに白旗を掲げた宛平《えんぺい》城壁からわが軍に対ししばしば発砲するが如き不遜行為を繰返しつつあった」と中国軍の挑発的な軍事行動を批判する記事を掲載した(10)。

一一日、中国冀察政権と支那駐屯軍との間に口頭での「停戦協定」が締結された。しかし同日、日本政府は七月七日からの武力衝突を中国軍の不法射撃と計画的武力抗日だと断定し、華北出兵の決定を発表した(11)。停戦協定と華北出兵をめぐって、『日日新聞』は、①事件の全責任が中国側にあり、日本側の出兵は中国の抗日行為に対する反省を促すためであること、②蔣介石は非常に強硬な姿勢を示し、「梅津・何応欽《かおうきん》協定」(12)に違反して中央軍北上を発動したこと、③現地の中国軍は停戦協定に違反して支那駐屯軍に繰返し違法射撃を行ったこと、④華北の居留民は危険な境地に陥り、不法攻撃がたびたび起きていること、⑤日本側は冀察政権の協定履行を督促しながら、停戦口約の文書化を求めようとする方策を模索していること、を中心に報じた。ここで注目すべきは、既に一二日の報道の時点で中国中央軍の北上により、「事態はすでに日本対中央（日本政府対国民政府）の問題に移りつつありと見るべく北平における冀察側のわが要求容認の報をもって楽観することは許されない」という認識が示されていることである(13)。

一九日、冀察政権と支那駐屯軍は停戦協定に調印した。『日日新聞』は停戦協定の調印を報道しつつ、次のような批判的な論評を加えている。「宋哲元《そうてつげん》が正式陳謝の意を表明したが、（中略）支那側としては帝国政府の厳然たる要求に対し、陳謝の一項目に限って約諾を実行したのは一時逃れの常套手段と見ている」「今やわが方として重要視すべきは南京政府の意思によって中央軍が続々と北上し来たりつつある事実で、これが北上を停止せぬ限りはよし宋哲元が百の約諾を行っても何等の意味なきものである」[14]。その後、中国政府の現地停戦協定に対する承認を得るために、外務省は在中国大使館を通じて南京側との交渉を求めた。これに対しても『日日新聞』は、「（国民政府）全く誠意なし」「我平和の誠意を蹂躙、国民政府不遜なる回答」などの記事を掲載し、中国政府の対応を現地交渉原則と不拡大方針を破壊する行為と非難している[15]。

停戦協定から一週間後の二六日に、日本軍が北平と天津の間の軍用電線を修理したことで中国守備軍と衝突した廊坊《ろうぼう》事件が発生し、また翌二七日には、北平居留民保護を理由に北平に入ろうとした支那駐屯軍が中国軍と衝突した、いわゆる広安門事件が発生した。この二つの事件について『日日新聞』は、日本軍が中国軍の奇襲を受けて重大な損失を被ったことを報道し、日本軍の自衛的な反撃による苛烈な戦闘の記事・写真を多数掲載した[16]。二八日、支那駐屯軍は廊坊と広安門の事態に対し、「支那軍の欺瞞行為は我軍を侮辱するものにして断じて許す能はず、軍はここに独自の行動を執る」[17]と決意した。以後、日本軍の北平総攻撃が開始され、盧溝橋事件の不拡大をめぐる現地交渉は失敗に終わった。三〇日以降、『日日新聞』の報道の中心は、二九日に通州で起こった日本居留民虐殺事件における中国側の行為を「鬼畜も及ばぬ残虐極まる暴行」として厳しく非難することにあった。

八月に入ると、天津における現地交渉が失敗したことで、川越茂駐中国大使は南京に戻り、次の段階に向けた交渉を開始した。また、外務当局は軍関係者の協力を求めて華北における停戦交渉根回しのため、「船津工作」を進めていた。一方、国民政府内部でも外交部亜州司の高宗武第一司長をはじめとする対日交渉派が、日中関係を立てなおすための外交活動に積極的に取り組むようになった[18]。このように、国民政府外交部と日本駐中国大使館による中央レベルの交渉がはじまろうとしていた八月九日、大山事件が発生し、平和交渉の動きは再び止められてしまった。一〇日の『日日新聞』は、事件の原因と事件拡大の全責任を中国に求め、「海軍特別陸戦隊第一中隊長海軍中尉大山勇夫は一等水兵斉藤興蔵の運転せる自動車により、（中略）上海保安隊に包囲され、機関銃・小銃などの射撃を受け即死した」「支那側が事件を殊更拡大せしめんとする意図があ」ると書いている[19]。同日、杉山元陸相は『日日新聞』の記者に「支那は反省の色なし、断乎膺懲《ようちょう》あるのみ」との意見を披瀝した[20]。一三日、上海で日中が軍事衝突を起こし、戦線が上海へ拡大するのに伴って、政府は閣議で「不拡大方針放棄」を決定した[21]。八月九日の大山事件からの『日日新聞』の報道を見る限り、不拡大方針を破綻させたのは、中国側が策動した大山事件であるとの印象を読者に抱かせる。

　この時までに起こった日中間の出来事を、日本政府は次のように国民に発表した。「此の如く支那側か帝国を軽侮し不法暴虐至らざるなく全支に亙る我か居留民の生命財産危殆に陥るに及んでは、帝国としては最早隠忍其の限度に達し、支那軍の暴戻《ぼうれい》を膺懲し以て南京政府の反省を促す為今や断乎たる措置をとるの已むなきに至れり」[22]。そして、この時期の『日日新聞』の記事は、盧溝橋事件にはじまる日中間の衝突について、日本側が不拡大方針を模索しようとするのに対し、中国側が日本軍に挑発的な行為を繰り返し、事件の拡大を招くことになったという論調で報道している。『日日新聞』は、盧溝橋事件から通州事件へ、さらに大山事件に至るまで、不拡大方針が失敗した責任は全く中国側にあり、日本軍はやむを得ず自衛行為をとって応戦しただけであるとして、日本側の軍事行為の正当性と兵力増強の必要性のみを強調したのである。つまり、日中戦争勃発当初の日本の対中世論においては、盧溝橋事件に起因する日本軍の対中作戦が自衛のための反撃であるという認識が、政府や軍部によって公表され、主流メディアに流されてごく自然に広まっていった。このようにして、日本国民の間には日中戦争に対する「自衛戦」観が形成されていったのである。

第二節　大義名分のない戦争と「聖戦」の提起

国民動員のための宣伝策と支那事変一周年の勅語下賜

「暴支膺懲」「居留民保護」という名分のもとで、これまで対中「自衛戦」を遂行した日本政府は、戦局の推移に鑑みて、一九三七年九月二日盧溝橋事件以来の日中間の戦闘を「支那事変」と命名した[23]。それと同時に、対中全面戦争に備える一環として、近衛文麿内閣は国民を戦争動員に協力させる「滅私奉公」の官制運動――国民精神総動員運動をはじめ、官民一体で「総ユル困難ヲ打開シテ所期ノ目的ヲ貫徹スベキ」と定めた。[24]「日本精神ノ発揚ニヨル挙国一致ノ体現並ニ非常時財政経済ニ対スル挙国的協力ノ実行」という二大目標を掲げる国民精神総動員運動は、「支那事変ニ適用スベキ国家総動員計画要綱」に基づいて、国民教化と時局宣伝を実施するものであり、その最も主要な実施機関は内閣情報部、内務省および文部省とされた。[25]

内閣情報部[26]は情報統制や宣伝活動などを担う機関として、国民精神総動員実施要綱に呼応する形で、「支那事変ニ対スル宣伝方策大綱」（一九三七年九月三日）[27]を立案し、支那事変に対する政府の解釈を国民の間に浸透させようとした。同大綱は一般方針、対内宣伝、対外宣伝、対支宣伝の四部からなるが、宣伝の一般方針は、「今次事変ハ帝国ノ隠忍ニ拘ラズ支那側ノ不法暴戻ニ依リ今ヤ拡大シテ真ニ重大ナル決意ヲ採リ暴支ヲ断乎膺懲セザルヲ得ズルニ至レルヲ以テ深ク国民ノ覚悟ヲ堅メシムルト共ニ、世界ノ輿論ヲ我方ニ有利ナラシムル如ク導クコト」と定めた。[28]ここで挙げられている戦争遂行の理由と目的はやはり「支那側の不法暴戻」「国民政府を膺懲」であった。

しかし、中国の首都南京を占領したにもかかわらず、日本政府は戦争を有利な形で終結することができなかった。一九三八年一月一六日に「国民政府を対手とせず」の声明を出したことにより、「支那事変」は「自衛」のための戦争から「抗日容共の国民政府を壊滅する」新たな段階に移らざるを得なかった。日本政府は「支那軍膺懲」や「自衛」という理由だけで戦争の目的を説明しされなくなったのである。また、この間、アメリカの中立法が日中戦争に対して発動されることを危惧した日本側は、一九三七年一一月の段階で宣戦布告を回避する決定を下し、「支那事変」の呼称を用い続けながら実質的な戦闘行為を行っていく方針をとった。このため、宣戦布告しなかった中国との戦争に、国民を説得し得る新たな名分を創作することが緊急の課題になった。さらに、戦争の長期化に伴い、一体中国との戦闘をどのように捉えるのか、何のために戦争をするのか、といった戦争認識に関わる問題を「支那事変」との関わりのなかで納得させる必要が生じ、政府や軍部は国民の戦争に対する継続支持を獲得し銃後動員のさらなる推進のために、新たな対策を講じなければならなくなった。

一九三八年一月一七日、内閣情報部常務部会は前述の「支那事変ニ対スル宣伝方策大綱」を改訂し、その後の支那事変に対する宣伝方針の基調とした。改訂後の大綱は、全四部に注意事情を加えた五部構成で、宣伝目的の一般方針は次のように定めた。

支那ニ於ケル抗日勢力及赤化勢力ヲ芟除シ、日支ノ真ノ互助提携ヲ齎ラシムルコトニヨリ東亜永遠ノ平和ヲ確立セントスルニ在ルコトヲ、凡ユル機会ニ於テ内外ニ闡明ス（中略）新興支那政権ノ成立発展ヲ期待シ、是ト両国々交ヲ調整シテ、更生新支那ノ建設ニ協力セントスルモノナルコトヲ内外ニ闡明ス。(29)

［今回の事変の目的は］支那の抗日勢力および共産勢力を取り除き、日支間の真の互助提携をもたらすことによって東亜永遠の平和を確立しようとすることにあることを、あらゆる機会において国内外に明らかにする。（中略）新興支那政権の成立と発展を期待し、これと国交を調整して、蘇った新支那の建設に協力しようとすることを国内外に明らかにする。（著者訳。以後の資料の現代語訳もすべて著者による）

また国内宣伝の方針については、中国の抗日勢力を壊滅させるという帝国の不動の決意を示しつつ、国家総力戦の徹底的遂行を国民に意識させ、国民精神総動員運動の実施を通じて「日本精神ノ発揚ニヨル国民ノ精神的団結ヲ一層鞏固《きょうこ》ニシ、尽忠報国、必成ノ信念ヲ益々昂揚シテ、（中略）堅忍持久毅然トシテ動カザル国内輿論ヲ誘起ス」ることによって、「銃後ノ後援ヲ強化持続セシム」とした(30)。

ここで注目したいのは、「自衛」という理由が次第に不明瞭になっていくなかで、中国との終結させられない戦闘の正当性創出のために「東亜永遠ノ平和ヲ確立セントスル」という抽象的な表現が、暫定的な今後の対中作戦の目的として持ち出されたことである。「東亜平和」の実現は、戦争の初期段階の作戦理由としては具体性を欠くにもかかわらず、その後の「聖戦」理念の形成に不可欠の道義的理由を作り上げた（後述）。また、これらの規定を見ると、支那事変を遂行する理由と狙いをどのように国内外に納得させようとするのか、特に国民精神を盛り上げて国内の団結を図り、銃後の支援を持続させることが、長期戦を覚悟しはじめた日本側の直面した大きな課題であったことが分かる。

このため、支那事変に対する宣伝は、国民精神総動員運動とのさらなる連携が求められ、その宣伝策のなかに国民精神総動員の主旨と目標も組み込まれ、両者が相互に推進し合いながら、国民に戦争協力を強要していくことになったのである。

既に述べたように、一九三八年の南京占領によって、事変処理をめぐる軍事上の作戦は一段落したが、「国民政府を対手とせず」の声明により、日中交渉の公式のルートは閉じてしまった。この事は政府による事変の初期処理の失敗と見なされている。また、イギリスが香港経由で重慶国民政府（蔣介石政権）に対して武器輸出を行い、中国の軍事力が充実することで戦線のさらなる拡大をもたらしかねないという危機感も加わって、事変の早期解決を図る近衛文麿は内閣改造に踏み切った。これにより、穏健な外交姿勢を取る宇垣一成が外相に就任し、国民政府行政院院長孔祥熙《こうしょうき》を通じた日中交渉の再開を試みることになった。こうした政治・外交上の動きと相まって、軍事面では蔣介石政権の降伏を促しながら展開された武漢作戦の最中に、日本は支那事変一周年を迎えた。

盧溝橋事件勃発一周年を控えた一九三八年七月一日、陸軍省により、支那事変一周年の際に国民全般に対する勅語下賜の奏請が天皇に呈上された。そこには、勅語の内容に次の五点を含むべきとあり、勅語によって事変の解決を後押ししようとする陸軍省の意図を見ることができる。

①帝国ノ事変ニ対スル確乎不動ノ決意ノ宣明、②防共ト日支親善ハ東洋平和ノ基礎ニシテ之ヲ

念頭セラルル、③支那国民政府ノ容共抗日政策ノ東洋平和ニ及ホス害毒、④列国中ニハ克ク日本ノ真意ヲ解スルモノアリト雖モ、一部未タ帝国ノ真意ヲ解セス支那ヲ援助シ、事変ヲ長引カセテハ東洋ノ平和ヲ攪乱シツツアルハ遺憾ナル事、⑤事変ノ前途尚遼遠ナルヲ以テ国民一致団結万難ヲ克服シテ帝国ノ目的達成ニ邁進スヘキ事。(31)

①帝国の事変に対する確固たる決意の宣明、②共産化の防止と日支の親善は東洋平和の基礎であり、これを念頭に置き、③支那国民政府の容共抗日政策が東洋平和に及ぼす害毒、④列国には日本の真意をよく理解するものがあるが、一部は未だに帝国の真意を理解せず支那を援助し、事変を長引かせて東洋の平和を攪乱しつつあることは遺憾である、⑤事変の前途はいまだ遠いため、国民が一致団結し、万難を克服して帝国の目的達成に邁進せよ。

七月六日、当時の内閣総理大臣近衛文麿は陸軍省の意見を受け入れ、以下のような勅語案を起草し、支那事変一周年の七月七日に公表した。(32)

今次事変ノ勃発以来茲ニ一年、朕ガ勇武ナル将兵果敢力闘戦局其ノ歩ヲ進メ、朕ガ忠良ナル臣民協心戮力銃後其ノ備ヲ固クセルハ、朕ノ深ク嘉尚スル所ナリ。

惟フニ今ニシテ積年ノ禍根ヲ断ツニ非ズムバ、東亜ノ安定永久ニ得テ望ムベカラズ、日支ノ提携ヲ堅クシ以テ共栄ノ実ヲ挙ゲルハ是レ洵ニ世界平和ノ確立ニ寄与スル所以ナリ。

官民愈々其ノ本分ヲ尽シ艱難ヲ排シ困苦ニ堪ヘ益々国家ノ総力ヲ挙ゲテ此ノ世局ニ処シ、速ニ所期ノ目的ヲ達成セムコトヲ期セヨ。


今回の事変が勃発して一年、朕の勇武な将兵が果敢に力闘し戦局を進展させ、朕の忠良な臣民が一致団結して銃後の備えを固めたことは、大いに称賛に値する。

今、積年の禍根を断つのでなければ、東亜の安定は永久に望むべくもない。日支の提携を強固にして共に栄えることは、世界平和の確立に寄与する。

官民はさらにその本分を尽くし、艱難を排し、困苦に堪え、さらに国家の総力を挙げてこの時局に対処し、すみやかに所期の目的を達成することを決意せよ。


ここでは、①中国戦線で戦う将兵と銃後の国民に対する感謝を伝え、②抗日容共政権との積年の禍根を断ち東亜安定と日支提携を実現するために戦うことが必要であると強調し、③国民が一致団結して国家の総力を挙げ、目的を達成することが求められている。また、こうした「聖慮ニ応ヘ奉ラム」ことを全国民に切に望む内容の内閣総理大臣告諭も、同日に発表された(33)。

支那事変一周年に勅語下賜が成されたことには、どのような意味があったのだろうか。勅語とは、大日本帝国憲法下で、天皇が大権に基づき、国務大臣の副書を要さず、親しく臣民に対して発表する意志表示のことである。それは大御心（天皇の心）を具体的に示すものだと見なされていた。勅語奉読は国民に天皇の意思を深く理解させる最も直接的なルートであった[34]。したがって、事変の解決が新たな段階に入った支那事変一周年に際し、支那事変が天皇の意思による「東洋平和と日支親善」のための戦争であると国民に伝えると共に、学校や軍隊などの公共機関で勅語奉読を行うことによって、戦争の意味を大臣・大将から小学生まで了解させることが図られたのである。

勅語下賜と相まって、内閣情報部は総務部会で「支那事変勃発一周年記念実施要綱」を決定し、「支那事変周年記念」活動を企画した。実施要綱の趣旨の頭に、「来ル七月七日支那事変勃発一周年ニ当リ聖戦ノ意義及時局ノ重大性ヲ更ニ深ク認識シ銃後ノ熱誠、堅忍持久ノ精神ヲ増進シ、且物心両方面ノ総動員態勢ヲ具現シ以テ挙国一致時難ノ克服ニ邁進スルノ決意ヲ益々昂揚スルト共ニ、戦歿将兵ノ英霊ニ対シ感謝ヲナシ併セテ出征将兵ノ労苦ヲ偲バムトス」と記載されている[35]。この「聖戦」という言葉は、支那事変（あるいは日中戦争）を指す意味で政府文書のなかではじめて使用された[36]。しかし、同資料のなかでは「聖戦」に関する具体的な解釈がなく、自明のものとされているようにも思われる。にもかかわらず、これまでの支那事変に対する宣伝策と事変一周年の勅語下賜から見れば、「聖戦」の意味は支那事変一周年の時点では天皇陛下の聖慮に応えて、東亜平和の実現のために遂行する神聖な正義のための戦争を指すと考えられる。このような極めて宗教的な色彩を帯びた言葉の使用は、戦争の正当性に異議を挟む余地を奪う、国民教化と戦争宣伝にとって非常に便利な概念となった。戦時の政策文書において、「支那事変」に代わって「聖戦」が頻繁に使用されるようになったのは、まさにこれ以降のことであった。さらに、支那事変二周年から四周年までの「事変周年記念実施要綱・方針」（次節で詳述）のなかで、上述の「勅語奉読」が規定されたため、記念行事に不可欠なものとなった。[37]記念行事を通じて、支那事変は「聖戦」としての宗教的な意味付けが強化されていったのである。

第三節　「支那事変周年記念」要綱と「聖戦」の語りの構造

時局に応じて変化した「支那事変」の意味付け

一九三八年から一九四二年まで、内閣情報部（のち情報局）と陸軍省は毎年七月七日に向けて「支那事変周年記念要綱」（以下、要綱）を作成した。表1－1は各年ごとの支那事変周年記念の政策文書をまとめたものである。一九四三年から終戦までの文書は現時点で見つかっていない。

最初に要綱の作成機関について説明をしておく。起草機関の表記が内閣情報部であれ、陸軍省であれ、最後に各部局や機関団体に「要綱」を通知する時には内閣情報部の名義が用いられた。それは、形式的には内閣情報部が独自の権限を持つ「国家機関」だったからである。にもかかわらず、部局間の文書のやり取りから、陸軍省の意思がかなりの程度で文書に反映されていたことが読み取れる。一例を挙げてみよう。「支那事変勃発二周年記念実施に関する件」はまず陸軍省によって作成され、続いて内閣書記官長による「実施可」の許可を得て、枢密院などへ通知された[38]。一九四〇年一二月、情報宣伝の一元化を図るために、外務省情報部、陸軍省情報部、海軍省軍事普及部および内務省警保局図書課の事務を統合する形で内閣情報局が設置されたが、陸軍省が要綱を作成することに実質的な変化はなかった。

表1－1を見ると、政府や軍部が支那事変周年に合わせ、時局に応じて事変の意義を修正しつつ、集中的な宣伝を行おうとしたことが分かる。一九三八年一月の日本政府による「国民政府を対手とせず」声明と、同年四月公布の「国家総動員法」の政策基調のもとで定められた支那事変一周年の実施要綱の主旨は、「蔣介石政権の壊滅」「東洋平和の確立」「総動員態勢の具現」に重点を置きつつ聖戦の意義を主張するものになった。しかし、日本軍は華北や華中、華南のそれぞれの重要都市を相次いで陥落させても、軍事面で蔣介石政権を降伏させることができなかった。重慶を拠点に後方での抗戦体制構築を図る蔣介石は、明らかに長期戦（あるいは「持久戦」）に備える構えだった。また、対日抗戦のために二度目となる国民党との協力関係を結んだ中共は、日本軍が占拠した都市と主要な鉄道によって区切られた空間に抗日根拠地を作ることに成功し、占領地各地での抵抗を続けていた。

表1-1　支那事変周年記念を実施する要綱と方針（1）

年度と作成機関	周年記念実施要綱・方針	備考
一周年 （1938年） 内閣情報部	要綱：聖戦の意義および時局の重大性を認識し（抗日政権の壊滅と東洋平和の確立、長期戦の覚悟を喚起）、銃後の熱誠、堅忍持久の精神を増進し、総動員態勢を具現する。 実施方法：当日正午に戦没将兵の英霊を追悼し、出征将兵の武運長久を祈願する。勤倹力行（一菜主義、一戸一品献納、勤労奉仕、国民訓練運動）。全国各地に講演会を開催する。	1938年1月、「国民政府を対手とせず」声明。 1938年4月1日国家総動員法公布。
二周年 （1939年） 陸軍省	要綱：国際情勢の変移と興亜大業の意義を深く認識し、挙国一致態勢の下国民精神を総動員し、国家総力の増強を図る。 実施方法：正午に戦没将兵の英霊を追悼し、出征将兵の武運長久を祈願する（ラジオ放送、サイレン、鐘などを用い周知）。官公署、学校、各種団体、会社、銀行、工場などにおける勅語奉読式。「国民精神総動員綱領」の趣旨の徹底普及。	1938年11月3日「東亜新秩序建設」を声明。 1939年4月11日「国民精神総動員綱領」を閣議決定。
三周年 （1940年） 陸軍省	要綱：改めて聖戦の意義を確認し、日本の世界的地位とその実力を再認識する（東亜新秩序の建設、自給自足圏の確立、東亜の指導国家としての実力を備える）。 実施方法：宮城遥拝。靖国神社遥拝。黙祷（正午1分間）。勅語奉読。	1939年9月、欧州戦争勃発。 1940年3月30日汪精衛政権が南京に樹立。

表 1-1　支那事変周年記念を実施する要綱と方針（2）

年度と作成機関	周年記念実施要綱・方針	備考
四周年 （1941 年） 内閣情報局	要綱：事変の長期化に伴う国民の精神的動揺と欧州戦乱の拡大に伴う銃後国民の思想的分裂を防止し、外国の思想謀略と国策の真意を歪曲する厭戦的言動を警戒し、聖戦に対する国民の決意と覚悟を新たにし、大東亜共栄圏建設を目標とする国家総力戦体制の確立に邁進し、聖戦完遂の目的に挺身する。 実施方法：各戸に国旗を掲揚、黙祷、勅語奉読。記念大会と事変記念講演会の開催。機関誌・新聞・雑誌による事変特輯。映画会・音楽会・展覧会の開催。ポスター・広告・ショーウインドーを利用して大衆啓発運動を展開。ラジオによる「事変記念週間」放送。消費節約、資源回収、軍需と生活必需品の増産、貯蓄奨励、国債消化、防諜などの実践運動を記念行事に関連させる。模擬戦、耐熱行軍、武道大会、遺家族慰問と労力奉仕、神社参拝、勤労作業、戦没勇士の墓地清掃などの行事を行う。	1941 年 3 月 27 日閣議諒解「当面の時局に対する輿論指導方針」。 1941 年 6 月 22 日独ソ開戦。
五周年 （1942 年） 陸軍省	要綱：支那事変は大東亜戦争の前衛戦にして、大東亜戦争の完遂には英米の徹底的攻撃および南方建設と共に支那問題の解決を要することを理解させ、日満華三国一心一体と国民政府の育成強化は帝国不動の国策であることを高唱し、在支皇軍の労苦を感謝し、記念行事の実施は増産を阻害して資材を浪費しないように簡素厳粛で行う。 実施方法：事変記念文書の掲載（週報、写真週報、各種新聞、雑誌）。放送および講演会。映画会・音楽会・展覧会。百貨店装飾窓利用、「スライド」、紙芝居、常会通信、回覧板などを利用して宣伝啓発する。	1941 年 12 月 12 日太平洋戦争勃発。

表 1-1　支那事変周年記念を実施する要綱と方針（3）

年度と作成機関	周年記念実施要綱・方針	備考
六周年（1943 年）	なし	
七周年（1944 年）	なし	
八周年（1945 年）	なし	

＊「支那事変勃発一周年記念実施要綱」（吉田裕・吉見義明編『資料日本現代史10　日中戦争期の国民動員①』大月書店、1984 年、76-77 頁）、「支那事変勃発2周年記念実施に関する件」（アジア歴史資料センター（以下、アジ歴）レファレンスコード C10073342000）、「陸軍経理関係報告書、人事に関する統計表（第一、一般事項　九、支那事変三周年記念日）」（アジ歴レファレンスコード A03032249800）、「支那事変四周年記念行事実施ニ関スル件情報局次長通牒」（アジ歴レファレンスコード A06050835700）、「支那事変勃発 5 周年記念行事に伴う啓発宣伝実施要領の件」（アジ歴レファレンスコード C07092230500）より著者作成。

以上のような状況下で、国民政府を壊滅させても事変終結の見通しが立たなくなった近衛内閣は、一九三八年末頃、「国民政府を対手とせず」の声明を修正する意味で「中国現政府参加を拒否せず東亜新秩序建設」の声明を出した。さらに、「東亜新秩序建設」に基づく日中国交調整を具体化していくために、対中平和における「善隣友好・共同防共・経済提携」のいわゆる近衛三原則の声明を出した。このような日本政府の大きな主張転換によって、二周年記念活動の趣旨は「東亜新秩序の建設と興亜大業の完成」に変化した。また、内閣情報部の権限拡大に伴い、一九三九年六月から国民精神総動員運動は公式に内閣情報部の職務権限とされた[39]。そこで、二周年の要綱には「国民精神総動員綱領」が加えられ、その徹底普及が記念行事の重要な課題となった[40]。当初、国民精神総動員運動と相互に連繫し合う形で展開されていた支那事変の宣伝は、ここから実質的に国民精神総動員運動の一環に位置付けられることになった。

しかし、「東亜新秩序建設」の方針拡大に伴い、日本は英米との外交関係に緊張をきたすようになる。さらに、ノモンハン事件による打撃と長期戦下における国民生活の窮迫に鑑み、欧州戦争勃発後の日本は欧州戦に介入しない方針を決めた。一九四〇年に入ると、斉藤隆夫の議会における反軍演説とその後の議員除名処分は、軍部の暴走牽制の失敗例を示す形となったが、一方では支那事変の処理策、また「東亜新秩序建設」の内容と目的に対する異議申し立てとして大きな注目を浴びた。この頃、ドイツの電撃戦によって東南アジアに植民地を持つフランス・オランダなどが降伏し、イギリスも危機的状況にあった。新体制運動を掲げて成立したばかりの第二次近衛内閣は、日独伊三国軍事同盟を締結して東南アジアを日本の生存圏内に組み込む南進政策を決定し、日中戦争の泥沼から脱出しようとした。したがって、三周年の記念要綱には「自給自足圏の確立と日本の世界的位置の再確認」によって改めて聖戦の意義を確認するというやや後退した方針に変化し、これと共に実施方法も非常に簡略化されたものとなった。また、三周年記念の低調化は、一九四〇年頃に形骸化した国民精神総動員運動が、国民を「動員」するよりも国民の主体的「翼賛」を求める新体制運動に取って代わられる

ようになったことにも関係がある。(41)

支那事変四周年となる一九四一年には、内閣情報局から「当面ノ時局ニ対スル輿論指導方針」が出されたが、従来のものとは大きく異なり、陸軍内部の命令文書のような高圧的な内容になっている。(42)四周年記念実施方針も一層厳しくなり、中央から地方まで普通の記念行事以外に各種の多様な行事が新たに加えられるようになった。その具体的理由としては、「支那事変四周年記念行事趣意書」(43)に次のように述べられている。

事変ノ長期化ハ漸次我ガ国民生活ノ上ニ甚大ノ影響ヲ斉シ来レル、一方欧州戦乱ノ拡大ニ伴ヒ、銃後国民ノ思想的分裂、精神的動揺ヲ企図セル外国宣伝謀略ノ爪牙漸ク尖鋭化シ、為ニ国民中或ハ自我功利ノ思想ニ泥ミ或ハ外国ノ思想謀略ニ乗セラレ聖戦ノ主旨ニ背馳スルガ如ク厭戦的言動ヲ為シ、或ハ自由主義的観念ニ依リ徒ニ抽象的空論ニ馳リ、各般国策ノ真意ヲ歪曲シ時局ノ要請ニ悖ルガ如キ敗北主義的思想感情ヲ包蔵スルニ至ルモノナシトセザルニ鑑ミ、此ノ際事変第四週年ヲ契機トシテ全国的ニ一大記念行事ヲ実施シ聖戦ニ対スル国民ノ決意ト覚悟トデ新ニシ一億一心益々肇国ノ精神ニ透徹シ、悠遠ナル皇国ノ弥栄ヲ祈念シツツ大東亜共栄圏建設ヲ目標トスル国家総力戦体制ノ確立ニ邁進スベキ国民的実践ノ歩武ヲ固メ以テ飽迄聖戦完遂ノ目的ニ挺身シ、聖慮ニ応ヘ奉ルト同時ニ国民不撓ノ決意ヲ諸外国並ニ蔣政権ニ反映シ、国策遂行ニ貢献センコトヲ期ス。

事変の長期化は次第にわが国民生活に甚大な影響をもたらしている。一方、欧州戦乱の拡大に伴い、銃後国民の思想的分裂、精神的動揺を企図する外国宣伝謀略の爪牙はだんだん先鋭化し、このため国民のなかには自我功利の思想や外国の思想謀略に乗せられて聖戦の主旨に背くような厭戦的言動を行い、または自由主義的観念による抽象的空論にいたずらに走り、各般の国策の真意を歪曲し時局の要請に背くような敗北主義的思想感情を持つに至る者もいる。これらの事情に鑑み、事変四周年を契機として全国的な一大記念行事を実施し、聖戦に対する国民の決意と覚悟を新たにし、一億一心益々肇《ちょうこく》国の精神を透徹し、悠遠なる皇国の弥栄《いやさか》を祈念しつつ大東亜共栄圏建設を目標とする国家総力戦体制の確立に邁進すべき国民的実践の歩みを固め、あくまで聖戦完遂の目的に挺身し、聖慮に応えると同時に、国民不撓の決意を諸外国や蔣介石政権に反映し、国策遂行に貢献することを期する。

ここでは、国際世論を味方に付け、相手側の戦意を失わせる戦時情報宣伝戦の活発化方針と日中戦争の長期化による日本国民の厭戦気分の顕在化という状況が明らかにされている。また、東南アジアを日本の資源の供給地域にする南進政策に由来した「大東亜共栄圏建設」が四周年記念要綱のキーワードとなる一方、「聖戦の完遂」という日中間の戦闘の早期終結方針が、戦闘の長期化以来、はじめて表明されている。この二つの目標達成のため、「聖戦に対する国民の決意と覚悟を新たにする」

ことが記念要綱に求められたのである。

一九四一年一二月、太平洋戦争が勃発すると、当時の東条内閣は一二月一二日の閣議において「支那事変ヲモ含メ大東亜戦争ト呼称ス」ことを正式に決定した[44]。日本軍は、天皇の宣戦詔書が発布されて半年も経たないうちに、一気に広大な南方地域を占領した。予想以上の戦果によって、支那事変五周年を迎える記念要綱では、「支那事変ハ大東亜戦争ノ前衛戦ニシテ大東亜戦争ノ完遂ニハ米英ノ徹底的撃滅及南方建設ト共ニ支那問題ノ解決ヲ要スル所以ヲ理解セシム」[45]との楽観的な方針が最優先の課題とされ、「支那事変」の持つ意味の再構築と「大東亜戦争」の意義を国民に納得させようとする方針も見えてくる。一方、対英米開戦によって高揚感と解放感に包まれた日本国内では、長期作戦に伴う巨額の軍事費用の増加により、国民の経済生活が逼迫するようになった。それでも、東条内閣はすべての物質を戦争に役立つものに転化し、食糧の増産と供出を強要するような徹底的な戦時統制経済を実行するなど、総動員体制を極限まで追い求めた[46]。このため、五周年記念行事の実施に対しては、「増産を阻害して資材を浪費しないように簡素厳粛で行う」ことが定められた。

以上見てきたように、支那事変一周年から五周年にかけて、日中間の戦局の進展に伴う政策調整や日本国内の情勢変化、また日中を取り巻く国際環境の変化につれて、支那事変の持つ意味と戦争遂行の目的は毎年調整され、「聖戦」に対する認識はこのプロセスのなかで形づくられていった。これらの内容は支那事変周年前後の記念文書に書き込まれ、記念講演会やラジオ放送などの啓発宣伝によって繰り返され、また記念行事を通じて繰り返し強調されながら、国民に戦争の正当性と戦時体制の必要性を継続的に認識させた。それは「聖戦」の語りを毎年更新することになるのであった。一方、国民への勤倹力行（一戸一品献納、消費節約など）、勤労奉仕の呼びかけも記念要綱に織り込まれており、銃後の具体的な戦争協力への要請を推し進めようとした意図もうかがえる。要するに、これまでは支那事変とその意味付けを軸にして「聖戦」の語りは展開した。

一九四三年以降、支那事変周年記念は公式に行われなくなった。「支那事変周年」を公的に記念する活動や記念文書はなくなり、「支那事変周年記念」の扱いも低調なものになった。その直接の原因は、支那事変の持つ意味が五周年記念要綱によって「大東亜戦争」にまとめられたためであり、「支那事変周年記念」は自然の流れで「大東亜戦争周年記念」に吸収されたからである。また、東南アジアにおける英米連合軍との厳しい戦闘が日本の主な関心事となり、支那事変の位置付けは明らかに低下していった。(47) しかし、「聖戦」の語りはここで途絶えたわけではなく、「大東亜戦争周年記念」を通じて調整されながらも終戦まで続いたのである。

第四節　事変周年記念活動に見る日本社会の日中戦争像
記念日に何を、どのように記憶させたのか

　支那事変周年記念要綱にしたがって、軍部・政府機関だけでなく、新聞社をはじめとする民間団体も、七月七日の前後に、多様な記念行事を行った。軍部や政府機関が主催した行事は、主に近代戦を大衆に示し、軍事思想を普及するための軍事演習[48]、軍事支援や前線と銃後を結び付かせるための軍楽隊行進と演奏会[49]などであり、戦果を回顧し、現状を総括する記念文書が載せられる記念特輯[50]も記念行事に合わせて多数発行された。民間団体は、常に陸軍省・情報局・教育総監部などの政府機関を後援者にして、記念要綱の主旨に沿った活動を行い、街頭大訓練、運動会、感謝の会、展覧会、花火大会など多様な形式によって支那事変周年記念日に「聖戦」の意義を繰り返した[51]。

　また、国民精神総動員運動の一環になった支那事変周年記念は、その活動方法も明らかに国民精神総動員運動の一部を模倣したものとなった。事変周年記念行事の定式となった黙祷や、宮城遥拝、国旗の掲揚などはいずれも国民精神総動員運動における定番の儀式であり、勤倹力行、消費節約、軍需と生活必需品の増産、国民訓練運動、武道大会、講演会といった記念活動を通じた啓発宣伝による日本精神の発揚と「滅私奉公」も国民精神総動員運動の一貫した内容である。いずれにしても、それらの行事や記念活動は、記念要綱の主旨に合わせたものであり、中国で行われている聖戦が新東亜建設

の聖業をスムーズに進め、大東亜共栄圏の実現に邁進する姿を描き出している。そのなかでは、聖戦の契機となった盧溝橋事件勃発の七月七日を決して忘れないよう、様々な工夫がなされていた。

まず、盧溝橋事件経験者による懇談会がしばしば記念日に行われた。事件勃発当時現場にいた人物を出席させ、彼らが語る盧溝橋事件の「真実」が人々に信じられるようにした。「聖戦一周年盧溝橋事件座談会」「暁破る銃声一発、骨に刻む悲憤　白衣で語る両勇士」「盧溝橋の集ひ」「「奮起せよ・この好機」盧溝橋の勇将　牟田口部隊長語る」といった記事が当時の全国紙には頻繁に見られた[52]。盧溝橋事件の当事者であった支那駐屯軍歩兵旅団第一連隊の牟田口廉也連隊長、一木清直第三大隊長らは、座談会の常連になった。例えば、牟田口廉也の記念日雑談・感想には「盧溝橋の第一発以来（中略）当時第廿九軍の宋哲元は口では親日反共を唱えているが裏では抗日策を実行していたのだ。（中略）それは蔣介石がかねてから抗日を策としていたことによるものであって、まさに彼が甘受すべき天罰だよ[53]」という内容が必ず述べられた。つまり、事件経験者座談会を通じて中国軍の暴戻と背信、中国政府の理不尽、中国の反日・抗日の敵意、邦人居留民の被害などが毎年繰り返し語られたのである。

事件勃発地における記念式典や戦跡見学も、周年記念の主な活動であった。事件勃発直後、最初の激戦地となった一文字山には記念碑が建てられ、そこに盧溝橋の第一発の銃声によって戦死した六名の日本軍兵士の名前を刻み、彼らに感謝を捧げて護国の英霊と崇めた。事件周年記念日になると、北京周辺の日本軍や邦人だけではなく、日本からも有志が訪れ、記念碑に参拝し、戦跡を見学した。「牟田口部隊長軍の碑が白く光り、砂を蹴ると薬莢が一つ飛び出した。まだ残る「戦ひの跡」である。この春植えた桜が、やがて大和心を咲かすであろう」など、見学者が見た一文字山の様子が記念日に多く報道された(54)。ここでは、戦跡に建てられた記念碑を通じて事件勃発当時の激しい戦闘を日本精神の発揚に結び付けながら再現し、一般国民に記憶させようとしたことが分かる。

また、「七月七日」を覚えやすくするために、記念スタンプや童謡なども作られた。例えば、一周年の記念スタンプには陸軍と海軍の階級章が図柄の上に並べられ、その下には銃後の国民を象徴する多数の日章旗を配置し、「挙国一致」「堅忍持久」を強調した（図1－1）(55)。二周年になると、北京天壇祈年殿を背景に耕作する農夫と労働する職工を配し、新東亜建設を象徴するスタンプが作られた（図1－2）(56)。記念スタンプは記念日当日に全国一、二等および特定三等郵便局で書状や葉書に押捺されるだけでなく、記念日から一週間以内に記念スタンプだけの希望があれば、官製葉書または二銭以上の郵便切手を貼り付けたものに押捺することもできた。このため、記念期間中に開催された展覧会の会場内には、記念スタンプの押捺を広めるための郵便局出張所がしばしば設けられた(57)。これらのスタンプには支那事変周年記念要綱の主旨の一部が簡明な図像によって表現されており、国民の日常生活に欠かせない通信にまで「七月七日」を思い起こさせる「聖戦」の語りを浸透させる意図が含まれていた。このほか、記念スタンプをもって官製葉書や切手の売り上げを伸ばすことにより、国民を戦時経済に協力させる現実的な期待もあった。
　一方、童謡は盧溝橋事件とその意義を最も分かりやすくまとめたものといえるだろう。次に、二つの例を挙げる。

『七月七日——支那事変記念日』与田準一(58)

図 1-1　支那事変一周年記念スタンプ

図 1-2　支那事変二周年記念スタンプ

　宋哲元軍　支那の軍　撃った一
発　あの弾丸の
　事変の起こりを　記念日を　み
んな忘れちゃいないだろ
　日本男子さ　誰だって　忘れ
ちゃいないよ　盧溝橋
　し夕祭の　夜だった　あれから
二年が　もうすぎた
　「長期建設」の筆太に　銃後の
こゝろを書きしるし
「武運長久」墨にゆり　竹にた

んざく　つるし下げ
仰げば今夜も　星月夜　兵隊さんの　お手柄は
きらきら光る　あの星の　数よりごんなに　多いだろ

『支那事変記念日』水谷まさる(59)
山に山百合うつくしく　匂ひはなってひらくころ　いつも記念日むかへます
ひろい東亜をしあわせにするため　ここに五年ごしたたかひつづける日本の望みはきっとどとほります
空にお星がうつくしく　しろがね色にひかるころ　いつも記念日むかへます
いまに東亜の国々が　みなしあわせになった時　ありがたがって記念日をひとりのこらず祝うでせう

上記の童謡は、「盧溝橋事件」「支那軍による銃声一発」「銃後の団結」「皇軍の手柄」「長期建設」「東亜の幸せ」などのキーワードが簡単な言葉に代えられ組み立てられている。作者の与田準一と水谷まさるは、いずれも昭和期の児童文学界における代表的人物であり、彼らの作品が世のなかに広まることが期待された。このような子供でさえも歌える形で「七月七日」の意味を伝えることは、冗長で晦渋な記念文書に比べて、一般の国民の受けもよかったと思われる。

さらに、戦死者を追悼する場においても盧溝橋事件を記憶させ、その意味を教え込もうとした。「北京郊外盧溝橋から放たれた暴戻支那軍の銃声一発をきっかけに数年の侮日、抗日に対する聖戦が繰り広げられて早くも一年――七月七日！　これぞ日本国民の忘れるべからざる日であり、大陸発展のスタート・ラインであった」、正午の黙祷は常にこのように呼びかけられた(60)。また、戦死者の英霊を顕彰する国民的機関とされた大日本忠霊顕彰会が、事件二周年記念日をもって発足したことは、戦死者を追悼しつつ、盧溝橋事件を記憶させる意図が含まれていた。顕彰会の初代会長菱刈隆による発会の挨拶は「東亜新秩序建設の聖戦を進めている時、この興亜の礎と化した英霊を懇ろに弔ふ忠霊顕彰会が設立されたことは永く国民の間にその偉勲をたたえる意味で非常に意義が深い」というものであり(61)、忠霊顕彰の具体的事業計画は、「皇軍の主要会戦地における忠霊塔、忠魂碑、戦跡記念碑の建設を助成し、その維持および祭祀に当る内外地における忠霊塔そのほかの建設を助成・指導する」が挙げられている(62)。そこでは、「聖戦」のために戦死者を賛美することによって、国家への忠誠心を育み、銃後の結束を図ると同時に、多数の戦死者を出した元凶が盧溝橋畔の「暴戻」な支那軍だったことを示す狙いがあった。

以上で見てきたように、「七月七日」を記憶させようとした様々な記念活動では、いずれも「盧溝橋事件が暴戻な支那軍の撃った銃声一発による出来事だった」ことが強調された。この事は「七月七日」に関する記憶の中核として、戦争の遂行に踏み切った最も説明しやすい理由とされた。一方、聖戦の成果とその延長線にある聖業の進展についても、記念特輯の形で集中的に展示され、記念日の重要な内容になった。内閣情報部（のち情報局）の機関誌『週報』と『写真週報』を見ると、どちらも文章と画像を用いて、戦果を誇示する記念特輯を作り上げている。

『週報』の「支那事変周年特輯」は、その多くが内閣、陸軍省、海軍省、外務省などの情報宣伝機関が提供した戦果を回顧する文章からなる。「政府の行おうとする政策の内容や意図を広く一般国民に伝えてその正しい理解を求めて、（中略）政府と一般国民との接触を緊密にする」[63]ことを趣旨とする特輯は、作戦中に日本側の優位と日本軍の勇敢さを「大陸作戦の戦果」（陸軍省新聞班）、「抗日勢力の現況」（陸軍省情報部）、「海軍航空隊の活躍」（海軍省海軍軍事普及部）などの文章を通じて国民に紹介した。これらの文章には「皇軍将兵の忠勇義烈と、国民銃後の後援活動とに依り、今や北支、中支および南支に赫々たる戦勝を獲得して威武を中外に宣揚し、東亜新秩序建設の素地を形成した」「事変以来我が海軍作戦行動の根本方針は終始一貫不変であって、常に戦局の進展に応じて善謀善戦、克く皇軍の戦果を保全し拡大し歩一歩聖戦究極の目的に向って、巨大なる歩みを続けつつあるのである」などの最大限に成果を強調した叙述が見られた[64]。

それと同時に、『写真週報』は現場の写真に短い解説文を付け加えて、海を隔てた前線を実際に見たことがない多数の国民に、中国軍の「非人間性」と狂奔、作戦中の日本軍が前進する姿、日本軍と現地中国住民との間の親善場面、さらには当時の中国における占領地建設を生き生きと伝えた。例えば、事変一周年特輯には「容共抗日が今事変を招いた」というコラムが設けられ、蔣介石が容共抗日を絶叫する写真、毛沢東の肖像と彼に影響されて抗日軍事作戦に狂奔する中国の青年たちの写真、「勿購日貨」（日貨を買うな）と書いてあるチラシ、抗日デモの写真など合わせて八枚の写真が並んでいる。冒頭の解説文は「今、歩武堂々正義をゆく皇軍の前に、はかなくもみじめきはまる醜態をさらしつつある支那。――広大な国土の沃野を焦土と化せしめ、自ら黄河を決潰して罪なき自国民衆を塗炭の苦しみの裡に沈め去った支那！」とあり、「七月七日、事変一周年、ここに当時の支那の容共教育と抗日情熱、軍備狂奔の全貌をあばかう」との主旨を述べている[65]。ここでは、中国の政府と軍が誤った抗日政策を徹底したために中国の民衆の命を踏みにじったとし、「聖戦」は中国の民衆を助ける正義のための戦いであるという認識を強調している。

中国各地で進められた占領地建設の写真と解説において、多数を占めているのは、暗い中国と明るい占領地との対照的な記事である。「落日の重慶は暗い」「新中国の陽が明るく」「我倒願意做日本的俘虜（私は日本の俘虜に成りたい）」をタイトルにした写真が多く、「皇恩のもと、われに捕らへられた哀れ抗日捕虜軍勢は更生の陽に浴びし、宣撫班は活躍し、ある通州は明朗化した。新支那を背負って新民学院に学ぶ明日の若き官吏の姿、或は生活学校の女学生の笑顔」が一連の写真から見えてくる[66]。また、記念日には「日章旗の波、五色旗の渦歓呼する中国人の声は広場を圧し街を覆ふ。日本よ、

図 1-3　内閣情報部編『写真週報』第 21 号（「支那事変一周年」特輯）、1938 年 7 月 6 日、6-9 頁。国立公文書館所蔵・アジア歴史資料センター公開

図 1-4　情報局編『写真週報』第 227 号（「支那事変五周年」特輯）、1942 年 7 月 1 日、8-9 頁。国立公文書館所蔵・アジア歴史資料センター公開

あの日、われらを餓死より救ひ、わが新中国を焦土から築き上げつつある日本の手よ、われらはいまこそ日本の情けに感じ日本の力を信じつつ新らしき東亜の建設に力の限り、邁進することを誓ふ。血の管に血潮わき立つ一億七千万民衆の頭上に輝かしい明日の希望はほほえむ」[67]日中親善の様子が頻繁に描かれている。ここでは、占領地の中国人が日本軍に協力する意志と姿を一方的に取り上げて、「聖戦」の正当性と「東亜新秩序建設」方針の賢明さを主張している。こうした活気に溢れる光景を日本国民に紹介するのは、聖戦の

成果を誇示し、前線の士気を高めながら銃後の団結を一層固くさせるためであった。しかしながら、苦しい戦時生活を強いられた銃後の日本国民の実像は、上述のような幸せな状況とは対照的であった。

一九三九年にアジアを歴訪したコリン・ロス（オーストラリアのジャーナリスト）は、江ノ島に到着した場面を次のように描いている。「騒々しい楽団の先導の下に、広い剣帯を付けた兵士たちは、まさに軍神のように路上を闊歩し、そのあとを兵士の郷里の婦人団体の人々が随行した。出征兵士を送るこうした荘重な行事は今の日本では日常茶飯事といってもよいほどあまりにも見慣れた光景となった」。同じ日に戦場から帰ってきた兵士の遺骨と葬列に出会った。「黒枠の中におさめられた戦死した兵士の写真を捧げた軍服姿の男が先頭を歩んだ。次に胸の前に小箱を捧げたほかの軍人がつづいた。そのあとに葬列がつづいたが、その先頭に立ったのは泣き崩れる女性であった」[68]。こうした出征兵士を送る行列と戦死者の遺骨を迎える葬列の両方が同じ日に同じ町で登場する場面が、戦時中の日本においては、決してあり得ないことではなかった。一般国民は実際には日常的にこのような情景を経験していた。

親友の離別や戦死の悲しみばかりではなく、物資の欠乏は当時日本国民の直面した最も現実的な問題であった。一九四一年に小学一年生になったある少年は自分の日記帳から次のように回想する。「戦時中は物不足だったこともあるが、使えるものは直しながら最後まで使い切るという思想は、家の中に徹底していたと思う。」「年表を見ると、二年生になった四月から、米の配給制がはじまっている。（中略）「だんだん米屋が威張るようになってきた」というグチを、母から聞いた記憶がある。町の商店の店先から、いろいろなものが消えていったのも、この頃のことだったと思う。」「この年（一九四一年）から調味料、マッチ、タバコ、衣料品、肉、野菜など、ほとんどすべての生活必需品が統制品になっている。「こんなバカな制度はない」と父は怒っていた」[69]。また、戦時期の上海に住んでいたある日本人女子高校生は、「昭和十七年の二月受験のために一週間余り帰国したが、たった一年しか経ていない日本での生活の窮乏ぶりは、不思議さを憶えるほどであった。衣料は切符制でしかもいわゆるスフばかり、皮製品は店頭から姿を消し、もちろんチョコレートやスイートなどは何処にもみあたらなかった」[70]と回顧する。

こうした物資の欠乏と親友の戦死に耐える一般国民の間には、繰り返される「聖戦」宣伝に疲労を見せるようになり、厭戦気分が生まれてくるにつれて軍事訓練などが要求される記念行事にも消極的な態度を取る人が多くなっていった。大本営海軍報道部が事変四周年の特輯に「聖戦四年の総戦果」を総括した時、「満四年に亙る支那事変を顧みると多少物資の欠乏を来したことは事実である」と認めており、「これは必ずしも事変のためにすべてが消耗されているわけではない。われ等は事変処理を完遂しながら大東亜建設の確立に歩武を進めているのであって、その戦果は高度国防国家の建設の上に物心両方面に亙り極めて偉大なるものがあることを忘れてはならぬ」と強調したことからも当時

の国民の生活の厳しさと戦時統制・動員を嫌がる風潮がうかがえる。(71)

以上見てきた記念活動の宣伝内容を総括すれば、次のような戦争像と政府の指示が見えてくる。①諸悪の根源は中国軍が盧溝橋で日本軍に発砲したため、日本は戦争に踏み切るしかなかった。②天皇の意思による聖戦は、抗日政策に迷走した中国政府を膺懲し、新東亜建設の推進によって東洋の平和安定を実現するための正義の戦いであるため、聖戦に協力することが一国民であれども当然負うべき責任である。③日本軍は中国戦場で赫々たる戦果をあげたことに鑑み、銃後も一層堅忍して聖戦の最終目標の実現に尽力する。④「抗日容共」政権下の苦難から救い出された占領地の中国人は、邦人と肩を並べて幸福な生活を創造しており、平和と安定の新東亜の未来に期待している。⑤聖戦と聖業のために、本土の国民には厳しい戦時徴用を強い、多大の犠牲を払わせるかもしれないが、目標達成までに気を落としてはならない。

政府の宣伝や戦争遂行のスローガンでは戦争の残酷さが弱められ、戦争による加害の実態が全く見えてこない。「支那事変周年記念」活動を通じて深めようとした日中戦争の意義は、罪深い中国軍を懲戒して、東亜全体の幸せを求めるために、支那事変の解決に奮闘している日本が遂行した聖戦という語りによるものであった。太平洋戦争が勃発した後、一九四二年の最後の支那事変周年記念日に、「支那事変」の持つ意味が「大東亜戦争」の枠のなかに取り込まれ、その後はアメリカをはじめとする欧米諸国との戦闘が次第に「聖戦」の語りの中心部分になっていく。それと共に、遠い中国戦場の勝利と新東亜建設の幸せを実感できず、親族の戦死がもたらした悲しみと銃後生活の辛さは、国民の自らが加害者であるという意識の欠如へとつながったのではなかろうか。

おわりに　「聖戦」の語りの変貌と「支那」の不在

「支那事変」から「大東亜戦争」へ

天皇による支那事変一周年の勅語下賜にはじまった支那事変周年記念は、公式に制定されていないものの「聖戦」記念日として定着していた。しかし、「勅語奉読」が太平洋戦争勃発後の五周年記念行事から取り下げられるのと同時に、支那事変周年記念も終わりを迎えた。これに代わり、一九四一年一二月八日に発された英米に対する宣戦詔書がその後の「聖戦」の語りの重点になっていった。なぜなら、まず、日本政府は一九四二年一月二日の初閣議において、毎月の八日を大詔奉戴日に設定することを決定し、同日、内閣総理大臣東条英機は内閣告諭を発した。そのため、毎月の八日に宣戦詔書の奉読が官公衙から学校、会社、工場などにまで要求された[72]。そして、宣戦詔書が発布された一周年の一九四二年一二月八日に、大東亜戦争周年記念は情報局によって企画され、大政翼賛会を通じて実施されたからである。

このように毎月奉読され、丁重に扱われた宣戦詔書はどのような内容だったのか。

中華民国政府曩ニ帝国ノ真意ヲ解セス濫ニ事ヲ構ヘテ東亜ノ平和ヲ攪乱シ遂ニ帝国ヲシテ干戈ヲ執ルニ至ラシメ茲ニ四年有余ヲ経タリ。

（前略）米英両国ハ残存（蔣介石）政権ヲ支援シテ東亜ノ禍乱ヲ助長シ平和ノ美名ニ匿レテ東洋制覇ノ非望ヲ逞ウセムトス剰ヘ与国ヲ誘ヒ帝国ノ周辺ニ於テ武備ヲ増強シテ我ニ挑戦シ更ニ帝国ノ平和的通商ニ有ラユル妨害ヲ与ヘ遂ニ経済断交ヲ敢テシ帝国ノ生存ニ重大ナル脅威ヲ加フ朕ハ政府ヲシテ事態ヲ平和ノ裡ニ回復セシメムトシ隠忍久シキニ弥リタルモ彼ハ毫モ交譲ノ精神ナク徒ニ時局ノ解決ヲ遷延セシメテ此ノ間却ツテ益々経済上軍事上ノ脅威ヲ増大シ以テ我ヲ屈従セシメムトス（中略）帝国ハ今ヤ自存自衛ノ為蹶然起ツテ一切ノ障害ヲ破砕スルノ外ナキナリ(73)。

中華民国政府は、かつて帝国の真意を理解せず、無闇に事を構えて東亜の平和を攪乱し、ついに帝国に武器をとらせる事態に至らせ、四年余りが経過した。

（前略）英米両国は残存する蔣介石政権を支援し、東亜の混乱を助長し、平和の美名にかくれて東洋制覇の野望をほしいままにしている。そればかりか味方の国々を誘い、帝国の周辺で軍備を増強して我が国に挑戦し、さらに、帝国の平和的通商にあらゆる妨害を与え、ついに経済断交を敢行し、帝国の生存に重大な脅威を加えている。朕は政府に事態を平和的に解決させようと長く隠忍してきたが、英米は少しも譲り合う精神がなく、無闇に時局の解決を遅らせ、その間に経済上・軍事上の脅威を増大させ、我が国を屈服させようとしている。（中略）帝国は今や自存自衛のために、決然と立ち上がり、一切の障害を破砕する以外にない。

そこではわずかに「支那事変」に言及するだけであるが、対英米戦争については詳細に説明されるだけでなく、英米の日本に対する脅威とその「東洋を征服する野望」が強調され、「支那事変」は対英米開戦の一因として捉えられている。

また、当時の日本国民が宣戦詔書を知った時にどう思ったかということは、次の日記や回想からうかがうことができる。「十二月八日の朝、目をさますと、家の中が妙に騒がしかった。ふだん無口な長兄が「米英両軍と戦闘状態に入れり」と、興奮した様子でラジオの言葉をくりかえしてくれた。みんながラジオのある部屋に集まっていた。（中略）父は「大変なことなんだよ」と言っていたが、その調子は、むしろ元気がよかった」[74]「戦争の相手は、こんどは中国ではない。アジアに大きな植民地を持つ白人帝国主義だ。それと日本が正面から互角に闘う。（中略）まさに民族の存亡を賭けた戦いだと感じられた。私たちが見るかぎり、日本国民一般の士気はこの日を境に見違えるほどご昂揚した。一時は表情さえ明るくなったといえる」[75]。ここでは従来の白人、先進国に対する劣等感が見られ、英米などの強者に対抗する大きな喜びが見えてくる。これに対して、弱者の「支那」を降伏させるために泥沼に入った中国における戦争はその後、多くの国民の関心から遠ざかってしまったようだった。つまり、宣戦詔書であれ、国民心理であれ、太平洋戦争勃発以後は中国を戦争の相手側と見なさなくなってしまったのである。

さて、「聖戦」記念日に引き続き、大東亜戦争周年記念はどのような形で展開させたのか、支那事変周年記念と同等の規模だったのか。また、「聖戦」の語りはどのように続いていたのか。

まず、大東亜戦争一周年記念日をめぐる宣伝計画を出したのは陸軍省報道部であり、国民への宣伝方針と内容は次のようであった。

大東亜戦争ガ真ニ皇国ノ興廃ヲ決スベキモノナルヲ強調徹底セシメ以テ生産力ノ増進及国民士気ノ昂揚ニ資セシム。

（一）戦争前ニ於ケル米英ノ対日不法圧迫及挑戦ノ事実ヲ指摘スルト共ニ戦争開始後ニ於ケル其ノ非人道振リヲ挙ゲテ国民ノ敵愾心ヲ振起スルト共ニ我ガ戦争目的ニ対スル目覚メヲ深刻ナラシム。（二）我ガ必勝態勢ノ逐次確立シアルヲ認識セシメ戦争ノ前途ニ希望ヲ持タシムルモ一方敵国ノ物心両方面ノ戦力等ヲ正当ニ理解セシメ安易ナル楽観ヲ戒メ夫々ノ職域ニ応ジテ特ニ生産拡充ニ真剣ナル努力ヲ傾注シ軍官民鉄石ノ団結ノ下ニ英米勢力ノ撃滅ニ努ムルト共ニ支那事変処理ニ邁進シ以テ曠古ノ大戦争ノ完遂ヲ期スル決意ヲ固メシム。（三）南方地域ノ開発建設状況ハ之ヲ報道スルモ該地域ニ於ケル取得物資ニ関シテハ目下戦勝ヲ目標トシテ処理セラルベキモノナルヲ認識セシム。（四）諸行事ハ努メテ自粛的ニ行フモノトス。(76)

大東亜戦争が真に皇国の興廃を決めることを強調して徹底させ、生産力の増進および国民士気の高揚に役立てる。

（一）開戦前における英米の日本に対する不法な圧迫と挑戦の事実を指摘すると共に、開戦後における英米の非人道的行為を挙げて国民の敵愾心を奮い起こし、我が戦争目的に対する自覚を深める。（二）我が必勝態勢が順次確立されつつあることを認識させて、戦争の前途に希望を持たせる一方、敵国の物心両面の戦力などを正しく理解させ、安易な楽観主義を戒め、それぞれの職域に応じて特に生産拡充に真剣な努力を集中し、軍官民鉄石の団結のもとで英米勢力の撃滅に努めると共に、支那事変の処理に邁進し、未曾有の大戦争の完遂を期する決意を固めさせる。（三）南方地域の開発建設の状況を報道するが、当該地域における取得物資に関しては目下戦勝を目標として処理すべきであることを認識させる。（四）諸行事はできる限り自粛して行うものとする。

続いて、情報局次官会議では「大東亜戦争一周年記念行事実施要綱」を決定し、国旗掲揚、黙祷祈念、大詔奉読、祈願祭、慰霊祭の一般行事のほか、戦争生活確立運動、戦力強化運動、軍人援護運動などの特別行事を企画することによって、「大東亜戦争第一周年記念日ヲ迎フルニ当リ国民ヲシテ各人ノ脚下ヲ省ミ大詔渙発当初ノ感激ヲ新ニシ戦争完遂ノ決意ヲ益々強固ナラシムル（中略）国民ヲシテ徒ラナル安易感ヲ是正シ（中略）愈々戦意ヲ昂揚シ国家総力ノ発揮ニ更ニ献身的努力ヲ必要トスル所以ヲ認識セシム」ことを目指した(77)。そして、「国民の組織化」を目指した大政翼賛会は上記の実施要綱を道府県と六大都市（東京、横浜、名古屋、京都、大阪、神戸）に伝達する一方、「大東亜戦争第一周年ヲ迎ヘ大政翼賛運動ヲ強力活発ニ展開スヘキ基本要綱」を自ら定めてさらなる国民運動を展開しようとした(78)。さらに、情報局の機関誌である『週報』と『写真週報』は記念特輯を組んで東南アジアにおける勝報のみを伝えると同時に戦時生活に徹することだけを呼びかけた(79)。

これらの一連の政策から、軍と政府が大東亜戦争周年記念を重視し、実施したことが分かる。その目的は、当面の戦争は英米の脅威に対抗して「真ニ皇国ノ興廃ヲ決スベキモノ」であり、「東亜永遠ノ平和ヲ確立シ以テ帝国ノ光栄ヲ保全セム」ためであることを国民に深く認識させて、生産力の増進と国民士気の昂揚を実現させることにあった。しかし、それは実際には成功せず、国民の間では当初の支那事変周年記念のように盛り上がった気分をもたらすことにはならなかった。黙祷、慰霊祭、祈念祭などが依然として活発だったように見えるが(80)、軍および情報機関の後援で大手新聞社主催の記念講演会、展覧会はわずかしか見られなかった(81)。ほかに国民大会、軍人援護、産業戦士援護などの行事は、ほとんど大政翼賛会およびその傘下の各団体、町会、隣組によって国民に強制されたものである(82)。

さらに、周年記念も二年目以降は低調になっていった。大政翼賛会が国民のさらなる組織化を求めるために、二周年記念日の大詔奉戴日を契機として地域と職域における記念行事の実施を徹底しようとした方策[83]は見られるが、記念要綱や宣伝方針はほかには全く見当たらない。それと共に、二年目、三年目では戦勝の祈念以外のほかの記念行事や活動が一斉なくなってしまった[84]。

こうした事情の最も直接的な原因は、アメリカ軍による日本本土空襲の開始と戦争徴発による国民生活の極度の窮迫で、記念活動を行う場所と余裕が確保できなくなり、戦意も低下するようになったからである[85]。対英米開戦がもたらした一瞬の興奮の後、一般国民は日常生活に直面しなければならなかった。例えば、「来月より豆腐、野菜、魚登録制になる為か市民に出荷少なく農家に買い出し部隊、警官より注意されたり大さわぎ（一九四三年一一月二二日）」「寒い中空襲警報何べんもかかり買い物にも行かれぬ（一九四三年一二月一〇日）」「飯米不足に一日一日どうしようか気にかかる（一九四三年一二月一四日）」「風強いが降らない。炭切り（一九四三年一二月一五日）」[86]。評論家清沢洌の当時の日記からは記念日の煩悶した雰囲気が読み取れる。「昨日は大東亜戦争記念日［大詔奉戴日］だった。ラジオは朝の賀屋［興宣］大蔵大臣の放送に始め《ママ》て、まるで感情的に叫喚であった。夕方は僕は聞かなかったが、米国は鬼畜で英国は悪魔でといった放送で、家人でさえもラジオを切ったそうだ。斯く感情に訴えなければ戦争は完遂できぬか。（中略）大東亜戦争一周年において誰もいったことは、国民の戦争意識昂揚が足らぬということだった」[87]。

それでも、大東亜戦争周年記念においては一つ興味深い点がある。それは、記念日の宣伝文章と行事におけるキーワードが「米英撃滅」になると同時に、「聖戦」の年数がいつのまにか太平洋戦争勃発の年から数えはじめられるようになったことである。「アジア建設の旗手　聖戦一周年の映画人の決意」「聖戦第二年の重責　大詔の聖旨を刻み　一億蹶起せよ」「海軍　聖戦二周年　戦局の現段階」「聖戦第三年に入る」「聖戦三年の教訓と比島決戦」などをタイトルにした記念文書や報道がしばしば見られ、[88]一般国民の日記にも「雪に明け聖戦第三年の新年を迎ふ（一九四四年一月一日）」と書かれている。[89]ここでは、「聖戦」の語りの中核が「支那事変」の意味付けから「米英撃滅」に置き換えられたと考えられる。つまり、「聖戦」の語りにおいて「支那事変」は触れられなくなり、中国と戦っている印象は極めて弱いものになっていったのである。

既に検討したように、太平洋戦争勃発前に形成してきた「聖戦」の語りにはそもそも相手側の中国に対する加害の事実がほとんど見られない。さらに、「支那事変」が「大東亜戦争」へ発展していくと、加害の相手すら不在となってしまった。また、厳しい戦争生活を強いられた国民の記憶には、太平洋戦争勃発後の空襲、火災などの凄まじい体験によって物資欠如などの辛さが一層強化され、被害者の立場からしか戦争を捉えられなくなっていた。このように変貌した「支那」不在の「聖戦」の語りと加害者意識不在の戦争認識は、戦後アメリカ占領期による「太平洋戦争史観」と内的に連続しているといえるだろう。アメリカは、戦争における自国の役割と対日占領の必要性を裏付けるために、日本側の侵略性だけを強調し、中国戦線に関する叙述と中国の対日抗戦の意義についての認識を同様に欠落させている。[90]今日の日本社会における一般的な戦争認識が「太平洋戦争史観」の影響で歪んでしまったといわれることがある。しかしながら、この歪みは日中戦争期から既に形成されていたとしなければならない。

注

（1）富田健治『敗戦日本の内側――近衛公の思い出』古今書院、一九六二年、一七―一八頁。
（2）「河邊虎四郎少将回想応答録（参謀本部作製）」、小林龍夫ほか編『現代史資料（12）日中戦争4』みすず書房、一九六五年、四一八―四一九頁。
（3）防衛庁防衛研修所戦史室編『戦史叢書　支那事変陸軍作戦（1）』朝雲新聞社、一九七五年、付表第一「暦日表」。
（4）杉山元帥伝記刊行会編『杉山元帥伝』原書房、一九六九年、六〇頁。
（5）江口圭一『十五年戦争小史』（新版）青木書店、一九九一年、一一一頁。
（6）稲葉正夫「盧溝橋事件勃発当初における陸軍内部の紛糾」『現代史資料月報』（一一月）みすず書房、一九六五年。このほか、盧溝橋事件が局地的な軍事衝突から本格的な戦闘へ拡大する過程と原因について、これまでの研究では①日本軍出先部隊の長官の激しやすい性格と軍紀のゆるみ、②日本軍内部の拡大派と不拡大派との間の意見対立、③日本内閣の無力、④中国軍・政府による「現地解決」という公約に対する背信と敵味方の戦力に対する誤算、⑤日中両国の軍政中央層や指導者の相手側に対する認識上のずれ、などのような要素も挙げられている。（安井三吉『盧溝橋事件』研文出版、一九九三年、秦郁彦『盧溝橋事件の研究』東京大学出版会、一九九六年、伊藤勲「日中事変はなぜ拡大したか（上）、（下）――盧溝橋事件勃発六十五周年を記念して」『松阪大学政策研究』二〇〇三年第三巻第一号、一一―二三頁、二〇〇四年第四巻第一号、一一―二五頁、坂野良吉「蔣介石の「最后の関頭」演説について――盧溝橋事件に中国サイドから接近」『上智史学』二〇〇七年一一月第五二号、一八八―一八九頁などを参照）

（7）本格的な戦時新聞統制が実行されたのは、日中戦争の長期化が明らかとなった一九三八年八月の末次信正内相による「戦時下における言論報道の統制と資源枯渇防止」の指示以降である。それ以前に、国家権力によるメディア統合やメディアに対する言論統制は満洲事変を契機とした通信社の統合からはじまったが、まだ各新聞社には及んでいなかった。また、後に国策通信社となる同盟通信社は、結成当時、国家機関の枠外に位置する報道組織であった。（里見脩「同盟通信社の「戦時報道体制」――通信社と国家」『マス・コミュニケーション研究』二〇〇五年第六六号、山本武利責任編集『岩波講座「帝国」の学知第4巻　メディアのなかの「帝国」』岩波書店、二〇〇六年、里見脩『新聞統合――戦時期におけるメディアと国家』勁草書房、二〇一一年などを参照）

（8）『東京日日新聞』は一八七二年に創刊され、一九一一年三月一日に東京日日新聞の名称を継承したまま『大阪毎日新聞』に合併された。そして、一九四三年一月一日からは毎日新聞の新題号に統一されることとなった。一九三七年当時、日本の情報通信業は既に朝日新聞・毎日新聞・読売新聞の三つの全国紙および同盟通信社という大手四社によって展開されていた。そして、全国紙の発行部数のなかでも、一九三七年には毎日新聞が圧倒的な優位を占めていた。また、毎日新聞社の四つの支社のなかで、東京本部の発行部数は二年間にわたって総発行部数の四〇パーセントを上回っている。当時の毎日新聞

社東京本部が発行するのは『東京日日新聞』であった。（毎日新聞社社史編纂委員会編『毎日新聞七十年』毎日新聞社、一九五二年、三七六、五六八、五九八、六一三頁、読売新聞100年史編集委員会編『読売新聞100年史（別冊）資料・年表』読売新聞社、一九七六年巻頭折り込み、朝日新聞百年史編修委員会編『朝日新聞社史・資料編』朝日新聞社、一九九五年、三二一頁などを参照）

(9)「馮部隊盧溝橋でわが部隊に突如発砲」『東京日日新聞』夕刊、一九三七年七月九日。

(10)「盧溝橋事件交渉、我要求を容れ解決」『東京日日新聞』号外、一九三七年七月九日。「不遜行為を繰り返す、支那軍・撤退の模様なし」『東京日日新聞』夕刊、一九三七年七月九日。

(11)「帝国政府声明」（昭和一二年七月一一日）、外務省編『日本外交文書　日中戦争』（第一冊）六一書房、二〇一一年、一四頁。

(12)「梅津・何応欽協定」とは、一九三五年六月から七月までに支那駐屯軍司令官梅津美治郎と国民政府軍事委員会北平分会代理委員長何応欽との間で交わされた、中国の華北地域の権益をめぐる現地交渉過程と口頭受諾である。このなかには「中央軍は河北省から撤退する」という条項がある。（内田尚孝『華北事変の研究――塘沽停戦協定と華北危機下の日中関係　一九三二―一九三五年』汲古書院、二〇〇六年、一八七、一九三頁を参照）

(13)「駐屯軍の要求を承認、嘘つき支那、厳重監視」『東京日日新聞』号外、一九三七年七月一二日。

(14)「形式的謝罪より、挑戦停止が先決、常用奸手段、警戒の要」『東京日日新聞』朝刊、一九三七年七月一九日。

(15)「我平和の誠意を蹂躙、国民政府不遜なる回答」『東京日日新聞』朝刊、一九三七年七月二〇日。

(16)「北平で日支遂に交戦」『東京日日新聞』号外、一九三七年七月二七日。

(17) A STATEMENT ISSUED BY THE JAPANESE GARRISON HEADQUARTERS IN CHINA、前掲外務省編『日本外交文書　日中戦争』（第一冊）、四二―四五頁。

(18) 劉傑『日中戦争下の外交』吉川弘文館、一九九五年、八〇―八九頁。
(19)「大山陸戦隊中尉を包囲、猛射を浴せ即死せしむ」「斉藤水兵も殺害さる」「支那拡大企図」『東京日日新聞』朝刊、一九三七年八月一〇日。
(20)「支那・反省の色なし、断乎〝膺懲〟あるのみ、杉山陸相決意を披瀝」『東京日日新聞』朝刊、一九三七年八月一〇日。
(21)「不拡大方針拋棄の閣議決定」(昭和一二年八月一七日)、臼井勝美・稲葉正夫編『現代史資料(9)日中戦争2』みすず書房、一九六四年、三四頁。
(22)「盧溝橋事件に関する政府声明」(一九三七年八月一五日)、外務省編『日本外交年表並主要文書』(下巻)原書房、一九六六年、三六九―三七〇頁。
(23) 松田光生編著『十五年戦争時代日録』(上巻)葦書房、一九八五年、八四頁。
(24) 国民精神総動員運動の内容を簡潔にまとめると、「君が代・日の丸の強制はもちろん、儀式の時は皇居の方角に向って遥拝する。朝はラジオ体操、昼は武道で体を鍛える。(中略)おえらいさんの退屈な時局講演会に出席する。学生・生徒は勤労奉仕に汗を流す。女性は割烹着やモンペ姿で銃後の守りに徹する。極端な耐乏生活を強いられる。軍需工場に駆り出される。戦時食糧の増産に励む」ということになる。(井上寿一『理想だらけの戦時下日本』筑摩書房、二〇一三年、五頁を参照)
(25)「国民精神総動員実施要綱」(一九三七年八月二四日)、「国民精神総動員に関する件」(一九三七年九月一〇日)、吉田裕・吉見義明編『資料日本現代史10 日中戦争期の国民動員①』大月書店、一九八四年、四六―四九頁。
(26) 一九三六年に官制により内閣情報委員会が設置された。同委員会は各省の連絡調整機関に過ぎなかったが、一九三七年九月、内閣情報部に改組・改称され、独自の権限を持った情報宣伝機関となった。(前掲山本武利責任編集『岩波講座「帝国」の学知第4巻 メディアのなかの「帝国」』、二八四頁を参照)

（27）この大綱は一九三七年七月二二日に情報委員会が決定し、八月一二日に一部修正が行われた「北支事変に関する宣伝方策大綱」を土台として作られたものである。（山中恒『新聞は戦争を美化せよ！――戦時国家情報機構史』小学館、二〇〇一年、二一六頁を参照）

（28）情報委員会「支那事変に対する宣伝方策大綱」（一九三七年九月三日）国立公文書館［請求番号］本館2A-040-00 資 00327100［件名番号］003。

（29）情報委員会・内閣情報部「支那事変に対する宣伝方策大綱」（一九三八年一月一七日）国立公文書館［請求番号］本館 2A-040-00 資 00327100［件名番号］003。

（30）同右。

（31）内閣総理大臣公爵近衛文麿「支那事変一周年に当り賜ふ勅語案」（一九三八年七月六日）アジア歴史資料センター（以下、アジ歴）レファレンスコード A02030075100。

（32）同右。

（33）「支那事変一周年に当り勅語を賜はり内閣総理大臣告諭」（一九三八年七月七日）アジ歴レファレンスコード A02030075200。

（34）千田夏光『天皇と勅語と昭和史』汐文社、一九八三年、五一七頁。

（35）内閣情報部「支那事変勃発一周年記念実施要綱」、前掲吉田裕・吉見義明編『資料日本現代史10　日中戦争期の国民動員①』、七六―七七頁。

（36）「聖戦」という言葉がはじめて使われたのは、一九三八年四月から六月までの七五日にわたって、兵庫県・西宮球場および外園で開催された支那事変聖戦博覧会であった。同博覧会の主催は大阪朝日新聞社で、陸軍省と海軍省が後援した。内閣情報部は事変一周年記念実施要綱を作成する際に、この博覧会に出てきた「聖戦」という用語をそのまま援用したのではないかと考えられる。（福間良明『「聖戦」の残像――知とメディアの歴史社会学』人文書院、二〇一五年、二六一頁を参照）

(37) 五周年(一九四二年)に太平洋戦争が勃発し、日本の戦争目的も大きな変更を余儀なくされ、「支那事変一周年に當り下賜せられたる勅語」は、記念要綱から削除された(その後、「聖戦」には新たな意味が加えられることになった)。

(38) 「支那事変勃発2周年記念実施に関する件」(陸支普第1607号、一九三九年六月三日)アジ歴レファレンスコード C10073342000。「支那事変勃発2周年記念実施に関する件」(内情精第8号、一九三九年五月二七日)アジ歴レファレンスコード C01001777900。「支那事変勃発二周年記念実施に関する件 内閣書記官長通牒並正副議長、顧問官へ通知」(一九三九年五月二七日)アジ歴レファレンスコード A06050810000。

(39) 内閣情報部は一九三八年末に出した「国民精神総動員強化方策案」以来、内閣・内務・文部に分散・分割された国民精神総動員の企画・指導の一元化を図り、自身をその責任主体に据えるように働きかけていた。(赤木須留喜『近衛新体制と大政翼賛会』岩波書店、一九八四年、六二―六五頁を参照)

(40) 前掲「支那事変勃発二周年記念実施に関する件 内閣書記官長通牒並正副議長、顧問官へ通知」。

(41) 国民精神総動員運動と「近衛新体制」運動の関係については、前掲赤木須留喜『近衛新体制と大政翼賛会』、赤木須留喜『翼賛・翼壮・翼政――続 近衛新体制と大政翼賛会』岩波書店、一九九〇年を参照。

(42) 前掲山中恒『新聞は戦争を美化せよ!――戦時国家情報機構史』、五二八頁。

(43) 「別紙第一 支那事変四周年記念行事趣意書」「支那事変四周年記念行事実施に関する件 情報局次長通牒」(一九四一年五月一二日)アジ歴レファレンスコード A06050835700。

(44) 庄司潤一郎「戦争の呼称をめぐる諸問題」『外交史料館報』二〇一二年第二五号、一三二頁。

(45) 「支那事変勃発5周年記念行事に伴う啓発宣伝実施要領の件」(一九四二年六月九日)アジ歴レファレンスコード C07092230500。

(46) 井上寿一『日中戦争下の日本』講談社、二〇〇七年、一六七―一七〇頁。

(47) 一九四二年末から、内閣情報局から出された「大東亜戦争の現段階に即応する輿論指導方針」（一九四二年一一月二七日）、「大東亜戦争の現段階に即応する輿論指導方針」（一九四三年六月二八日）、「戦局の現況に即応する報道宣伝要領」（一九四四年七月七日）、「国民士気昂揚に関する啓発宣伝実施要領」（一九四五年七月）などの戦争宣伝に関わる文書には、国民の間に広がった安易な楽観気分や厭戦気分の払拭と戦争を継続するための資源獲得を目的とする大東亜共栄圏建設の推進、また英米との決戦などが強調されていた。（赤澤史朗・北河賢三・由井正臣編『資料日本現代史13　太平洋戦争下の国民生活』大月書店、一九八五年、一九七—一九九、二〇二—二〇三、二〇五—二〇七頁を参照）

(48) 「記念演習実施に関する件」アジ歴レファレンスコード C01007342200。

(49) 「支那事変第四周年記念「前線と銃後を結ぶ集ひ」に軍楽隊派遣方申請」（一九四一年六月二一日）アジ歴レファレンスコード C04014812600。「軍楽隊市中行進に関する件」（一九四一年七月三日）アジ歴レファレンスコード C07091928300。

(50) 内閣情報部により編集・刊行された『週報』と『写真週報』には、一九三八年から一九四二年までの七月七日前後に「支那事変周年記念特輯」が作られた。

(51) 「支那事変二周年記念皇軍に感謝の会後援の件」（一九三九年七月四日）アジ歴レファレンスコード C04014762100。「興亜青年の意気高し 北部青年運動大会」（大日本青年団）『写真週報』一九四〇年七月一七日第一二五号、一二四頁。「「大東亜建設工兵展」後援の件」（一九四二年六月三〇日）アジ歴レファレンスコード C04014920200。「展覧会後援御願」（一九四二年六月一二日）アジ歴レファレンスコード C04014918900。「支那事変勃発記念「輝く荒鷲現地報告写真展覧会」後援の件」（一九四二年六月三〇日）アジ歴レファレンスコード C04014919700。「「支那事変勃発五周年記念」大東亜の空を征くM・C二〇展覧会後援名義使用方に関する件」（一九四二年六月八日）アジ歴レファレンスコード C04014910100。「「火を吐く一万の銃剣」支那事変記念銃剣道訓練大会」『写真週報』一九四二年七月一五日第二二九号、一七頁。

(52)『大阪朝日新聞』日刊、一九三八年七月一―八日。『東京日日新聞』朝刊、一九三八年七月七日。『読売新聞』朝刊、一九四〇年七月五日。『大阪毎日新聞』夕刊、一九四一年七月八日。

(53)「「奮起せよ・この好機」盧溝橋の勇将　牟田口部隊長語る」『大阪毎日新聞』夕刊、一九四一年七月八日。

(54)「碑に光る薬莢　事変二周年　戦跡を訪ふ」『東京日日新聞』夕刊、一九三九年七月四日。「感謝しませう皇軍奮戦の跡」『大阪朝日新聞』日刊、一九三九年七月二日。「あす事変三周年　一文字山咲き誇る野菊　北京六万の邦人ら感慨の集ひ」『大阪毎日新聞』夕刊、一九四〇年七月七日。「厳粛現地の記念日」

(55)『東京日日新聞』夕刊、一九四二年七月八日。

(56)『大阪毎日新聞』朝刊、一九三八年七月一日。

(57)『大阪毎日新聞』夕刊、一九三九年七月六日。『大阪朝日新聞』日刊、一九三九年七月一日。

(58)「支那事変勃発一周年記念従軍画展」『東京日日新聞』朝刊、一九三八年七月一〇日。

(59)『大阪朝日新聞』日刊、一九三九年七月二日。

(60)『大阪朝日新聞』夕刊、一九四一年七月五日。

(61)「心に刻む事変一周年　七月七日をかくして記念　忘れるな正午の黙祷」『東京日日新聞』朝刊、一九三八年七月三日。

(62)「生まれ出る大日本顕彰会　会長菱刈大将談」『大阪毎日新聞』朝刊、一九三九年七月一日。「忠霊顕彰会の発会」『東京日日新聞』朝刊、一九三九年七月七日。

(63)「大日本忠霊顕彰会」来る七日事変記念日に発会式」『大阪朝日新聞』日刊、一九三九年七月一日。

(64)「刊行の趣旨」『週報』（事変一周年特輯）一九三八年七月六日第九〇号、一頁。

『週報』（事変一周年特輯）一九三八年七月六日第九〇号、一、一七―二四頁。同（事変二周年第二特輯）

一九三九年七月五日第一四二号、一一―一五頁。同（支那事変三周年）一九四〇年七月三日第一九四号、二二―二七頁。
(65)「容共抗日が今事変を招いた」『写真週報』（支那事変一周年）一九三八年七月六日第二一号、五―六頁。
(66)『写真週報』（支那事変一周年）一九三八年七月六日第二一号、二、七―八頁。同（支那事変五周年）一九四二年七月一日第二二七号、一〇―一三頁。
(67)「支那事変二周年」『写真週報』一九三九年七月五日第七二号、二頁。
(68) コリン・ロス（金森誠也・安藤勉訳）『日中戦争見聞記――1939年のアジア』講談社、二〇〇三年、一九―二二頁。
(69) 志村建世『少国民たちの戦争――日記でたどる戦中・戦後』社会批評社、二〇一〇年、四一、五五頁。
(70) 田渕脩子「上海高女時代に寄せて」、石塚歌子・田中雍子編『上海第一高等女学校　創立七十周年記念誌』江風会関東支部発行、一九九一年、一五一頁（非売品）。
(71) 大本営海軍報道部「聖戦四年の総戦果」『週報』（事変四周年特輯）一九四一年七月二日第二四七号、一五頁。
(72)「大詔奉戴日の設定・内閣告諭・実施要領」（一九四二年一月二日）『週報』一九四二年一月七日第二七四号、二―三頁。
(73)「米国及英国に対する宣戦詔書渙発の訓令の件」国立公文書館［請求番号］昭59文部01045100。
(74) 前掲志村建世『少国民たちの戦争――日記でたどる戦中・戦後』、四九頁。
(75) 色川大吉『ある昭和史――自分史の試み』中央公論社、一九七八年、一〇一―一〇二頁。
(76) 陸軍省報道部「大東亜戦争1周年記念日前後に於ける宣伝に関する件」（一九四二年一〇月二二日）アジ歴レファレンスコードC01000929900。
(77) 情報局「大東亜戦争一周年記念行事実施要領」（一九四二年一〇月二三日）、赤澤史朗・北河賢三・由

（78）井正臣編『資料日本現代史12　大政翼賛会』大月書店、一九八四年、三三二―三三五頁。「大東亜戦争一周年記念行事実施要領「一般行事」に関する件　大政翼賛会事務総長通牒」（一九四二年一一月一六日）アジ歴レファレンスコードA06050852600。大政翼賛会「国民運動要綱」（一九四二年一一月一九日）、前掲赤澤史朗・北河賢三・由井正臣編『資料日本現代史12　大政翼賛会』、三三六―三四三頁。

（79）『週報』（大東亜戦争一周年第一特輯）一九四二年一二月二日第三二一号。同（大東亜戦争一周年第二特輯）一九四二年一二月九日第三二二号。『写真週報』（大東亜戦争一周年）一九四二年一二月二日第二四九号。

（80）「感謝に慰霊に勤労に　一周年前日　感激に沸く帝都」『東京日日新聞』夕刊、一九四二年一二月八日、「無敵皇軍に捧ぐ感謝　あす一億職場の黙祷　全国爆発の記念行事」『読売報知』夕刊、一九四二年一二月八日、「華僑も協力の誓ひ　三百五十万市民暁に必勝祈念」『大阪毎日新聞』朝刊、一九四二年一二月九日、「全国必勝祈願の黙祷　勝ち抜くぞ！誓ふ一億総進発の朝」『読売報知』夕刊、一九四二年一二月九日などご参照。

（81）「大東亜戦一周年記念・近代立体作戦大展観」『大阪毎日新聞』朝刊、一九四二年一二月六日、「大東亜戦争一周年記念・米英撃滅大講演会」『東京日日新聞』朝刊、一九四二年一二月六日、同『読売報知』朝刊、一九四二年六日などご参照。

（82）「開戦一周年　けふから記念行事」『大阪毎日新聞』夕刊、一九四二年一二月六日、「あすぞ感激の日必勝の決意最高潮」『読売報知』朝刊、一九四二年一二月七日、「決意盛る国民大会　あす　大阪では中之島に二万人を動員　慰問に貯蓄に開く記念行事」『大阪毎日新聞』夕刊、一九四二年一二月八日、「感激甦る〝去年のけふ〟全日本・必勝一色の行事」『東京日日新聞』朝刊、一九四二年一二月八日などご参照。

（83）「大詔奉戴日の実施方策に関する件　大政翼賛会事務総長通牒」（一九四三年一一月二四日）アジ歴レファレンスコード A06050868300。

（84）「聖戦第三年へ　奉げよう必勝の祈　あす午前十一時五十九分」『毎日新聞』夕刊、一九四三年一二月七日、「米英断じて撃滅せん　開戦第三年・忠霊に誓ふ決意」『毎日新聞』夕刊、一九四三年一二月八日など参照。

（85）アメリカ軍による最初の日本本土に対する空襲は一九四二年であった。また日本本土空襲が本格化したのは一九四四年一一月からである。（遠山茂樹・今井清一・藤原彰『昭和史』岩波書店、一九五五年、一七〇、一七五頁を参照）

（86）島利栄子『戦時下の母――「大島静日記」10年を読む』展望社、二〇〇四年、七一―七二頁。

（87）清沢洌『暗黒日記――昭和17年12月9日―20年5月5日』評論社、一九七九年、二七頁。

（88）田坂具隆「アジア建設の旗手　聖戦一周年の映画人の決意」『読売報知』朝刊、一九四二年一二月九日、鹿子木員信「聖戦第二年の重責　大詔の聖旨を刻み　一億蹶起せよ」『読売報知』朝刊、一九四二年一二月八日、「海軍　聖戦二周年　戦局の現段階」『毎日新聞』夕刊、一九四三年一二月七日、「社説　聖戦第三年に入る」『毎日新聞』朝刊、一九四三年一二月八日、徳富猪一郎「聖戦三年の教訓と比島決戦」『毎日朝刊』一九四四年一二月八日など参照。

（89）前掲島利栄子『戦時下の母――「大島静日記」10年を読む』、七四頁。

（90）吉田裕『日本人の戦争観――戦後史のなかの変容』岩波書店、一九九五年、三一―三二頁。

第二章

平和の語り

中国占領地に見る盧溝橋事件記念活動の諸相と対日協力政権のジレンマ

はじめに

日中全面戦争勃発後、日本軍は武力作戦の推進と同時に、拡大しつつあった占領地を支配するための対日協力政権を中国各地で樹立させていった。武漢・広東占領後、日本政府は「東亜新秩序建設」の方針にしたがい支那事変を収拾するよう対中政策を調整した。このため、日本側は一九三九年から中国占領地の治安維持と統制に力を注ぎ、大規模な軍事行動を抑制する一方、重慶国民政府と区別する中国の新たな中央政府創設に着手した[1]。そして一九四〇年三月、各地方の対日協力政権を形式的に編入した汪精衛南京政府（以下、汪政権）が成立する。

こうして生まれた日本軍占領地は日本本土と異なり、日本軍と対日協力政権の共同支配下に中国の民衆と日本人居留民が活動した複雑な地域である。また、太平洋戦争勃発までの占領地には欧米各国の租界が散在しており、事情はさらに複雑であった。しかし、複雑な地域だからこそ、征服者と被征服者の双方は盧溝橋事件勃発の記念活動を回避することができたにもかかわらず、継続的に行わざるを得なかったのである。

本章では、まず戦時日本の対中宣伝策と対日協力政権の宣伝方針を確認することによって、占領地で盧溝橋事件記念活動（以下、「七七記念」）が行われた経緯を明らかにする。そのうえで、占領地における「七七記念」に関する記録と報道をもとに、その様相と特徴を日本本土と比較しながら整理する。さらに、「七七記念」を通じて占領地の「日中」双方が対抗しながら協調するなかで、どのように盧溝橋事件の意味を構築しようとしたのかを考察し、占領地政権の性格とそれによる「七七記念」に見えてくる戦争認識との関係を検討する。残念ながら、汪政権が成立する前の各地の対日協力政権の記念日に関する文書は入手できなかったため、本章は形式上の中央政府としての汪政権とそれが実際に管轄した華中占領地の事情を中心に考察するが、汪政権成立以前の事情と華北占領地についても可能な範囲で言及する。

第一節　「聖戦」記念日の影響と抗日宣伝に対する反宣伝

一　日本の対中宣伝策と「聖戦」の語りの広がり

日本の支那事変に対する宣伝の基調は、内閣情報部が一九三八年一月一七日に策定した「支那事変ニ対スル宣伝方策大綱」によって打ち立てられた。その「一般方針」は「東亜平和」を妨害するものをすべて消滅させ、東亜の永遠の安定を実現するための支那事変の意義を国内外に明らかにすると定めた。ここから、「東亜平和」の名目によって対中作戦の正当性を訴えようとしたことが読み取れる。既に第一章で明らかにしたように、この文書には「対支宣伝」の部が設けられているため、同時にそれは中国占領地に対する支那事変の宣伝方針を確認するための最も基本的な史料でもある。「対支宣伝」は、支那事変について下記のように記している。

支那民衆ニ対シテハ今次事変ガ蔣介石及国民政府ノ誤レル政策ノ為全面的戦争トナリタルコト、其ノ結果支那ノ再興ヲ中途ニシテ悉ク挫折セシメ、敗戦ノ惨禍ヲ嘗ムルニ至ラシメタルコト、(中略)日本ハ無辜ノ支那民衆ヲ敵視スルモノニ非ザルコトヲ自得セシム。(2)

支那の民衆に対しては、今回の事変が蔣介石と国民政府の誤った政策のために全面的戦争になっていること、その結果支那の再興を途中ですべて挫折させ、敗戦の惨禍をなめさせていること、(中略)日本は無辜の支那の民衆を敵視するものではないことを理解させる。

ここで注意しなければならないことは、まず、「一般方針」の適用範囲は対国内宣伝だけではなく、中国占領地もその範囲となり、日本の占領行為を占領地の住民に説明する際に、「東亜平和の実現」が最も重要なポイントとなったことである。そして、「対支宣伝」では「支那事変」の発端となった盧溝橋事件を真正面から説明せず、事件から戦争に拡大した責任を蔣介石政権(重慶国民政府)に帰したことである。このような処置は当然日本の対中作戦の正当性を補強するものになるが、それだけでなく、盧溝橋事件を中華民族の被害と屈辱と見なす中国の民衆の印象と反日感情を解消する意図も含まれていると思われる。こうした盧溝橋事件自体への言及を回避する姿勢は、その後、日本側が占領地で盧溝橋事件記念活動を行わざるを得ない時には大きな制約になってしまうのである。

日本国内において盧溝橋事件記念活動がはじまるのは、事件勃発一周年の際に天皇による勅語下賜と内閣情報部が出した「支那事変勃発一周年記念実施要綱」による。その後、この記念活動が日本本土で銃後の動員を推進するための重要な手段として、「聖戦」の語りを構築していくことになり、「七月七日」は「聖戦」記念日として定着するようになった。これに対して、日本の対中占領政策や宣伝方針のなかで、占領地における「七月七日」記念の具体策は見られない。恐らくそれは日本軍が占領地で行っていた「間接統治」と関係があるのではないか。当時の日本は、軍の特務機関あるいは日本人顧問を通じて親日政権を補助し、親日的な社会団体を組織することによって、占領地に対する統制および占領地民衆の教化を実現しようとしていたため、直接の施策としては存在しなかった。もし日本が間接統治を行った占領地で「七七記念」を行う意図があった場合、多かれ少なかれ占領地政権の宣伝策に反映されているはずである。

汪政権の行政院宣伝部資料を確認すると、一九四一年から一九四三年までの間、毎年七月七日の前になると「七七紀念日宣伝要点及弁法」という文書が公布されている。一九四一年に出された宣伝文書の冒頭には「七七記念日に、反動方面が必ず悪意の宣伝を行うため、対策を講じて反宣伝を展開する必要がある」との説明があり、そのうえで記念日宣伝について、「我らの目的は、渝共《ゆきょう》（重慶と中共）方面が「七七」を利用して行う大規模な宣伝に対して、積極的反宣伝を展開することによって、その歪曲した理論を粉砕し、その誤れる思想を正して、その虚偽の本質をあばくことにある。さらに、東亜の情勢と国民革命の歴史から、平和の必要性を強調して、民衆に正しい認識を与える」と書かれている。(3) ここには、汪政権が行おうとした「七七記念」が、重慶国民政府と中共による抗日宣伝への反宣伝であり、「悪意の宣伝」に対する反撃という位置付けが極めて明白であった。しかし、日本の「聖戦」記念日の趣旨は上述の宣伝要点に反映されていない。その理由として、日本側がそもそも占領地で「七月七日」を記念する意思がなかったのか、汪政権が意図的に「聖戦」の語りに距離を置いたのかについては、著者はまだ成案を得ていない。

　にもかかわらず、「聖戦」の語りは実際に占領地において一定の影響があったといわざるを得ない。その原因として二点が挙げられる。一点目は、総力戦体制を構築するに当たって本土との一体性が強調されたがゆえに、占領地の日本軍と日本人居留民の間では、一九三八年から毎年七月七日に日本国内とほぼ同じような形で「聖戦」記念日が繰り広げられた。こうした記念活動の主旨、行事、やり方はいずれも本土と一致している。これに対して、後から展開された反宣伝のための「七七記念」は、日本人居留民と現地軍隊が中国の民衆に視覚的な手本を示そうとしたのであろう。「聖戦」の語りはまさにこのようにして占領地に広がった。二点目は、日中戦争の拡大と長期化につれて、日本の宣伝戦が構想されるようになり、武力作戦を補完する形で国家の政策体系に取り入れられた(4)。対中宣伝は宣伝戦の重要な一環として非常に重要視され、七月七日の前後に対日協力政権を迂回して直接に占領地に対する宣伝攻勢を増強することもあった(5)。これも「聖戦」の語りが占領地へ蔓延する一つのルートである。それでも、占領地で「七七記念」を展開する外形的主体が汪政権であったという現状を否認できない。

二　汪政権の「七七記念」宣伝要綱と反宣伝

汪政権が成立した一九四〇年に作られた宣伝計画において、「国府還都」と「平和反共建国」が最も重視され、「七七」を公式に記念することはなかった(6)。しかし、「日本の背信と謀略により、主権に様々な制約を課された状態での出発を余儀なくされた汪政権は、占領下の中国各階層の積極的支持を得られず、上海租界ではなおも抗日・反汪政権活動が続行される状況にあった」(7)。このため、一九四一年の「七七」四周年に、重慶方面と中共の記念日宣伝に対する反宣伝の形で、汪政権は「七七記念日宣伝要点・実施方法・スローガン」を打ち出した。

ところが、日本との平和共存の道を探りながら国家建設を推進しようとした汪政権にとって、盧溝橋事件は厄介な問題であり、これに言及するとどうしても苦しい立場に置かれてしまう。とはいえ、反宣伝のために「七七記念」に直面せざるを得なかった汪政権は、その四周年宣伝要綱で盧溝橋事件を詳しく論じることを避け、「七月七日に起こった盧溝橋事件は不幸な中日事変の開始であり、現在重慶方面が平和を妨害しているため、戦争がなお続いており、不幸な事変はいままだ終結していない」という曖昧なニュアンスで対処した。(8) このことは盧溝橋事件を真正面から説明しない日本の対中宣伝策に同調しているように見えるが、実際の両者の立場は微妙に異なっていた。すなわち、汪政権は「支那事変」ではなく「中日事変」という用語を用いて、盧溝橋事件に対する当否の表明を回避し、事件が戦争に拡大した責任の所在について全く言及していない。さらに、五周年、六周年になると、宣伝要綱に「注意事項」を付け加えて、「民心を刺激し、逆効果を引き起こすことを極力避ける」「反感を買いかねないため、各行事には慶祝の意味を含まぬよう」「「記念」の字句を避け」(9) などと明記され、「七七」そのものを記念しない工夫がなされた。

一方、汪政権は反宣伝と同時に「七七記念」を利用して、政権の正当性を担保するために「平和反共建国」の意義と業績を広めようとした。「不幸な中日事変から日中両国には共に新たな認識が生まれ、平和こそ共存共栄の道である」と主張するようになり、「平和運動がそれにより展開され、さらに東亜連盟運動を展開している」「独裁者（蔣介石）が戦争を利用して個人の権威を保障し、共産党が戦争を利用して赤色勢力を拡張することが、彼らの抗戦の本質である」「政治上の独立、軍事上の連盟、経済上の合作、文化上の交流という原則を踏まえるなら、東亜民族が共存する道は必ず見つけられる」「七七事変が平和運動に発展し、また大東亜戦争により英米に宣戦し、さらに租界を回収して治外法権を撤廃することができ、いま自主独立国家の実現が近づいている」[10]などが「七七」の宣伝要点となった。そして、「七七」には日中両方の戦没者の追悼会を設けることが要求され、「軍隊が停戦し、民衆を復員させる」「共産匪を粛清し、民衆の生活を改善する」などのスローガンが掲げられた[11]。これらの宣伝内容には盧溝橋事件と戦争拡大の責任については触れられず、「平和運動」が展開して以来の対日持久抗戦を批判することが強調された。

以上で見てきたことによれば、日本の対中宣伝策であれ、汪政権の宣伝方針であれ、最初から占領地において盧溝橋事件を厄介な出来事として慎重に扱い、事件そのものを強調するつもりがなかったことが分かる。公然と戦時動員を推進し得る日本本土や中国の抗戦区（国統区と中共根拠地）と異なり、積極的に「七七」を記念する意図はなかったのである。つまり、占領地の「七七記念」は、汪政権による抗日勢力に対する反宣

図 2-1　汪精衛政権が「平和反共」を呼びかける宣伝ポスター。
出典：「宣伝工作資料（1）」（陸軍省）アジ歴レファレンスコード：C13032516600、17 頁。

伝として出現し、記念様式は日本人居留民における「聖戦」記念日の影響を受けたものであるが、実際には「七七」を記念するためではなく受動的に巻き起こされた「七七」宣伝であり、汪政権が占領地の治安維持と政権正当性の確保のために、抗日政権と民意を奪い合っていた厳しい現実が浮かび上がる。

実際、占領地の「七七記念」が汪政権の宣伝要綱の構想に沿って展開することは現実的ではなかった。なぜなら、汪政権が行おうとした「七七」宣伝は日本占領者が求める「聖戦」の語りを中核とする「七七」宣伝と合致せず、両者は本質的に異なるものであったからである。両者の相違は、日本による対中宣伝の強化につれてさらに一層顕在化するようになった。また、戦時中の複雑で変わりやすい社会環境と軍事占領下の地域差を考えると、占領地における「七七記念」活動が雑駁な様相を呈し、そこに託された「日中」双方の政治的意図が交錯しながら変化することは十分に予想できる。(12) この点については、次節で検討したい。

第二節　占領地における「七七記念」の諸相とその特徴

一　厳重な警備のもとで繰り広げられた「七七記念」

前述の通り、中国占領地において「七七」を記念するのは、敏感で手のかかることではあるが、強力な抗日宣伝攻勢に対する反宣伝として、「日中」双方が慎重に対応せざるを得なかった。当時の緊張感を最も実感できるのは七月七日の当日だけでなく、その前後の一週間に配置された厳重な警備であった。

「七七」が近づくと、まず南京は当時の汪政権の首都として厳重な警備体制がとられた。「首都警察庁は、記念期間中不逞のやからがごさくさまぎれに騒ぎを起こし、治安を乱すのを防止する見地から、五日から警備を急ぎ、市内のすべての交通要路で歩哨を置いて往来する人と車輛に厳密な身体検査を行うことによって、不測の発生に備える」[13]厳戒態勢をとった。一方、上海や武漢などの租界を有する都市では、ほかの都市より往来が複雑なため、記念日の前後にはますます緊張した空気に包まれるようになり、警察隊が出動し市内の各区域を見回しながら道路の交叉点で二重の歩哨を置いて道行く人を厳しく取り調べる光景がよく見かけられた[14]。「七七」記念日に占領地の政治・経済上の重要都市で反日活動や反汪の抗議活動が起これば、社会秩序を混乱させ占領地の民心を動揺させかねず、また国内外の輿論への悪影響が懸念されるため、厳戒態勢は不可欠であった。

非常時の警備にとどまらず、汪政権が管轄する警察署は現地の日本軍憲兵隊と連携し、指定区域では「七七」記念日の対テロ合同演習が行われた[15]。それは、突発事件に対処できるように準備を整えるためのものであった。さらに、「七七記念」大会や記念活動の現場においても警備を厳重にし、秩序維持のための軍隊または警察を配置しなければならなかった。記念期間中に組織された宣伝隊も軍隊や警察による保護がなければ活動できなかった[16]。以上のことから分かるように、占領地の「七七記念」活動は軍隊と警察によって保護されながら展開された。このような制約を加えられた「七七記念」は占領地の住民にとって極めて受動的なものとなり、効果も疑わしいものとならざるを得なかった。

二　錯綜し無定形だった「七七記念」

記念大会を開催することが定例であったことは、占領地の「七七記念」も例外ではない。しかし、占領地の「七七」記念大会は組織者、参加者および日程などによって、その様相がかなり異なり、時には「日中」双方のやり方が交錯し形式に則らないものとなっていた。一般に、日本人居留民と現地日本軍の間で開かれた記念大会は、日本国内と同じように自粛自省、国防支援などが呼びかけられて戦時動員の色彩が濃いものだった。また、本土との一体性を示すために、正午の黙祷も日本時間の一二時に行った[17]。これに対して、対日協力政権や親日の民衆教化団体（例えば大民会、新民会）が主催した記念大会は、主に中国の民衆に向けた行事であるが、現地日本軍代表、政府顧問、居留民代表、領事などが臨席し式辞を述べることが一般的であった。[18] 汪政権の成立後、南京ではこのような方式では行われなくなったが、首都南京以外の地方政府では相変らず古いやり方で行われていた。[19] 記念大会の主催者は日本側であれ、対日協力政権側であれ、日中の民衆を共同で参加させることはほとんど想定されていなかった。しかし、「日中親善」を示すために、記念大会後に「日中官民」が共に集えるような宴会や遊園会などが行われた。[20]

また、「七七」当日の正午に戦没将兵へ黙祷を捧げることは明らかに「聖戦」記念日の影響であるが、その対象は日本軍戦死者であったり、日中の戦死者と殉難者であったりと、統一されていない。[21] このような混乱した事情は記念日に要求された国旗掲揚にも反映されている。ある時は五色旗（中華民国北京政府時期の国旗。蔣介石が主導する国民政府の青天白日旗と区別し、その正当性を否定する意図がある）の掲揚を要求し、ある時は日章旗の掲揚を要求し、また「日中」両国の国旗を同時に掲揚させることもあった。[22] さらに、記念日の雰囲気についていえば、しばしば矛盾するような様相が見える。すなわち、厳粛な一日を送るように娯楽場をすべて閉鎖し娯楽活動を一切停止することもあれば、慶祝のために娯楽場をすべて無料で一日開放し、各地で交歓会を催すこともあった。[23]

記念日には記念大会や記念儀式などの行事のほか、多種多様な活動が行われた。まず、抗日勢力に対する反宣伝が「七七記念」の主な活動であり、一般に記念日当日あるいは七月一日から七日までの一週間を記念週間とし、都心部・駅・広場などの人通りの多い場所に宣伝隊を派遣し、「反蔣（蔣介石政権）反共（共産党）」「英米駆逐」「平和建国」「東亜新秩序建設」などのスローガンを、ポスター・伝単・軸物・パンフレット・記念特輯などとして道行く人に配ったり、旗行列に街道演説を行うことによって、宣伝活動を展開した。[24] そのほか、「七七」記念や宣伝に関係なく「七七記念」という看板を掲げて活動することもしばしば行われた。例えば、難民救済、労働奉仕、清潔衛生キャンペーン、水泳競技、政治業績展覧会、物産展覧会などが実施された。[25] これらの活動には、「新国民」「新社会」「新政府」などによる新しい中国像を形作る政治的意図が託されていた。

興味深いのは、占領地の「七七記念」が日本国内の「聖戦」記念日に似た推移を辿ったことである。第一章で明らかにしたように、日本本土において、「支那事変周年記念」活動は一九四〇年に低調になり、一九四一年以降、拡大記念・宣伝活動が再び活発に行われた。太平洋戦争勃発後の一九四二年の記念活動において「七七」の持つ意味を「大東亜戦争」のなかに再構築しようとした動きが見え、一九四三年以降終戦まで「七七」を記念することは基本的になくなった。占領地の「七七記念」は一九四〇年に個別の地域で地方政府や親日の団体によって行われたことがあったが、まだ公式には展開されていなかった。これは統一された「中央」政権ができていないという政治的な現実による。一九四一年になると、「中央」から「地方」まで記念週間の形で拡大宣伝を行う現象が現れた。[26] そして、一九四三年にも汪政権は「七七記念日宣伝要点」を出したが、実際のところでは記念活動がほとんど見られない、新聞には「七七」記念日の厳戒態勢に関する報道が見られるだけである。このことからも、占領地の「七七記念」は日本側の宣伝策に制約され、「聖戦」記念日の影響を受けたことがうかがわれる。

三　記念日の呼称と「七七記念」の性格

占領地における「七七記念」の交錯した複雑な様相は、記念日の呼称からも見ることができる。よく使われた呼称は、「七七記念日」「盧溝橋事件周年記念日」「中日事変周年記念日」「興亜記念日（興亜節）」「聖戦周年記念日」「東亜民族解放記念日」であるが、使用する呼称によって記念日の性格、目的と雰囲気が違っている。例えば、厳粛に行われる場合は、「七七（盧溝橋事件周年、中日事変周年）記念日」「聖戦周年記念日」が用いられた[27]。これに対して、「興亜記念日（興亜節）」や「東亜民族解放記念日」の名称で記念会や記念活動が展開された時には、常にお祝いの祝祭ムードに包まれていた[28]。前者について、汪政権「中央」政府が中国の民衆向けの記念日活動を行った時には、「七七（盧溝橋事件周年、中日事変周年）記念日」の名称を使用したのに対して[29]、現地日本軍と日本人居留民が行った記念活動には「聖戦周年記念日」が用いられた[30]。後者では、基本的に日本側が主催した占領地の中日民衆に向けた活動に使用され[31]、対日協力の地方政府と親日の民衆団体が中国の民衆に向けて記念活動を展開した時にもこの名称が使われた[32]。

上記の記念日呼称の使い方を通じて、以下の理解を導き出すことができる。第一に、汪政権が主導した「七七記念」は慶祝の意味を含まぬようにした。既に触れたように、その宣伝部が出した「七七記念日宣伝要点」にもこのことが規定されている。汪政権は日中平和を主張しても「聖戦」の語りに意図的に距離を置き、「七七」事件に中立の態度を取っていた。したがって、記念日においては厳粛な気持ちで日中の戦没将兵を追悼し、平和の重要性を強調するのみであり、民族感情を刺激しないようにした。第二に、形式上汪政権の管轄を受ける占領地の各地方政府および親日の民衆団体は、汪政権宣伝部の要綱に厳格に沿って記念活動を展開するわけではなく、「興亜記念日」「東亜民族解放記念日」などの祝賀的な呼称をよく用い、「聖戦」の語りに寄り添った。このような活動は自主性に乏しいが、記念日の形式はお祭りとして民衆の間では比較的受けがよかったのかもしれない。第三に、日中の民衆が共同で参加できる記念活動において、日本側は「興亜記念日」の呼称を使用した。そこには「七七記念」を通じて復興する中国を日中提携の業績として誇示し、「東亜民族の解放」「東亜平和の実現」など「聖戦」の語りの趣旨を中国の民衆の間に浸透させる教化の目的が隠されていた。第四に、日本居留民の「聖戦」周年記念活動はあくまでも総力戦体制構築の一環であるため、日本本土と一致して自粛自戒、簡素厳粛のなかで行われた。

以上のことから分かるように、記念活動の組織者と参加の対象者によって、記念日の呼称が変わり、記念日活動の雰囲気と様相も変わった。こうした記念日呼称の錯綜した使われ方は占領地「七七記念」の混乱した様相を表すように見えるが、実際、そこには「聖戦」記念日と「聖戦」の語りを区別する意図が含まれている。このことは占領地の「日中」双方が記念日という資源をめぐる水面下でのせめぎ合いを意味していた。すなわち、「七七」を解釈し、それを自政権や自身の理念のために活用させることである。実際には、ある記念日が形成、創造されるプロセスにおいて、日付の選択と記念日の意味をめぐる異議と妥協が常に随伴した。例えばいかなる日付を記念日にするか、いかなるものを記念すべきか、どのような意味で当該の日付を記念するか、記念日にいかなる意味を込めるかについて、いずれも上から下への強い政治イデオロギーの浸透が図られた[33]。占領地の「七七記念」に現れた抗争は明らかに日付の選択や記念する事件をめぐるものではない。それらは「七七」の抗日宣伝に刺激されて実施せざるを得なかったし、また変更する余地もなかった。にもかかわらず、「七七記念」には統一した呼称がない。したがって、記念日の呼称の相違は、実質において記念日の意味をめぐる相違となった。上記の各種の記念日呼称が交錯して使用されていた事実から分かるように、日本側と対日協力政権の間の相違を埋めることは極めて困難であった。にもかかわらず、双方は「七七記念」の意義を「日中平和」の宣揚に結び付けるという点では一致していた。

第三節　「七七記念」の意義と「日中平和」
「日中」の記念日講話を比較して

「七七」記念日の当日はいつも、日本と対日協力政権の軍・政府の要人が記念日講話を発表したことから、双方がこの記念日をどのように説明していたかがよく分かる。表2―1は『中華日報』『大陸新報』『新申報』(34)に載せられている双方の要人による記念日講話の表題をまとめたものである。本節では、記念日講話に対するディスコース分析を行うことを通じて、「七七記念」と「日中平和」との関わりのなかで「日中」双方がいかにして「七七」の意味を構築しようとしたのか、整理し比較検討する。

まず、上記三紙の性格と政治的立場について説明する。この三紙は一九三九年に上海で前後して創刊または復刊された新聞である。これらの日系紙もしくは親日紙が創刊・復刻された背景には、一九三八年後半からはじまった日本の戦時新聞統合および言論統制(35)と、同年末の第二、三次近衛声明後、日本の対中政策の重点が大規模な軍事行動から占領地統制に移ったことが挙げられる。占領地の「国策新聞」である『大陸新報』の主な役割は日本人居留民、中国人、そして諸外国人に日本の国策を宣伝、浸透させることである。華字新聞『新申報』は『大陸新報』の姉妹紙であり、中国の民衆に「帝国国策の真意」を了解させ、「頑愚なる排日の迷妄に堕した支那民衆の覚醒」を促すことであった(36)。

一方、『中華日報』復刊の目的は、「汪氏が去年の平和を唱導する近衛声明に賛意を表明した後、外国人肝いりの〝洋商〟紙は党政府（重慶国民政府）と共産党に籠絡されて汪氏言論の掲載を一切拒否し、中国の民衆が平和の真諦を了解することができなくなった。」「汪精衛氏は平和の主張を貫徹しそれを一日も早く実現させる見地から、『中華日報』の復刊を特命した。なるべく汪氏本人および平和を主張する各方面の政見を登載し、党政府および共産党にごまかさないように中国の民衆に平和の真諦を了解させる」[37]というものであった。このように、多くの華字新聞が停刊・廃止された占領地において、『中華日報』は「日中平和」を宣伝する立場で活躍が期待されたのである。

「七七」記念日に当たって、上記三紙は互いに「日中」の要人の記念日講話を転載した。ただ、転載する際にタイトル等には調整を行い、また内容面での取捨選択がしばしば行われた。一例を挙げてみよう。表2－1からも分かるように、一九四〇年七月七日に日本の首相米内光政が発表した記念日講話は三紙が共に掲載した。『大陸新報』は「前線銃後一体、東亜聖業に邁進」との大見出しで、中国占領地で進められた「興亜の聖業」の業績を総括しながら、国際情勢を分析したうえで「日本が東亜全体の安定を確立する国策を堅持し、支那事変の解決に邁進し、東亜平和を実現する」と断言し、日本国民を「聖戦」と「興亜の聖業」にさらに動員するという内容を掲載した。また、『新申報』は『大陸新報』の掲載文を日本語から中国語に翻訳してほとんどそのまま転載した。これに対して、『中華日報』は米内講話を大幅に圧縮し、「日中国交調整」のみを強調し、「中日事変」がこれより「一段落

表 2-1　「日中」の軍政府要人による「七七」記念日講話表題対照表（1）

年度＼新聞	『中華日報』	『新申報』	『大陸新報』
1939 年		「中日両国相依為命　亟応密切合作　事変二周年梁鴻志発表談話」梁鴻志	「“新東亜の建設は日支人士の合作”梁行政院長談」梁鴻志
	「我対於中日関係之根本観念及前進目標」汪精衛[38]	「王克敏紀念七七発表三項覚悟　與友邦合作邁進興亜大道」王克敏	「復興支那に全幅支援　けふ支那事変二周年を迎へて平沼首相声明を発表」平沼騏一郎
1940 年	「調整国交開始進行　中日事変告一段落　不辞任何艱巨努力東亜和平　日首相在事変紀念会講演」米内光政	「事変三周年紀念　米内発表談話　勧勉国民共建興亜聖業」米内光政	「前線銃後一体　東亜聖業に邁進　米内総理大臣談」米内光政
	「対於事変三周年之感想及期望」汪精衛	「対於事変三周年之感想及期望」汪精衛	「事変三周年に対する感想と希望　汪精衛氏談」汪精衛
1941 年	「“七七”四周年紀念　主席勧勉全国同胞　共同努力和建大業　政府力量国際地位均巳増強　和平領域必能発展及於全面」汪精衛	「七七事変四周年　汪主席特電全国勉全国同胞努力和建大業」汪精衛	「平和建国へ邁進　汪主席同胞に通電」汪精衛
	「東条発表紀念講話」東条英機	「日軍陣容整斉鞏固　足以応付任何局勢　陸相発表事変四周年談話」東条英機	「不敗の構へ確立せん　東條陸相談話を発表」東条英機

表 2-1 「日中」の軍政府要人による「七七」記念日講話表題対照表（2）

新聞／年度	『中華日報』	『新申報』	『大陸新報』
1942 年	「掃除全面和平障害　促大亜洲主義実現　汪主席於七七五周年発表感想」汪精衛	「汪主席対七七五周年感想」汪精衛	「今こそ一髪千鈞の秋　重慶側の反省を切望　汪主席勃々の決意披瀝」汪精衛
			「必勝の信念の下肇国の理想貫徹せん　東條首相談」東条英機
1943 年	「解救重慶方面被圧迫民衆　粛清東亜叛逆分子　汪主席発表“七七”六周年感想」汪精衛	「重慶自誤誤中国誤東亜　国府決心除此叛逆　盧溝橋事変六周年　汪主席発表感想」汪精衛	「中国復興の途唯一つ　日華協力、大東亜戦争完遂へ　汪主席感想文発表」汪精衛

＊1　出典：『中華日報』（1939 年 7 月 10 日第 1 面、1940 年 7 月 8 日第 1 面、1940 年 7 月 7 日第 1 面、1941 年 7 月 7 日第 2 面、1941 年 7 月 8 日第 2 面、1942 年 7 月 7 日第 1 面、1943 年 7 月 7 日第 1 面）。『新申報』（1939 年 7 月 7 日第 2 面、1939 年 7 月 8 日第 2 面、1940 年 7 月 7 日第 1 面、1940 年 7 月 8 日第 1 面、1941 年 7 月 7 日第 1 面、同前、1942 年 7 月 7 日第 1 面、1943 年 7 月 7 日第 1 面）。『大陸新報』（1939 年 7 月 7 日第 2 面、1939 年 7 月 7 日第 1 面、1940 年 7 月 7 日第 1 面、同前、1941 年 7 月 7 日第 1 面、同前、1942 年 7 月 7 日第 3 面、1942 年 7 月 7 日第 1 面、1943 年 7 月 7 日第 1 面）。

＊2　1943 年以降日本本土が公式に「聖戦」記念日を行わなくなると共に、占領地における「七七記念」もほとんど消えてしまった。1943 年、汪精衛は記念日感想を発表したが、記念活動は見当たらない。さらに、1944 年と 1945 年には「日中」両方共に記念日講話を発表していない。

がついた」という判断を下している。『中華日報』の転載文が強調しようとしたのは、「国交調整」の実現が「平和建国」を政治理念とする汪政権の大きな成果であり、それを「中日事変」解決の節目と見なすのである。

しかし、実際の米内講話の趣旨は『中華日報』の趣旨と異なり、「国交調整」を「興亜の聖業」の大きな進展として位置付け、それをもって「聖戦」遂行の賢明さを裏打ちし、国民の「聖戦」に対する支持の継続を求めて「支那事変」の徹底的な解決を目指すものであった。このため、米内講話は「支那事変」(「中日事変」)が一段落ついたことを強調するのではなく、むしろ、早急な事変解決の意志を表明するものである。この事例は、「支那事変」の意味合いと「日中平和」に対する理解をどのように「七七記念」を通して位置付けるのかということに関わっている。このように、汪政権の代弁者たる親日紙と日本の国策新聞である日系紙は、一つの講話をそれぞれの意図に沿って編集・転載したことから、「日中」双方の意図が一致しているところもあれば、異なる部分もあったのである。

さて、「七七」記念日のために、日本側と汪政権側が出した記念日講話はそれぞれ「七七」の意味についていかなる解釈を行ったのか。表2－1に挙げている日本側の平沼騏一郎、米内光政、東条英機らの講話は、次のようにまとめることができる。

第一に、「七七」盧溝橋事件の一発の銃声は暴戻な中国軍隊が帝国に挑戦する行為であり、「七七」事件が支那事変へ拡大した遺憾な事態は、抗日の中国政府が帝国の平和の誠意を無視した結果によるものである。（重慶）国民政府を壊滅して抗日勢力を徹底的に消滅しなければ、東亜平和の聖業を達成する障害を排し真の「日中提携」が確立することができない。第二に、「七七」を記念するのは、聖戦のために命を捧げた護国の英霊に感謝するためであり、彼らは聖戦を遂行してきた礎石であるため、「七七記念」を通じて戦場に散った英霊に敬意と哀悼の意を表すことが肝要である。第三に、（重慶）国民政府が英米と結託したことにより支那事変は大東亜戦争に拡大した。このため、「七七記念」を通じて前線と銃後に対し英米への警戒心を高めると共に、英米をアジアから駆逐しなければ支那事変の解決を期待できず、聖戦の所期の目的を達することもできない。第四に、「七七」を記念するのは、必勝の信念をもって東亜解放と東亜平和共栄の理想を実現にすることを銘記させるためである。

ここで日本側が求める「七七記念」の意義は、「東亜平和」を標榜し、正義のための「聖戦」の正当性を掲げることにある。このため、「七七」事件は抗日勢力が「日中平和」を破壊する罪悪事件であるとされる。ここで注意しなければならないのは、日本側が上述のロジックにより「平和」に対する解釈を独占していることである。すなわち、親日＝平和、排日・反日＝平和を妨害・破壊するものというロジックである。このように自国の国境を越えて「親日」を「平和」の尺度とする「大東亜主義」には、国家主義あるいは軍国主義の拡張の論理が内在している。この論理によれば、「護国」のために遂行してきた「聖戦」の意義は「日中平和」を中核とする東亜の安定の確保にある。このことは前近代の宗主国が藩属国の反逆行為を討伐し、従来通りの属国とする考え方と共通するものがあり、太平洋戦争勃発以前に日本が一貫して日中両国の戦争を「日中戦争」ではなく「支那事変」と規定した原因もここに求められるであろう[39]。

日本側の言論に比べて、汪精衛の講話は「七七」に対する解釈が曖昧で、またしばしば変化した。汪政権にとって「七七記念」をいかにして「平和運動」に結び付けるかは、厄介ではあっても極めて肝心な問題であった。なぜなら、「日中平和」は「新中央政府」が成り立つ正当性の立脚点であり、それが打ち出した「平和反共建国」の政治理念に欠かせない存在でもあったからである。汪精衛の記念日講話の主旨は次のようにまとめられる。

第一に、「七七」事件は「平和建国」を中断させた元凶であり、事件の勃発を事前に制止することはできなかったが、勃発後にはその早期解決を期すべきである。「七七」事件以来の抗戦は確かに失った国土を回復し主権を確保して建国の大業を続けるためであるが、新政府が日本との国交調整を成功し、抗戦の目的は既に達成した。もはや、長期抗戦の意味は失われた。第二に、新政府と日本との間の平和交渉と国交調整は平等の原則に基づいて行っており、それは戦勝国と敗戦国との間の不平等の交渉ではない。平和を主張することは、日本に降伏することではなく、中国を救う唯一の正しい道である。第三に、日本には中国を亡国させる意図はなく、中国を復興させ大東亜建設の大役を分担する能力を養成することにある。日中平和を提唱するのは、互いに手を携えて東亜の安定と復興を実現するためである。第四に、「七七」事件の発生とその後の戦争拡大は、国民党と国民政府による誤った反日政策の悪果であるが、重慶方面には反省はなく抗戦を持続させて東亜を悲惨な世界大戦に巻き込んだ。大東亜戦争は「東亜新秩序建設」の理念を事実で証明しようとするものであり、日本と協力して東亜の反逆者を徹底的に打ち倒し大東亜戦争の完遂に尽力しなければならない。

これらの発言を見ると、汪精衛は記念日講話で「七七」事件に言及せざるを得なかったが、事件の経過を詳しく述べることを避け、さらに、事件によって建国事業が中断されたことは問題視しながらも、誰がこの事件を起こしたのかというデリケートな問題に言及することは避けた。汪精衛の講話によれば、「七七記念」の意義は「七七」事件が招いた悪果を取り除いて「日中平和」を回復する重要性を一般民衆に認識させることにある。汪精衛はこうしたロジックで「日中国交調整」によって「日中平和」の実現が間近であることを提示した。それは国民党（重慶方面）が主張する「抗戦建国」の理念の正当性に対するチャレンジであった。ここで、汪精衛が求めようとした「日中平和」は対等の国家関係に基づく平等の平和であり、救国の機会でありかつ近代国家の建設を完成するための一手段でもあった。その理由は、日本の真の敵が中国ではなく英米だからであるとした。しかしながら、この因果関係は主客を入れ替えればすぐ崩れる脆いものであった。汪精衛は最初に「七七」事件の責任への言及を意図的に回避したが、太平洋戦争勃発後直ちに事件と戦争拡大の全責任を重慶政府に転嫁し、「大東亜戦争」に賛成して協力する態度を表明し、抗日勢力を「東亜の反逆者」と見なした。この時期の汪精衛の姿勢は「中日事変」の場合と矛盾するものであり、当初求めようとした「平和」の内実が結局、軍国主義の膨張に対抗しきれず、日本が求める「平和」に偏ってしまったのである。

これまで述べてきたように、「七七」記念活動を行う際に、占領地における日本側と対日協力政権側は、共に中国の民衆、日本人居留民、時には日中の民衆を対象にして、「七七」の意味と「七七記念」の意義を説明することを余儀なくされた。しかし、両者の言論には明らかに相違が見られた。日本側の主旨が当然「聖戦」動員の目的を抱いて「聖戦」の語りを占領地まで広げ、中国の民衆を教化することであったのに対して、占領地の「中央政府」としての汪政権が求めたのは、「平和建国」の政治理念を充実させてそれを民衆に広く了解させ、「平和運動」の展開に正当性を提供して推進することであった。両者は「日中平和」の重要性を強調することで一致していたため、「七七記念」と「日中平和」を矛盾なく関連付けるに当たって、共に「七七」事件を平和を破壊した失敗の教訓として記念し、それぞれが目指した「平和」を実現させようとした。しかし、「日中平和」を唱える点においてのみ一致していた「日中」双方は、結局「七七記念」の意義を説明せざるを得ない記念日講話において、両者の相違を際立たせることになった。なぜなら、双方が求める「平和」は異なるものであり、「大東亜の共栄」という机上の空論の裏で実際的な軍事拡張を遂行する「聖戦」は「従属的な平和」を中国に強いたのに対して、中国を真の近代国家に建設しようとする「平和運動」は日本に「対等の平和」を求める必要があったからである。

おわりに　「平和」の語りの破綻と政権正当性の喪失

日中戦争がきっかけで生まれた占領地において、戦争勃発の起点としての「七七」盧溝橋事件を記念することは、通常ならば考えられないものである。にもかかわらず、抗日宣伝に対する反宣伝を余儀なくされた結果、占領地の「七七記念」は厳重な警備のもとで「聖戦」記念日の影響を受けつつ繰り広げられた。占領地における名目上の主権者として、汪政権は日本側の制約を受ける一方、「聖戦」の語りに対抗しながら、「七七記念」を通じて自分なりの「平和」の語りを行うことによって戦争認識を構築しなおそうとした。汪政権にとって、それは受動的であっても、「七七記念」が「日中平和」を用いて政権に正当性を付与する一つのきっかけとなった。もちろん、些細な不注意によって自政権の元から弱い正当性が喪失しかねない危険性にも、汪政権は自覚的であった。だからこそ、記念日に慶祝の意味を含めないように、また民心を刺激し反感を買わないように様々な工夫をこらし、「平和」宣伝を主たる内容とする記念活動に組み換えたのである。

しかし、「平和」の追求を正当性の中核とした汪政権は、太平洋戦争が勃発すると、平和と背馳する「大東亜戦争」に巻き込まれることになった。汪政権は、大東亜新秩序の建設に資するために、「七七」記念日に孫文の大アジア主義を持ち出して、「戦争の完遂、戦時体制の強化」を主張せざるを得なくなった。[40]当初「七七」事件の責任への言及を避けた汪政権は、「七七」の意味を曖昧にし、「中日事変」を日中双方の平和運動への共闘の契機とし、近代国家建設に安定した環境を提供する見地から「聖戦」の語りと区別する「対等の平和」の語りを構築しようとしていた。しかし、対日協力と平和運動を両立させ、さらには自主独立の国家建設をも実現させようとするなかで、最終的に日本の「聖戦」の語りに随伴する軍事拡大に抵抗できず、戦争への道を辿らざるを得なかった。このような汪政権が主張した「平和」の語りに内在する矛盾とジレンマは、「七七記念」についての反宣伝の推移から読み解くことができる。その結果、占領地の「七七記念」は意図せざる効果が現れ、汪政権の自ら主張する正当性を揺るがすことになった。

こうした結果を導いた根源は、占領者としての日本側と協力者としての汪政権が「七七記念」に託した政治的意図の差異にある。双方が「七七記念」を通じて行おうとした対占領地宣伝・教化の目的は、当然ながら一致するものではなかった。記念日呼称の多様な使い方、記念活動の混乱で交錯していた様相、双方が「七七記念」の意義と「日中平和」の関連付けのために行った独自解釈のいずれにも、双方の相違が確認できる。汪政権は自身の正当性を示すために様々な努力を行った。重慶国民政府に対抗できる中央政府になるためには、占領地の各地方行政機構および親日団体を統合し、社会秩序を回復・維持し、平和交渉を通じて日本の軍事占領を早期に終結させ、平穏な国家建設を推進しなければならないからである。汪政権が主導した「七七」記念大会では日本代表者の臨席を拒み、「興亜記念日」や「聖戦」などの用語を用いなかったが、その意図はまさに自政権の独自性を強調することにあったのである。

ところが、汪政権が成立した前提条件は日本の軍事占領であり、日本軍は汪政権が政治権力を行使する正当性の後ろ盾であった。このことは、汪政権に生まれながらに刻印された疵《きず》であり、不運な「お守り」でもあった。汪政権の行った「七七記念」では若干の自主性が見られたが、その記念活動は終始日本側の対中宣伝策の制約と「聖戦」の語りの影響から完全に抜け出すことはできなかった。また、占領地の「中央政府」としての汪政権が発布した「七七記念日宣伝要点」は地方政府と民衆団体において方針通りに進められなかった。それは地方政府や各民衆団体と現地駐在の日本軍との関係、また各地域社会毎の差異に関わる問題でもある。ティモシー・ブルックが日中戦争初期の軍事占領下の華中地域における地方社会と末端行政を分析した論考で指摘したように、占領地の基層社会における抵抗と協力の間の力関係を一元的に見ることはできない。各地の具体的な事情によって、抵抗と協力の度合いはそれぞれ異なり、さらにしばしば変化した。このような実像を研究者は占領地社会における通常の姿として理解しなければならないのである[41]。

いずれにせよ、占領地政権・社会の性格に規定されて、汪政権が「七七記念」を通して構築しようとした「平和」の語りが破綻し、政権の正当性を充実させる意図がかえって正当性の喪失という結果となり、そして、占領地の「七七」記念活動から見えてきた日中戦争像は交錯し、かつ曖昧なものとならざるを得なかったのである。

最後に、占領地の「七七記念」から得られるもう一つの知見を強調したい。政治的シンボルとして扱われる記念日は、近代国民国家の成長において、いつも国民意識やアイデンティティの養成、政権やイデオロギーの正当性の増強、国家の記憶の構築などと正の相関関係にある。占領地政権は通常の政権と異なる点もあるが、記念日に対する一般的な認識は充分に通用する。例えば、「双十節」（辛亥革命記念日）を研究する周遊氏の論文では、重慶国民政府との間で中華民国の政治的シンボルを争うために、汪政権が中華民国の建国記念日である「双十節」を自分なりの形で記念し、政権の正当性を強化しようとしたことが明らかにされている。[42] そこでは、「双十節」という記念日は汪政権の正当性と正の相関関係にあった。しかし、占領地における「七七記念」は汪政権の正当性と明らかに負の相関関係にあったのである。

注

（1）　一九三八年一二月二二日、内閣総理大臣近衛文麿は談話を発表し、「抗日国民政府の徹底的武力掃蕩を期すると共に、支那に於ける同憂具眼の士と相携へて東亜新秩序の建設に向って邁進せんとする」「今や支那各地に於ては更生の勢澎湃として起り、建設の気運愈々高まれるを感得せしむるものがある。

是に於て政府は、更生新支那との関係を調整すべき根本方針を中外に闡明」すると表明した。いわゆる「第三次近衛声明」である。(「更生新支那との国交調整に関する根本方針」(一九三八年一二月二二日)、『支那新中央政府成立の経緯』内閣情報部発行、一九四〇年、二頁を参照)

(2) 内閣情報部「支那事変に対する宣伝方策大綱」(一九三八年一月一七日)国立公文書館［請求番号］本館 2A-040-00 資 00327100［件名番号］003。

(3) 国民政府(汪)行政院宣伝部「上海特別市政府抄発七七紀念日宣伝要点及弁法、標語令」(一九四一年六月二四日)上海市档案館［請求番号］R18-1-54-21、二一―六頁。

(4) 有山輝雄『情報覇権と帝国日本Ⅱ――通信技術の拡大と宣伝戦』吉川弘文館、二〇一三年、五四二頁。

(5) 例えば、日本大本営陸軍部は「七七」記念日の直前に、対中宣伝方針を制定したことがある。その目的について、重慶方面の厭戦気分を高めると共に、日中が提携して英米列強をアジアから駆逐し、「東亜の解放」を実現する「聖戦」を中国の一般民衆に呼びかけている。(大本営陸軍部「七・七記念日前後に於ける対支宣伝の件」(昭和一七年六月一日)、有山輝雄・西山武典編『近代日本メディア史資料集成第2期　情報局関係資料』(第4巻)柏書房、二〇〇〇年、四―八頁を参照)

(6) 国民政府(汪)行政院宣伝部「全国民衆慶祝国府還都擁護平和大会宣伝計画」(一九四〇年四月一五日)上海市档案館［請求番号］R18-1-702、一〇九―一一九頁。

(7) 柴田哲雄『協力・抵抗・沈黙――汪精衛南京政府のイデオロギーに対する比較史的アプローチ』成文堂、二〇〇九年、四―五頁。

(8) 前掲「上海特別市政府抄発七七紀念日宣伝要点及弁法、標語令」、二一―六頁。

(9) 国民政府(汪)行政院宣伝部「上海特別市政府秘書処関於七七事変五周年宣伝要点」(一九四二年六月二〇日)上海市档案館［請求番号］R18-1-54-175、二一―四頁。同「上海特別市政府秘書処関於七七事変六周年宣伝要点」(一九四三年七月二日)上海市档案館［請求番号］R18-1-55-64、三一―六頁。

(10) 前掲「上海特別市政府抄発七七紀念日宣伝要点及弁法、標語令」「上海特別市政府秘書処関於七七事変五周年宣伝要点」「上海特別市政府秘書処関於七七事変六周年宣伝要点」などを参照。

(11) 前掲「上海特別市政府抄発七七紀念日宣伝要点及弁法、標語令」、六頁。

(12) 実際のところ、汪政権が主導した抗日宣伝に対する反宣伝のための「七七記念」方策が提示されるより前に、占領地の各地域で小範囲の「七七」宣伝活動が時たま見られる。このような地域性のある活動は、親日の民衆教化団体により組織された宣伝運動の一環であったり、町や県レベルの対日協力の地方政治機関が主催した「日中親善」を宣揚する慶祝活動に関わったりするのであるが、これらも占領地の「七七記念」活動の混乱した実態の一側面として捉えられる。

(13) 「〝七七〟将届　京加緊戒備」『中華日報』一九四一年七月六日、第二面。

(14) 「昨日為七・七二周年紀念　本市巳安然度過　二租界衝要戒備森厳」『新申報』一九三九年七月八日、第七面。「為〝七七〟事変第三周年紀念　六日晩六時起華租両界厳密戒備」『中華日報』一九四〇年七月七日、第四面。「七・七記念日を控へ　共租の警戒陣　不逞分子の閉出し」『大陸新報』一九四一年七月四日、第七面。

(15) 「昨為〝七七〟五周年　市区安謐如常　当局在各区挙行恐怖演習」『中華日報』一九四二年七月八日、第四面。「昨為〝七七〟六周年　本市実施厳密警戒　各区分別挙行恐怖演習」『中華日報』一九四三年七月八日、第四版。

(16) 「興亜日聯合大会警戒綱要」（一九三九年六月三〇日）、「武漢各界紀念興亜日（七・七）聯合大会籌備会記録」武漢市档案館［請求番号］LS008-09-00144。「東亜民族解放紀念　蘇州慶祝誌詳　民衆踊躍参加　代表熱烈演説」『新申報』一九三九年七月一〇日、第五面。「嘉興　紀念日七七紀念　宣会組隊宣伝」『中華日報』一九四〇年七月七日、第八面。

(17) 「今為七七二周年紀念日　日僑停止一切娯楽」『新申報』一九三九年七月七日、第七面（日本時間正午

一二時に黙祷することを要求)。「聖戦二周年記念軍用機献納資金募集」『大陸新報』一九三九年七月七日、第一面。「けふの行事」『大陸新報』一九三九年七月七日、第七面(戦没将兵を追悼すること、勅語奉読、一菜主義、国防献金、不用品献納など)。「忠誓を新たに上海神社の記念式典」『大陸新報』一九四〇年七月八日、第七面(本土と同じように、居留民は上海で神社を設立し、護国の英霊を祀る)。「七・七記念週間　勇士にタオル献納花街従業員の自粛調」『大陸新報』一九四一年七月一日、夕刊第二面(娯楽停止、国防献納を積極的に協力する居留民の事例)。

(18)「蕪湖各界籌備慶祝興亜節　注重宣伝挙行遊芸並講演」『新申報』一九三九年七月十日、第五面(参加者は各区長各科長、警察署長、友邦代表)。「武漢各界聯合挙行興亜紀念大会　参加者万人情況極熱烈」『新申報』一九三九年七月一三日、第五面(参加者は市長、日本陸海軍特務部、総領事、日本商工領袖など二百人余り、全員日中両国国旗に敬礼)。「皖各界代表挙行七七興亜紀念大会　通電全国同胞徹底覚悟　排除援蔣国家的在華勢力」『新申報』一九四〇年七月九日、第五面(参加者は日中各機関の代表者五百人余り、各機関長が演説)。

(19)「全市各界民衆紀念〝七七〟四周年　陳市長将親予主持　在市政府大礼堂挙行紀念　発貼各標語拓展平和運動」『中華日報』一九四一年七月七日、第四面(南京市が主催した記念大会、参加者には日本の代表はいない)。「京市府紀念事変　特挙行拡大宣伝」『中華日報』一九四一年七月八日、第二面(汪政権宣伝部が講演、日本人代表はいない)。「無錫各界紀念七七」『中華日報』一九四一年七月八日、第六面(無錫市の記念大会は南京と異なり、日中の各機関、団体、民衆が共同で参加)。

(20)「杭州中日民衆盛大紀念七七」『新申報』一九三九年七月九日、第七面。「崇明嘉興海寧挙行七七紀念」『新申報』一九三九年七月一三日、第五面(これらの地方で行われた記念活動は、日中の民衆が共に参加できた)。

(21)「上海大民会紀念週」『新申報』一九三九年七月八日、第七面(日中の戦没将兵へ黙祷を捧げることを提唱）。「戦死将兵哀悼、大民会で式典」『大陸新報』一九三九年七月八日、夕刊第二面（大民会が戦死皇軍将兵を哀悼するために、記念式典を行った）。

(22) 「あす興亜記念日　全市を彩る五色旗と日章旗」『大陸新報』一九三九年七月六日、第八面。「無錫等各地民衆慶祝興亜紀念　情緒緊張極為熱烈」『新申報』一九三九年七月一一日、第五面（商店街、住宅地で五色旗を掲揚）。「滬南全区日趨安謐　挙行国旗掲揚周　整個南市悉在国旗籠罩下　群情歓舞為南市未有盛況」『中華日報』一九四〇年七月三日、第四面（ここでの国旗は五色旗を指す）。「戸毎に掲げよ国旗　けふ記念週間第二日」『大陸新報』一九四一年七月二日、第七面（ここでの国旗は日章旗を指す）。

(23) 「呈報慶祝興亜二周年紀念日籌備経過　武漢各娯楽場所一律開放一日、以示慶祝」（一九三九年六月二六日）、前掲『武漢各界紀念興亜日（七・七）聯合大会籌備会記録』。「七七四周年紀念　市民在厳密戒備中安度　一致擁護和建国策」『中華日報』一九四一年七月八日、第四面（全市の各娯楽所は休業一日、市民は宴会や娯楽活動を一切止める）。

(24) 「中支各地に打揚ぐ　援蒋排撃の烽火　事変記念日に民衆大会」『大陸新報』一九三九年七月五日、第七面（街道にスローガン、ポスターを貼り付け、伝単を配り、街頭演説を行う）。「〃打倒蒋政権〃南京支那市民大会」『大陸新報』一九三九年七月八日、第八面。「嘉興　紀念日七七紀念　宣会組隊宣伝」『中華日報』一九四〇年七月七日、第八面（宣伝隊を組織して街頭で宣伝活動を行う）。「蒋の画像を焼却　七・七記念日期し　南方華僑の決意」『大陸新報』一九四二年七月八日、夕刊第一面。「〃七七事変〃五周年　反英米協会挙行　電影音楽大会」『中華日報』一九四二年七月九日、第四面。

(25) 「昨日起至九日止　華北挙行〃興亜週〃」『新申報』一九三九年七月四日、第七面（四―九日の間、難民救済、労働奉仕、清潔衛生などの「公徳運動」を展開）。「準難民救済委員会函復補叙支配散放七七興亜紀念品情形分呈」（一九三九年八月二一日）、前掲『武漢各界紀念興亜日（七・七）聯合大会籌備会記録』。「紀念七七事変四周年　浙江省府挙弁政績展覧会物産展覧会　推定各組執事」『中華日報』一九四一年七月一日、第六面。「浙省会紀念七七四周年」『中華日報』一九四一年七月七日、第六面（日中官民水泳競技大会を開催）。

（26）「浙省府紀念七七　昨開始拡大宣伝　訂定日程表宣揚和運真諦」『中華日報』一九四一年七月二日、第五面。「京市府紀念事変特挙行拡大宣伝」『中華日報』一九四一年七月八日、第二面。

（27）「為盧溝橋事件三周年紀念日　宣会計定七七事変弁法」『中華日報』一九四〇年七月三日、第八面、「けふぞ輝く聖戦二周年一汁一菜　献金励行大上海に溢れる赤誠譜」『大陸新報』一九三九年七月八日、夕刊第二面などを参照。

（28）「興亜記念日を前に明朗　建設の表情護国の英霊に捧ぐ感謝」『大陸新報』一九三九年七月四日、夕刊第二面、「蕪湖各界籌備慶祝興亜節　注重宣伝挙行遊芸並講演」『新申報』一九三九年七月七日、第五面、武漢特別市政府宣伝局「慶祝興亜紀念」（一九三九年六月二六日）、前掲「武漢各界紀念興亜日（七・七）聯合大会籌備会記録」などを参照。

（29）「〝七七〟四周年紀念　林部長発表感想　剖析事変症結闡明努力目標」『中華日報』一九四一年七月七日、第二面。

（30）「聖戦二周年を迎ふ（一）全土に輝く戦果　軌道に乗る建設工作」『大陸新報』一九三九年七月三日、第一面、「聖戦記念日に羽搏く海鷲　第十八次重慶爆撃」『大陸新報』一九四一年七月八日、第一面などを参照。

（31）「けふから興亜週間　日華合同で気勢を揚ぐ」『大陸新報』一九三九年七月四日、夕刊第二面、「あす興亜記念日　全市を彩る五色旗と日章旗」『大陸新報』一九三九年七月六日、第八面などを参照。

（32）「武漢各界聯合挙行興亜紀念大会　参加者万余人情況極熱烈」『新申報』一九三九年七月一三日、第五面、「華北政委長　七日興亜紀念日　対下属訓話」『新申報』一九四〇年七月九日、第一面、「皖各界挙行七七興亜紀念大会並電全国団結一致」『中華日報』一九四〇年七月九日、第二面、「事変三周年之興亜

紀念日　粤開紀念会」『新申報』一九四〇年七月一〇日、第五面などを参照。
(33) 小関隆編『記念日の創造』人文書院、二〇〇七年、八一―一五頁。
(34) この三紙はいずれも華中占領地の言論空間を主導した有力紙である。『中華日報』は汪精衛の日本接近に伴い、一九三九年七月一〇日に占領下の上海で復刊された。その後、汪政権の機関紙たる役割を果たす数少ない華字新聞として占領地の言論空間で重要な地位を占めていた。『大陸新報』は日本の対中国占領地の「間接統治」方針が確定した後、一九三九年一月一日に華中の要衝である上海で創刊された陸海軍と外務省肝いりの「国策新聞」であり、主な読者は在華日本人居留民である。『新申報』は日本の言論統制の強化につれて、日中全面戦争勃発後に現地軍報道部が発行していた華字紙が『大陸新報』社によって合併された『大陸新報』の姉妹紙である。同紙は「支那民衆の指導的啓蒙機関」として位置付けられていた。
(35) 里見脩『新聞統合――戦時期におけるメディアと国家』勁草書房、二〇一一年、六八―六九頁。
(36) 山本武利「上海居留民を扇動するメディア『大陸新報』」『Intelligence』二〇一二年第一二号、七九頁。
(37) 「中華日報即将復刊約在七月中旬出版」『新申報』一九三九年六月二三日、第七面。
(38) この文章は汪精衛による「七七」記念日講話ではない。一九三九年に汪精衛南京国民政府がまだ成立していない時期、『中華日報』復刊するに当たって、汪精衛が書いた日中関係を論じる特約寄稿である。主な内容は「七七事変」、日中戦争および平和運動に関する言論であり、比較検討に有益な材料であると判断した。
(39) 韓国の学者柳鏞泰氏は近代日本の帝国性を論じた時にも、日本が自国の帝国性の正当性を求めるために、隣国との戦争に「征（伐）」「討伐」「膺懲」「事変」などのような前近代的な用語をしばしば用いて、相手側を対等の交戦国と見なさないことを指摘した。（柳鏞泰（李香淑訳）「自国史の帝国性を問う――韓中日三国の東アジア地域史比較」*OUFC Discussion Papers in Contemporary China Studies*, No.

2015-12、一五一—一九頁を参照）

（40）前掲「上海特別市政府秘書処関於七七事変六周年宣伝要点」、三—六頁。

（41）ティモシー・ブルックは「抵抗」と「協力」の両極の間にある状態を「コラボレーション」と定義した。これは米国研究者ボイルとブルックが最初に提起した「コラボレーター」の概念から発展したものであると思われる。「コラボレーター」は、占領軍当局における目標や権威にまつわる分裂や対立を利用して、巧みに被占領側独自の政策目標を達成しようとする行為者を指す。ティモシー・ブルックはこの考え方を占領地政権の研究から占領地の基層社会の考察に発展的に活用した。また、グレーゾーン（gray zone）という使い方もある。すなわち、植民地あるいは占領地は支配者と従属者との間の相互作用が発生する地域であり、内部に差異を有する重層的権力関係が存在するグレーゾーンである。そこには抵抗と協力の境界がいつも曖昧である。これらの考え方はいずれも「敵と味方／協力と抵抗／支配と従属」という二分論で占領地・植民地を研究する方法に異議を申し立てるものである。（卜正民（潘敏訳）『秩序的淪陥——抗戦初期的江南五城』商務印書館、二〇一五年、六—一三頁、前掲柴田哲雄『協力・抵抗・沈黙——汪精衛南京政府のイデオロギーに対する比較史的アプローチ』、三頁、尹海東（藤井たけし訳）「植民地認識の「グレーゾーン」——日帝下の「公共性」と規律権力」『現代思想』二〇〇二年第六号、一三二—一四七頁などを参照）

（42）周遊「汪偽政権対〝双十節〟的紀念与闡釈」『社会科学論壇』二〇一三年第七期、二〇五—二一一頁。

第三章

建国の語り

重慶国民政府による「抗戦建国記念日」と抗戦像の構築

はじめに

本章では、まず、日中全面戦争中、中国側の正式な中央政府である重慶国民政府（以下、国民政府）およびそれを率いた中国国民党（以下、国民党）がなぜ盧溝橋事件勃発の「七月七日」を「抗戦建国記念日」に制定したのかを確認する。次に、「抗日戦争」を主導した国民政府および国民党は当該記念日を通じてどのように戦時国民動員を行い、協力関係にある共産党政権や日本軍占領地に成立した汪精衛政権に対して自らの政権の正統性を主張する「建国」の語りと結び付けようとしたかを検討し、それらの要素が戦時中国の盧溝橋事件記念活動と国民的な「抗戦像」に与えた影響について考察する。国民政府は「挙国一致」の抗戦体制構築を図るために「抗戦建国記念日」の実施を全国に指示した。これに対して、中共およびその辺区政府が支配する「抗日根拠地」では国民政府とは異なる独自の記念活動が行われた（第四章）。本章では国民政府が実際に統治する「国統区」を中心に論じるが、その際、日本軍の後方と日本軍占領地において、国民政府が「抗戦建国記念日」を利用して行った対日協力政権と「漢奸」を攻撃した「反日・反汪」宣伝についても必要に応じて言及する。

第一節　未完の建国プロセスと戦時体制の発足

盧溝橋事件から抗戦建国への転換

国民党とその政府による「建国」の語りは、抗日戦争以前の一九二四年に孫文が起草した「国民政府建国大綱」に遡る。同大綱は、「対内的には軍閥の抑圧を打倒し、対外的には帝国主義の侵略に抵抗する」ことを党是とする改組後の国民党が第一回全国代表大会で決定した。[(1)] そこでは「国民政府は革命の三民主義、五権憲法に基づき、中華民国を建設する」「建設の過程を軍政、訓政、憲政の三期」[(2)]と定めている。同年、孫文は、中華民国建国当初に制定した「臨時約法」から逸脱した北京政府（北洋政府とも称する）を否定し、国民党が国民政府を樹立して近代的な国民国家の建設を再出発させようとした。孫文没後、広州、武漢、南京に国民政府が組織され、一九二六年七月九日にはじまった蔣介石の国民革命軍による「北伐戦争」を経て、一九二八年末には課題を残しつつも全国統一の形式を整えた国民政府が成立、国民党は軍事政権による統治時期から次の段階への移行を準備した。国民党は「訓政綱領」を決議し、「中国国民党は三民主義を実践して建国大綱に依拠し、訓政時期において国民が政権を使用できるよう訓練し、憲政への移行を準備」[(3)]すると宣言したうえで、国民政府を指導・監督する形で国家建設と国民統合を展開するようになった。

この後、日中全面戦争勃発までのほぼ十年間において、国民党が指導する国民政府は、①行政、立法、司法、考試、監察の五院を設置することによる中央政治体制の刷新と、国民党中央執行委員会、政治委員会、国民政府委員会、軍事委員会の各委員の編成が高度に重複する中央権力機関を媒介とする党政軍の一体化と「党国体制」の創出、②地方自治の推進による地方政治体制の整備、③「中華民国憲法草案」の作成と公布、④実業建設による経済の振興、⑤国民党のイデオロギーを浸透させるための党化教育の普及と留学制度の充実による人材養成、⑥不平等条約の廃棄と国際組織への参与など、政治、経済、教育、外交の各方面にわたる具体的な国家建設を進めた[4]。この間、蒋介石個人への権力集中、中共とほかの半《なかば》独立した地方勢力を消滅するための軍事作戦、満洲事変とその後の抗日ナショナリズムの高揚への対応なども進められた[5]。とりわけ、この時期の蒋介石の政治主張が凝縮した「安内攘外」（外敵を追い払うには国内を安定させねばならない）政策は党全体の政策を規定するものであり、また蒋の建国構想をよく表している。すなわち、蒋による「安内」には、①最大の抵抗勢力である中共の駆逐（剿《そう》匪《ひ》）、②地方への中央権力の浸透、③国民政府内部の政争の終結、そして、④中央による公路・航路・鉄道の増築による交通網の拡充、水利建設による農業の復興による増産、行政改革、税制改革などの意味が含まれていた[6]。蒋介石にとって、近代国家建設には政治・経済・軍事の中央集権化が必要であり、それが外国からの侮りと侵略に抵抗し得る前提条件だったのである。

しかし、一九三七年七月七日に勃発した盧溝橋事件により、蒋介石が予想した建国のプロセスは中断と調整を余儀なくされた。事件勃発当時、蒋介石は南京不在で、江西省廬山の「党軍」軍官訓練団開講式に出席していた。事件を知らされた翌日、蔣介石は廬山で「南京軍事委員会弁公庁の徐永昌主任、程潜《ていせん》参謀総長に打電し、全国に戒厳令をしき、全体動員を準備し、事態の拡大を防止するよう直ちに華北に派兵して増援する」軍事指示を出し、日本軍の行動に対して、「倭寇（日本）が盧溝橋で我が軍に挑発する目的は、我が準備がまだ十分にできていない機に乗じ、我々を屈服させることであろうか、それとも宋哲元に悪戯をして華北を独立させることであろうか」「倭寇が挑戦してきて、応戦する決意を固めるべきではあるが、いまは本当にその時機なのか」との所感を述べている。[7] ここでは、蔣介石が華北に派兵する意図は事態の拡大を予防するためであり、日本に応戦するかどうかは多少の躊躇があったことが分かる。なぜなら、「安内」策による中央集権的国家建設がまだ完成していないため、応戦すれば日本に抵抗できる力がどのぐらいあるのか不安な一方、国民政府が全力で対日抗戦を行えば、中共が機に乗じて実力を拡大する可能性を懸念していたからである。[8]

にもかかわらず、七月一一日に日本側が閣議で華北派兵の声明を出し、日本の各界が挙国一致で政府に協力する要望を明らかにした直後、蔣介石は事態拡大の予防という考えをあきらめ、「日本の関東軍が天津に到着し、内閣が昨日緊急会議を召集して全国の政党や産業界の協力を取り付けたことから見ると、戦事は拡大するにちがいない。我が方は積極的に準備しなければならない」との判断を下した。また、同一一日に冀察政権と支那駐屯軍との間に口頭で締結された「現地停戦協定」に対して、蔣は急いで宋哲元に打電し、「盧溝橋事件を平和解決する可能性が全くないことを貴職は意識しなければならない。どんな要求を我が方が承諾しても、（中略）日本側が華北で「第二の冀東政権」を実現するまでは同様の事態が絶えることはない。中央は既に全力で抗戦することを決意した。（中略）中央は宣戦を決定し、貴方の将士たちと生死を共にし、貴方の行動が中央の行動と一致するよう願っており、ぜひとも単独で日本側と講和しないで欲しい。（中略）いまは中央と一致して対日抗戦を徹底するしか活路がない。貴方の意見をどうか早急に知らせて欲しい」との苛立つ気持ちを吐露している(9)。つまり、この時点で蔣介石は既に事件の平和解決に希望を捨てて、全面的な対日応戦を考えた。そのため、宋哲元を首班とする冀察政権および地方軍が中央に一致するよう求めなければならなかった。

続いて、七月一七日に蔣介石は廬山で開かれた各界指導者談話会において「最後の関頭」の演説を発表し、それは一九日に公表された。そこでは、「盧溝橋事件は対日和戦の限界であり、中国の存亡をかけた問題であるだけではなく、全人類の福祉にも関わっている」との厳しい見方を表明し、日本に宣戦する理由を次のように述べた。「第一、中華民族は平和の民族であり、国民政府の従来の外交政策は対内に自存を主張し、対外に共栄を求めるものである。（中略）我々は一個の弱国であっても、もし「最後の関頭」に至ったならば、全民族の生命をなげうってでも、国家の生存を求めるだけである。その場合、途中で妥協することは絶対許さない、抗戦を最後まで徹底するしかない。これこそ「最後の関頭」の真意である。第二、盧溝橋事件の発生は偶然ではなく日本側の苦心惨憺の陰謀によるものであるため、平和を求めるのは容易ではなくほとんど不可能である。第三、我々の姿勢は日本に応戦するだけであり、戦争を求める（求戦）ことではない。応戦というのは、最後の関頭に応じて、やむを得ず戦うことである」[10]。ここでは、蔣介石が全国の力をあげて日本に宣戦する名分を事前に明らかにすることで、国内の諸地方勢力と各領域との一致抗戦の合意を期待すると同時に、国際社会の同情と援助を引き寄せる意図が含まれていたと考えられる。同演説は非公式文書ではあるが、国民政府の正式な宣戦布告を予告する政略的な意図が隠されていた。その後、蔣介石は江西省から南京に戻り、対日全面抗戦のための軍事・政治・外交上の準備に実質的に着手し、戦時体制を発足させようとした。

八月一二日に開催された国民党中央常務委員会および国防会議において、軍事委員会を抗戦の最高統帥部門とし、蔣介石が陸海軍大元帥に就任することが決定され、国防最高会議（一九三九年一月に国防最高委員会に変更）が抗戦時期の最高政策機関として成立した。そして、国防参議会を政府の諮問機関として設置し、各党派と各領域の有識者を集めて抗戦のために献策させようとした。第二次上海事変の勃発に伴い、一四日、国民政府が「自衛抗戦声明書」を公表し、翌日に「全国総動員令」を下すと、中国全土は正式に戦時に入った。さらに、三〇日に国防最高会議で「総動員計画大綱」が通過し、軍事・交通・産業・財政金融・宣伝および関連訓練などの各方面における総動員体制がとられた[11]。同日、国民政府によって国民徴兵の命令が下された。また、この間、国民政府はロシアとの間に不可侵条約の交渉を進めて八月二一日に南京で調印する一方、共産党系の主な政治犯を釈放し、二二日に共産軍である紅軍を国民革命軍第八路軍に改編することを受け入れ、抗日のための「国共合作」を再開した。このようにして、国民政府は軍事・内政・外交上の戦時体制を基本的に整えたといえる。

では、国民党が主導する近代国家建設は対日抗戦によって中断されたのか。確かに、蔣介石が予想した「安内攘外」の建国のプロセスは日本との抗戦により中断された。ところが、全国民の支持と全国の資源を調達できる挙国一致の抗戦体制の構築に迫られた国民政府は、まさに抗戦体制の整備を通じて新たな形で建国を続けさせようとしたのである。一九三七年一二月の南京陥落により、政府機関を内陸部の重慶に移すと共に、抗戦を最後まで徹底し長期戦体制を支えられる国力を養うよう、国民党は一九三八年三月二九―四月一日に武漢で非常時期臨時全国代表大会を招集し、抗戦のために建国を進め、また建国のために抗戦を徹底する「中国国民党抗戦建国綱領」を採択した。同綱領は国民党の公式の抗戦主張を集約したものと見ることができるが、その序言は次のように書かれている。

　中国国民党が全国を指導して抗戦建国の大業に従事するが、抗戦必勝・建国必成を実現するには、わが党同志の努力に頼ることはもちろん、全国人民が一心同体でこの大業を共同で担うことが必要である。それゆえに、我が党は、全国人民が偏見を捨てて、派閥を打破し、意志を集中して、行動を統一するよう要請する必要がある。特に我が党は、臨時全国代表大会を開いて、外交・

軍事・政治・経済・民衆（運動）・教育の各綱領を制定し、公布することによって全国の力を集中して団結できるようにし、総動員の効能を発揮させる。(12)

ここでは、①国民党の指導権を確定し、②「抗戦」と「建国」を結び付け、対日抗戦を通じて近代国民国家の実現を図り、③この目標を達成するために、全国民の支持が必要なため、先入観と派閥観念を排除しなければならないと指摘し、④各政治分野の基本綱領を決議して公表するうえで、全国の一致団結と総動員体制を機能させることが求められている。また、同綱領の総則においても、「抗戦建国」の目標と国民党の絶対指導権が強調されると同時に、「政治」の項目において国民政府のもとに「国民参政会」という民意機関を設置し、県を単位とする民衆の自衛組織を健全化することを通じ、地方自治の条件を備えて憲法の施行に準備するなどの国家建設に関わる具体策が明記されている。こうして、「抗戦」と「建国」が公式に結び付けられ、戦時国民動員とも密接に関わるようになった。

上記綱領の主旨に依拠して、盧溝橋事件勃発一周年間近の一九三八年六月二八日、国民党中央執行委員会第八三回常務委員会において、七月七日を抗戦建国記念日に制定する提案がなされた。そこには「毎年の七月七日に記念行事を行い、「双七節」ではなく「抗戦建国」の名称を使用する」と規定され、さらに「蔣（介石）委員長に記念文書の発表を依頼し、それをラジオで放送する」「戦没将兵と殉難同胞のために追悼会を催し公共祭場を設けて、宗教団体を動員し祈願祭を行う。娯楽禁止・一日菜食（記念日に野菜だけを食べることを指す）を実行する。また、各大使館と僑務委員会に海外華僑を動員し、国内同様の行事を行うよう命令する」「抗日戦没将兵記念碑を建てて、記念日に定礎式を行う」「起立・脱帽して三分間の黙祷をささげる」「傷病兵を慰労し出征将兵と戦没将兵の家族を慰問する」「記念集や抗戦建国年鑑を出版し、記念映画を製作する」など詳しく制定されている。[13]この提案は七月一日に同会議で採択された。国民政府は七月四日に次の訓令を全国に発した。「国民党中央執行委員会第八三回常務委員会（一九三八年七月一日）決議：七月七日を抗戦建国記念日とする。記念方法は宣伝部が作成し公布施行する。同記念日を国の記念日に組み入れ、また教育部を命じて暦に編入する」。[14]国民党と国民政府は七月七日を国の公式記念日にすることによって、日本との抗戦による国内統一の中断を逆手にとり、戦時動員や宣伝による新たな「建国」を目指したのである。

第二節　「抗戦建国記念日」と「建国」の語りの構成

戦時動員の推移と「七月七日」の位置付け

一　記念要綱に見る戦時動員と「七七抗戦」の意味

一九三八年に「抗戦建国記念日」が制定されると、記念活動を具体的に展開させるために、国民政府軍事委員会は基本的な記念方法を策定し、各地方政府と国民党地方機関に伝達した。しかし、戦局の影響による党・政府機関の不安定化により、抗戦建国記念日の記念方法と要綱の作成は、日本と比べてかなり混乱しており、その作成機関と内容も一定ではなかった。にもかかわらず、戦時中国の盧溝橋事件周年記念活動は中国各地で終戦ないし戦後まで続けられることになった。表3－1は、抗戦建国記念日に関わる政策文書を可能な範囲でまとめたものである[15]。

表3－1からは、戦没将兵と犠牲者を様々な形で追悼することが、抗戦建国記念日の定例行事であり、最も主要な記念儀式だったことが分かる。例えば、記念大会に伴う追悼会、公共祭場を設けて集団祭祀を行うこと、記念碑や墓を建てて記念日に定礎式を行い黙祷すること、忠霊祠を建造し英霊を祀ることが、全国の省・市・県・鎮の各レベルまで要求されていた。「抗日烈士」の弔いをして、その忠魂を顕彰することは、悲愴な国難気分を国民に強く感じさせて抗日的民族感情を高揚させるだけではなく、それが部隊の慰労、戦没・出征将兵の家族慰問と共に兵役宣伝にもなるため、戦時動員を有効に推進する良法であった。また、これらの追悼儀式と活動は中共が支配する「辺区」、被占領地、海外の華僑社会にも普及させることが求められるなど、国民政府は国内外の中華民族による抗戦を組織しようとしたことが分かる。

盧溝橋事件の意味と抗日戦争の位置付けは記念日の基本的な宣伝要点であり、ラジオ放送、記念集の発行、抗戦建国展覧会を通じて国民一般に提示されていった。盧溝橋事件に対する政府の基本認識

表 3-1　抗戦建国記念日記念方法と宣伝要綱（1）

年度と作成機関	記念方法と宣伝要綱	備考
一周年 （1938 年） 軍事委員会	記念方法：全国（辺区と被占領地を含む）にかけて戦没将兵と殉難同胞を追悼する。省・市・県・鎮レベルまで公共祭場を設けて、「抗戦建国で犠牲となった無名の戦没将兵と殉難者位牌」を立て、告別式を行う（各機関・学校・各種団体を参加させる）。半旗を掲げて哀悼の意を表し、娯楽禁止、一日菜食。蒋委員長に記念文書を依頼し、それをラジオで放送する。各宗教団体（仏教・道教・キリスト教・イスラム教）を動員して祈願祭を行う。省・市・県・鎮各レベルで「抗日戦没将兵記念碑」あるいは「抗日戦没将兵の墓」を建てて、正午 12 時に定礎式を行い、その際に全国民が場所を問わず、起立・脱帽して黙祷する。都市と農村の民衆を動員して出征軍人と戦没将兵の家族を慰問し、傷病兵を慰労する。各大使館と僑務委員会を通じて海外の華僑を動員して抗日戦没将兵および殉難同胞追悼会を行う。	1938 年 3 月末、国民党臨時全国代表大会開催（「抗戦建国綱領」採択）。
二周年 （1939 年） 軍事委員会 国民党中央執行委員会宣伝部	記念方法：同一周年。 宣伝要点：盧溝橋事件の意義（国家民族の生死の瀬戸際）と抗戦の目的（倭寇を追い出し民族を復興する）を認識させる。日本が短期のうちに戦勝するという言論を否定し、全面抗戦と長期抗戦の意味を理解させる。日本が汪精衛らを利用して「華をもって華を制する」の悪巧みを暴く。国民精神を総動員する。傷病兵士の救護、難民の救済、兵役の普及、勤労奉仕、生産建設に関する宣伝を展開する。	1938 年 12 月、汪精衛が重慶脱出し、「平和反共救国」を訴える通電を発表（艶電）。
三周年 （1940 年） 重慶市政府 （戦時臨時首都重慶の記念日政策）	記念方法：記念大会、戦没将兵と殉難者に対する追悼、無名の戦没将兵と殉難者のために集団祭祀を行うこと、全国に記念電報を発信する（前線の将兵と銃後の遊撃隊に感謝、汪精衛政権と漢奸を批判、各反日団体の応援に感謝）、提燈行列とたいまつ行進、記念特輯と記念集の発行、学校における「抗戦建国講演競技会」、抗戦劇の街頭演出、慰労隊による慰労品募集と慰労活動（出征軍人の家族、難民、在籍壮丁、傷病兵士）。	1939 年 9 月に欧州戦争の勃発。1940 年 3 月、汪精衛を首班とする国民政府が南京で成立。

表 3-1　抗戦建国記念日記念方法と宣伝要綱（2）

年度と作成機関	記念方法と宣伝要綱	備考
四周年 （1941 年） 国民党中央執行委員会宣伝部	記念方法：記念大会の招集（重点的に国防建設を宣伝）、記念刊行物と新聞雑誌における記念特輯の発行（総裁の演説文・記念手帳・抗戦英雄の事績を宣揚する小冊子・抗戦周年記念小叢書）、ラジオ放送、表彰と慰問（戦績顕著の下級士官と兵士を表彰し、全国慰労総会をはじめ在籍壮丁と現役軍人の家族また栄誉軍人を慰問）、展覧会（抗戦の業績と国防建設の成績を展示）、検閲（国民兵の総検閲とデモ行進）、抗戦映画上映会、抗戦劇の街頭演出。 宣伝要点：四年以来の抗戦情勢を回顧するうえで、最後の勝利を得るための民族的自信を持たせる（我が軍は戦えば戦うほど強くなり、敵側は敗色が濃い、我が銃後建設は順調に進んでいる、中国抗戦が欧州戦と一体になったため我国は反侵略戦の前衛になっている、日本国内の窮乏と厭戦気分の高揚、傀儡政権と漢奸に対する批判とその壊滅）。今後の努力を方向付けて国民を動員する（国防建設の推進、兵役宣伝、軍令の服従、生産増加、国防科学の提唱、貯金節約、食料管理の増強）。	1941 年 1 月、国民党軍と共産党軍の武力衝突である皖南事変が発生。1941 年 6 月 22 日独ソ開戦。
五周年 （1942 年） 国民党中央執行委員会宣伝部	記念方法：記念大会（国家総動員と国防建設に関する宣伝）、総裁による記念演説、記念集の発行（五年間の国内外時事、五年来の重要な抗戦文献、抗戦英雄の姓名録）、新聞雑誌における記念特輯の作成、ラジオ講演（中央から地方にかけて）、抗戦映画の無料上映、抗戦劇の街頭演出、展覧会（国家総動員と国防生産関係）、国民兵総検閲、慰問（地方の婦人団体と青年団体を主役にする）。 宣伝要点：中国の反侵略戦争が全世界の反侵略を引き起こし、中国が極東戦線の主力になり、中国の国際地位が向上したことを認識させる。連合国の戦闘力が枢軸国をはるかに上回り、最後の勝利が連合国のものになることを強調する。日本軍の狂気じみた攻撃は最後のあがきに過ぎない。最後の関頭に立って国家総動員法を励行する（国防建設、食糧管理、兵役政策）。	1941 年 12 月に、太平洋戦争勃発、国民政府（重慶）が日独伊に宣戦。

表 3-1　抗戦建国記念日記念方法と宣伝要綱（3）

年度と作成機関	記念方法と宣伝要綱	備考
六周年（1943 年）国民党中央執行委員会宣伝部	記念方法：記念大会（国家総動員、国防建設、新生活運動）、総裁によるラジオ講演、記念集と記念特輯の発行、ラジオ放送、抗戦映画の無料上映、抗戦劇の街頭演出、国民兵総検閲、慰問、同盟国将兵に慰問電報を発する。 宣伝要点：抗戦六年来の成績と忠勇な烈士の事績を宣揚する。抗戦が既に決勝段階に入り、官公吏・従業者・遺家族および全国民の銃後支援に感謝し、人心を奮い立たせる言論を広げる。全国民が建国の大業に加わり、青年が建国の基礎的活動に積極的に従事することを励ます。被占領地の同胞が傀儡政権による強制徴収と物質の略奪に抵抗することを呼びかける。同盟国が日本軍に致命的な打撃を与えて一日も早く壊滅させることを督促する。	1942 年 10 月、中国の不平等条約の自発的廃棄（英米などの連合国側）。1943 年に入り、戦局は連合国軍に有利に展開。
七周年（1944 年）湖北省国民党執行委員会	記念方法：「七七」抗戦七周年記念と「七九」革命誓師十八周年記念（1926 年 7 月 9 日国民革命軍が誓いを立てて全国を統一するための北伐に出陣した）を合併する記念大会、戦没将兵と殉難者のための集団祭祀、忠霊祠を建てる、「七七」軍隊慰問献金。	1944 年 4 月から、日本軍による大陸打通作戦開始。

が最初に明確に示されたのは、事件勃発一周年の七月七日に最高指導者蔣介石が発表した「抗戦周年記念日に世界友邦に告げる書」「全国軍民に告げる書」「日本国民に告げる書」という三つの文書である。一周年の記念日要綱に基づいて、この三文書は同日に中国の各新聞に掲載され、ラジオでも放送された。その中心的内容を抜粋すると次のようになる。「日本帝国主義者の中国侵略は、六〇年以上の歴史を有している。民国二〇年（一九三一年）に東北地域を強奪したばかりではなく、去年の本日さらに七七事変（盧溝橋事件）

表 3-1　抗戦建国記念日記念方法と宣伝要綱（4）

年度と作成機関	記念方法と宣伝要綱	備考
八周年 （1945 年） 湖北省国民党執行委員会	記念方法：「七七」抗戦建国八周年および「七九」北伐誓師十九周年記念大会の開催、戦没将兵と殉難者のための集団祭祀、忠霊祠の建造、戦死者と殉難者に対する追悼、戦傷病者と遺家族に対する慰問。	1945 年 4 月に共産党七全大会による「連合政府」構想の提出。

＊「行政院関於規定 7 月 7 日為抗戦建国紀念日並挙行各項典礼的電文及湖北省政府代電（1938 年 7 月 4 日）」（中国湖北省档案館［請求番号］Ls1-4-0543-002）、「抄行政院呈為本年 7 月 7 日抗戦建国紀念日仍照軍事委員会上年所規定紀念弁法弁理請通飭遵照一案訓令（1939 年 5 月 17 日）」（台北国史館［請求番号］015-020300-0059）、「抗戦建国紀念日宣伝要点（1939 年 7 月）」（中国第二歴史档案館［請求番号］11-7932, 38 頁）、「重慶市各界拡大挙行抗戦建国三周年紀念弁法（1940 年 6 月）」（中国第二歴史档案館［請求番号］11(2)-4061、4-5 頁）、「検送七七抗戦四周年紀念弁法及宣伝綱要各一份（1941 年 6 月 30 日）」（「重慶市執行委員会為抗戦建国四周年紀念大会呈報籌備情形概況的有関文書」中国第二歴史档案館［請求番号］11-7931、8-13 頁）、「抗日五周年紀念日宣伝大綱（1942 年 7 月）」（中国第二歴史档案館［請求番号］11-7931、273-274 頁）、「抗戦六周年紀念宣伝大綱（1943 年 6 月 28 日）」（中国湖北省档案館［請求番号］Ls1-4-0545-007）、「中国国民党湖北省執行委員会関於七七抗戦七周年紀念会籌備記録的箋函（1944 年 6 月 28 日）」（中国湖北省档案館［請求番号］Ls1-4-0545-013）、「紀念七七抗戦建国八周年暨七九北伐誓師十九周年籌備会議記録（1945 年 6 月 28 日）」（中国湖北省档案館［請求番号］Ls1-4-0545-020）より著者作成。

を起こした。我々は民族の存亡・領土保全・独立主権の確保のため、断固として抗戦する」（世界友邦に告げる書）。「貴国軍部は盧溝橋事変を起こして、我が華北地域を大挙して攻撃している。それは平和を希求する我が全国民の忍従の限度を超えるものであり、民族国家の存続を求めるために、神聖な抗戦を遂行せざるを得ない」（日本国民に告げる書）。「我が国の抗戦は民族の生存を守るものであり、公正と正義のための戦いでもある。この目的を実現しないと、抗戦建国の完遂はあり得ない」（全国軍民に告げる書）[16]。

要するに、盧溝橋事件一周年の記念日において、盧溝橋事件は全く日本軍が画策して起こしたものであり、中国の民衆はいわれのない大変な厄難を受けたため、やむを得ず民族の生存を確保する自衛抗戦を踏み出した、と宣言されたのである。さらに、残虐な日本軍に抵抗して平和と正義を守るために、世界中の国々の支援、日本に対する正義に基づく抵抗の宣言、中国国内の団結一致を呼びかけて日本軍閥を孤立させようとする意図が見て取れる。国民党と国民政府が望んだ盧溝橋事件を記念する抗戦建国記念日はまさにこのような認識のもとに展開されていった。

それゆえ、日本軍の謀略による盧溝橋事件が中国を国家民族の存亡に関わる最後の関頭だという語りは、記念日の宣伝要綱における一貫した主題になっている。盧溝橋事件をきっかけにした抗日戦争の目的は、「日寇（日本侵略者）」を駆逐して民族を復興し、さらに抗戦を通じて国家建設の任務を完成することにある。言い換えれば、日中戦争は中国の民族自衛戦争であり、国家建設の一環でもあるとされる。ところが、四周年の一九四一年になると、中国の抗戦が全世界の反侵略戦争の前衛であるとして、抗戦の国際的な意味が強調されるようになった。このことは欧州戦争の推移を見つめながら戦時外交戦略を展望する蔣介石の考え方を反映している。国家建設途上にある中国が自力で日本を負かす可能性は高くないと考えた蔣介石は、平和と正義を訴えて、欧米からの同情と援助を最大限引き出し、抗戦を世界的反侵略戦争のなかに位置付け、日本を国際的に孤立させ、中国の国際的地位の向上を目指した(17)。そして、太平洋戦争勃発以降の五周年から、中国抗戦の国際的な役割がさらに高く評価されるよう、中国が極東戦線の主力になっているとの認識を宣伝するようになった。

このほか、記念要綱に求められた具体的な国民動員の目標からは、①初期の民族的復讐を呼びかけて抗日ナショナリズムを盛り上げる精神動員、②中期の国民兵運動、国防建設、生産建設など長期戦体制を維持するための人力・物資動員、③後期の戦勝気分の拡大と戦後の国家建設に移行するための動員という、以下に述べるような三段階の推移が見て取れる。

国民政府軍事委員会政治部が作成した一周年記念日文書の記念主旨は、記念日を通じて「民衆全体に政府の抗戦建国の決意を明らかにする」[18]ことが特に強調され、二周年の宣伝要点においても「一期作戦は物質より精神が重要」[19]であると明示されている。この間、地方で開催された記念大会には、「殉難同胞のために復讐しよう！」「日寇に復讐しよう！」のような民族的恨みを煽るスローガンがしばしば掲げられていた[20]。ここで、国民政府は「全面抗戦」が政府と国軍の抗戦だけではなく全民族の参与が不可欠だという意味を国民全体に意識させる狙いも込めている。

一九四〇年から一九四一年の間、汪精衛が南京で国民政府に対抗する新たな国民政府を樹立して「平和建国」運動を推進し、国軍と共産軍との間の摩擦が頻発するようになった。そして物資、とりわけ食糧の不足（一九四〇年五月に米穀の配給がはじまる）とそれに伴うインフレ激化が国軍の抗戦意欲を低下させたことにより、抗戦体制は内部と外部の両方から危機的状況に見舞われた[21]。このため、四周年から五周年にかけて国民兵運動を促進するための国民兵総検閲という内容が記念要綱に付け加えられ、戦力を増強するための国防建設と食糧の供給力を高めるための生産建設を動員することが宣伝の中心になり、長期戦体制の維持が図られた。

一九四三年に入ると、太平洋戦争の戦局が連合国軍に有利に展開していたことに鑑み、中国の抗戦が最終段階に入ったという判断が記念要綱に加えられた。そこでは、当初の民族的屈辱を受けていることを強調するやり方に代わって、人心を奮い立たせる宣伝の拡大が重要視された。また、外交的には「独立自主精神の発揚」、国内向けには「心理、倫理、社会、政治、経済との五大建設を促進して建国の基礎を定め」[22]「物価を安定させて経済システムを強固する」[23]など抗戦ではなく国家建設の課題が再提起され、戦争後期の国民動員の重要な内容となった。このような戦時動員の推移は国民政府の記念日構成における「七七」の位置付けにも反映され、「建国」の語りの変化がどのように積み重ねられていったのかをうかがい知ることができる。

二　「七七」と「五九」「九一八」「七九」

まず、「七七」のほかに、表題に挙げる三つの日付について説明しておく。「五九」は、中華民国初代大統領袁世凱が日本の「対華二十一か条要求」を認めた月日（一九一五年五月九日）を指している。当時、教育界からはじまった抗議活動は、その後全国に広がり、この日を「主権を失い国を辱めた（喪権辱国）」シンボルとして、国民に「国恥を忘れず恥辱をそそごう」と呼びかける「国恥記念日」となった。「九一八」は、日本関東軍の謀略による柳条湖事件の勃発日（一九三一年九月一八日）であり、その後関東軍は当該事件を口実として中国東北部全域を占領し満洲国を建国した。ゆえに、この日は日本軍の中国侵略の発端である「国恥日」と見なされてきた。「七九」は第一節に述べたように、北京政府を打倒するために蒋介石の率いた国民革命軍が「北伐戦争」に出陣する前に必勝の誓いを立てた月日（一九二六年七月九日）であり、国民政府の記念日構成において建国を象徴する最も重要な記念日である。[24]

「七七」を記念する抗戦建国記念日は、戦時動員の具体的な目標によって上記三つの記念日とある時には合併して記念し、ある時には別々に記念するなど、時局と戦局に伴ってその位置付けが少しずつ変化した。最初に「七七」と合併したのは「五九」である。一九四〇年五月九日、国民党中央執行委員会第一四六回常務委員会で「五月九日国恥記念を七月七日抗戦建国記念に合併する」決議が採択され、国民政府は同決議を行政院の名義で各中央機関と地方政府に訓令した。[25]同年、臨時首都重慶における抗戦建国三周年記念大会の準備委員会において、五九国恥の意義を七七抗戦建国記念宣伝要綱に編入することが決められ、さらに「失地を回復しよう」というスローガンが新たに追加された。[26]こうした「七七」の意義を「五九」と同一視する動きは、日本が中国を侮って侵略した歴史を強調する相乗効果を図り、反日気分を一層煽る一方、抗戦の目的が戦死者や犠牲者のための復讐だけでなく、「五九」以来喪失した主権と国土を全部回収することも意味している。ここで「七七」は当然国の恥辱を象徴する出来事と意味付けられ、それが抗戦初期の抗日精神動員に活用する手段となった。一方、「七七」のわずか二日後にある「七九」は逆に合併されることはなく、戦没将兵のための集団祭祀も別々に行うよう指示された[27]。その理由は、国民革命の発端となった「七九」は国民政府による近代国家建設の過程における輝かしい歴史であるのに対して、民族自衛戦を招いた「七七」は中華民族の恥辱であると位置付けられていたからであろう。

しかし、一九四一年三月に開かれた国民党五期八中全会において、第六戦区司令長官陳誠、国民党中央執行委員張厲生など一二人は連名で「七七抗戦建国紀念日紀念方法改定案」を提議し、「七七」と「五九」を合併して記念することが妥当ではなく別々で記念すべきだと主張した。その理由を次のように述べている。

　七七と五九の意義は全く違う。五九は民国四年に北京政府が日寇の横暴な「対華二十一か条要求」を調印した日であり、当時の封建軍閥が中国を分割しようとした帝国主義者と共謀・結託して国家民族の利益を売った恥辱の歴史でもある。こうした民族を危機に陥らせるこのうえもない恥辱はいまなお辛い思い出である。これに対して、七七対日抗戦は、我々が完全な領土主権を確保し、侵略者に痛手を与えて懲罰する史上に比類がない尊厳な行為であり、国際社会においても我が国威を発揚した。我が国家民族が自主独立を獲得するための抗戦と三民主義に邁進するための革命建設のいずれも七七にはじまった。（中略）当該記念日が国恥記念に合併されるとすれば、神聖な抗戦建国の意義はかえって不明瞭になり、十分に顕彰することができない。

このため、両記念日を別々に挙行する改定案を提議する。七七当日、英雄的な陣没戦士および殉難同胞を追悼して黙祷をささげる以外は、史実を尊重して国の栄光を輝かすために、人心を激励・鼓舞する儀式を積極的に行うべきで、半旗を掲げて哀悼の意を表すことをする必要はない。(28)

ここから、国民党は自らが組織した国民政府を北京政府と明確に区別する意識が強かったことが分かる。つまり、三民主義に依拠して独立自主の近代国家建設を目指す国民政府は中華民国成立当初の基本精神に背馳した北京政府と全く異なる性格を有しており、「五九国恥」のようなことが国民政府のもとで繰り返されることは二度とない。したがって、「七七」の意義は帝国主義者や侵略者に屈服した国恥というよりも、国民党と国民政府の指導で全国民が抑圧や侵略に抵抗して民族の尊厳を取り戻すことにある。つまり一九四一年時点では、「七七」を通じて国民党と国民政府が指導した抗戦建国の偉大な功績を明らかにする一方、抗戦初期に中華民族の恥辱として扱われた「七七」に民族的な抗戦を象徴する意味が加わっていたことになる。その後、記念日の儀式に半旗を掲げることは依然として見られたものの、「七七」と「五七」を合併した記念会は開催されなくなった。

一方、「九一八」と「七七」を同列に扱い、国民政府の記念日構成における一つの類型として捉え得る規定が一九四二年に出された。国民党中央執行委員会第二一三回常務委員会において、「以前、中央第二〇四次常会で採択された国定記念日と革命記念日の日程表・記念方法の案に、(中略)「九一八」および「七七」両記念日は編入されていなかった。今は抗戦進行中であることに鑑みて、国民を激励して抗戦意欲を高めるために、過去の恥辱を銘記させることがまた必要であり、上記両記念日を依然として行うべきである」ことを考えて、「抗戦期間中に、「九一八」「七七」は各地方の党・政府・軍隊・警察機関と民間団体、学校によってそれぞれ記念集会を開催して記念する。その日に、戦没将兵の遺家族および出征戦士の家族、名誉軍人を慰問し、国旗を掲揚し、休日とはしない」と決議した[29]。

ここで注意しなければならないのは、「九一八」「七七」は国定記念日、革命記念日[30]に並列する第三類記念日とされ、「国恥記念日」とは位置付けられなかったことである。なぜなら、前述の通り、国民党は既に一九四一年ごろから「七七」を「五九国恥日」と区別して単にその恥辱を強調しないようにしていたからである。ここで「七七」を「九一八」と共に記念して過去の恥辱を銘記する目的は、恥辱をそそぐことで民族精神をさらに発揚させて、抗戦を最後までやり抜く将兵と国民の意欲を高め必勝の信念を固めることにあった。そしてもう一つの目的は、恐らく「九一八」の意味を明白に「国恥」として説明するのは厄介な問題をはらむからである。つまり、日本侵略者に抵抗して全民族的抗戦を組織したことをもって誇りとする国民党と国民政府は、抵抗しないまま東北三省を日本に奪われたといわれた「九一八」に対する国民的イメージを決して想起させようとしなかった。ここで、北京政府を打ち倒すことから政権の正統性を獲得した国民政府は、「九一八」が列強に屈従した北京政府のもとで起こった「五九国恥」と類似している側面を隠蔽し、その「建国」の語りと相容れない部分を払拭する意図があったと思われる。

さて、一九四三年までに単独で記念儀式を行うことが要求された「七九」[31]は、抗戦の勝利が明らかになりつつあった一九四四年、ついに「七七」と合併した。一九四四年七月四日の国民党中央執行委員会第二五九回常務委員会決議は、「七七」「七九」両記念日を合併して七月七日に記念大会を開催すると決定した[32]。このことは地方政府の「七七」七周年記念日要綱から事後的に確認できる[33]。ここに至って「七七」の位置付けが再度変更させられた。すなわち、同年の中央党政機関連合記念大会で記念日の意義を報告した中央執行委員会常務委員葉楚傖《ようそそう》は、両記念日の意義について次のように述べた。「七七、七九両記念日は同様の意義を有している。日付から見れば、七七は前であり七九はその後ろであるが、七九が発生しなければ七七は起き得ない。（中略）七九は全国を統一するための北伐戦争の開始であり、中国で権益の拡大を図る日本は中国の統一を望まないため、七七を起こした。（中略）七七抗戦はまさに日本侵略者を追い出して中国を統一する戦争であり、中華民国の基礎を定めて建国を進めるための戦争でもある」[34]。

これより、「七七」は「七九」と同等に扱われ、国恥ではなく中華民族の栄光であるとされるようになった。つまり、「七九」は中国の統一を目指した国民革命の出発点であり、「七七」は中国を完全に統一して国民革命の目標を達成しようとした民族戦争であるため、両者は共に国民党と国民政府の指導で成し遂げた輝かしい業績であり、「建国」の語りの重要な構成部分として位置付けられた。こうした両記念日の扱い方は戦局が明らかに連合国側に有利になった一九四四年頃、国民党は対日戦争の遂行よりも、戦後に政権を維持するための正統性をどう調達するかに関心が移ったことと関わりがある。すなわち、「七七」と「七九」を合併させて記念する意図は、北伐戦争であれ、対日抗戦であれ、あくまでも国民党および国民政府が指導する建国の一環であることを確認することにあった。そして、同様の処置は終戦直前の抗戦建国八周年記念日まで続けられることになった[35]。

以上のように、抗戦建国記念日を通じて、国民党と国民政府は「七七」そのものの持つ意味と位置付けを操作し、「建国」の語りを何度も組み換えたのである。

第三節　「国統区」における記念活動の展開

抗戦建国記念日の様相と抗戦像の特徴

国民党の「抗戦建国綱領」の主旨にしたがって制定された抗戦建国記念日には、主な記念活動が「抗戦必勝・建国必成」を目指した動員・宣伝活動であったため、その具体的な様相は国民党と国民政府による戦時動員の推移につれて優先順位を入れ替えたものの、「抗戦」と「建国」の両方を兼ねていたことに特徴があった。本節では、国民党と国民政府が実際に影響力を持ち、その意図を伝達し得る「国統区」における記念活動の展開を論じるが、「国統区」の範囲は戦局の変遷によってしばしば変更を余儀なくされたため、以下、言及する地域は主に戦時の臨時首都重慶および西南地域（四川省、湖南省、湖北省、雲南省、広西省、貴州省、山西省、甘粛省、青海省など）とする。

一　抗戦のための建国、建国のための抗戦

戦時期を通じ、毎年七月七日には、記念日の定例行事として記念大会および戦没将兵・殉難同胞追悼会、「抗日烈士」の集団祭祀、三分間のサイレンと黙祷、一日菜食、娯楽・宴会禁止、松明・提灯行列などが例外なく行われた。また、これらの行事のほかに、戦時動員に直結する活動は記念日の前後で活発に繰り広げられていた。そのなかで、最初から実施され国民党・国民政府中央機関から各地方党政機関・団体まで広く行われたのは「七七献金」運動であった。まず、記念日のための準備委員会において、総務と宣伝のほかに、献金を組織・管理する専門委員会を設けることは省・県レベルの地方政府において少なくなかった。そして、七七献金運動週間、拡大献金運動などのイベントが記念期間に常に企画された。さらに、記念大会は「献金救国が自らを救う（献金救国就是自救）」「あと一銭を献金すればあと一人の敵を殺せる（多献一文銭、多殺一個敵人）」「献金運動は最後の勝利を勝ち

取る運動だ（献金運動是争取最後勝利的運動）」などのスローガンを掲げて献金運動が呼びかけられた[36]。献金を募集する方法はほぼ四つであり、①党政機関の職員の給料から差し引くこと（菜食から節約した金も含む）、②社会の有力者に寄付を募ること、③民間団体によってチャリティー・バザーを開くこと、④一般国民からの自主献金があった[37]。

献金運動の様相と効果について、記念日準備委員会の報告書や国民党の機関紙の報道によれば、非常に活発であったように見える。例えば、武漢市の一周年記念日の献金に関する報告書には次のように書かれている。「七月七日から十一日までが献金を受け入れる期間となっていた。（中略）この間、毎日献金受付処にやってくる民衆は絶えず、極めて熱烈だった。事務員たちも民衆の情熱に感化されて奮い立ち、疲れを忘れて仕事に没頭した。このことは国民が抗戦を擁護して政府を信頼することを十分に裏付けている。民衆のなかで熱心な人が数少なくない、自主的に事務員を手伝った。そのほか、諸民間団体は連携して移動献金処を組織して道行く人にたくさん募金した。（中略）官民合作のブームは献金運動によって巻き起こったといえるだろう」[38]。また、『中央日報』の「七七献金」に関する記事において、「蘭州市七七献金は九日から活発になり、田舎から出てきた農民やモンゴル族・チベット族の同胞たちは雨を冒して献金してきた。地方の裁判所や留置場が監視している犯罪者までも一日絶食して食費を献金に当てたことに感動した」「乞食、新聞売りの少年、学徒でも「光栄ある献金者」になりたい」[39]という先を争って献金する様子が報道されている。このほか、当時の雑誌などの刊行物にも同じような記事があちこちに見られる[40]。

にもかかわらず、献金運動には強制的な割り当てが実際には一般的であった。割り当て金額は地域によって多少差があるが、湖南省一九四〇年の基準によれば、「党・政府・軍隊・警察機関の職員および学校の教員、一般従業員、自由業者は月給の五パーセント以上、大学生は一元、中学生は一角（元の十分の一）、小学生は一分（元の百分の一）である。各機関の献金総額は当月の実際支出総額の三パーセントを上回らなければならず、従業員、学校、民間団体の金額は制限しない。一般民衆の献金は自主性を原則とするが、なお積極的に動員する必要がある」[41]と規定されている。隣接する湖北省は献金の基準を公布していなかったが、党・政府機関に毎年要求された一万元の献金をいかに各下級部門に割り当てるか、いかに職員の給料から差し引くかに関する「七七献金」報告書は少なからず発見できた[42]。ここからは、「七七献金」が政府職員から各分野の従業員、さらに小学生まで強制され、そのなかで党・政府機関の職員の割り当て額が最も厳しかったことが見て取れる。

それでは、募集した献金の分配と使い道はどうなっていたのか。ここでは雲南省、浙江省、湖北省の例を挙げる。雲南省一九四〇年度「七七献金」の分配は、「国幣十万元を財政部に送金し、各県・市から受け取った献金総額の三分の一を慣例通り各県・市に返して出征軍人家族慰問の費用に充て、残額は「抗属」（抗戦に貢献したすべての人員の家族）への基金とする」[43]ことになっていた。浙江省では一九四〇年に募集した総金額が七万八八五六・三八元であり、同省党・政連合会議で審議し、「四万元を第三戦区司令長官司令部に送金し、八〇元を出征軍人家族慰問費用とし、二万元を全国抗戦将士慰労委員会総会に送金し、八二八六元を本省の抗戦将士慰労の費用に充て、残る一万四九〇・三八元は別途で考える」[44]ことにした。湖北省の場合は地方献金を回収せず、各地方行政機関が自分で使用方法を決めることになっていた。例えば五峰県の場合、献金総額四三七・四三元のうちの一三七・七八元は『武漢日報』に送金し、残る二九九・六五元は同県の出征軍人家族慰問基金とした[45]。鄂東行署の場合は、献金総額の二一二六・三元をすべて同地域の傷病兵慰問費に使った[46]。上記の例からすれば、「七七献金」には統一した管理方法はなく、その使い方も一定ではなかったといわざるを得ない。ただ、分配金額にかなりの差があっても、出征兵士家族慰問と抗戦将士慰労は各地域の献金使用の共通項であった。

つまり、七七献金運動と共に、軍隊慰労、戦没・出征将兵家族慰問は記念日の主要な活動であった。

「七七慰労・慰問」活動は一九四二年を境に二段階に分けられる。すなわち、一九四二年以前は主に銃後の人心を慰める一方、難民救済の機能も託されるなど社会秩序を安定させる目的があった。このため、慰労・慰問の対象には抗日将士、傷病兵、名誉軍人、出征軍人の家族、戦没将兵遺家族、殉難者遺家族、難民が含まれていた。また、慰労・慰問の際には慰問金を贈ると共に、「七七」の経緯や抗戦建国の意味と成績を宣伝し、現役軍人の家族に政府の優遇政策を説明し、遺家族の悩みを尋ね、文字の書けない出征軍人の家族や遺家族の代理で手紙を書いて家事の手伝いも行った[47]。この活動には兵役推進がしばしば伴っていた。例えば、遺家族や難民に「兵役に服することは国民の本分である。軍隊に入るのは国家のためだけではなく同胞と後の世代のためでもある。先を争って軍隊に入って国防を強固しなれば外国の侵略に立ち向かうことができない[48]」との説得が行われた。

一九四二年以降、連合国軍の参戦で慰問の対象に連合国軍が加えられた。全国慰労総会による一九四二年度の「七七慰問運動」実施方法によれば、「国外方面では、海外の中国の民衆を動員して連合国将兵を慰労する一方、連合国各国の民衆を動員して中国将兵を慰労する。その際、国民外交協会、中米文化協会など民間団体に役割を十分に果たさせる。国内方面では、全国民衆を動員して前線・銃後の我が将兵および中国戦区の米空軍、英米軍事代表団を慰労する（以下略）[49]」と定められていた。そして、慰問活動にはいつも慰問大会、慰問文のラジオ放送、抗戦映画の上映、抗戦写真の展覧会などの宣伝活動を伴っていた。この段階では、慰問・慰労自体よりも国民的慰問運動を通じて連合国との関係をさらに緊密に結び付けると同時に、中国抗戦の国際的な意味および中国の国際的な影響力を高めることが目的であった。

既に言及したように、戦争の前半期における兵役推進活動は慰問活動の一環であった。同時に兵役推進の過程で起こった問題の一つが、慰問を行うために出征兵士の名簿に登録された名前と住所を訪ねていくと、実在しないことが少なからずあったということである。これは戦火により避難した家族がいることにも関係するが、主な理由としては路上に溢れた難民を強制的に入営させたこと（「拉壮丁」といわれる）、金持ちが兵役から逃げるために一定の金を払って替え玉を使ったことが少なくなかったことが挙げられる。[50]

当時の「七七」記念文書には兵役に関する不正行為を指摘するものも見つけられる。「恥ずかしいことだが、兵役実施で発生した一連の不正行為は広く蔓延していることを指摘しなければならない。郷長や保甲長が私腹を肥やすために兵役を利用して金を巻き上げるなどの違法行為はよく耳にし目撃する。このような行為は全く抗戦建国を破壊するものである。（中略）不正行為を防ぐために、①兵役の実行に不正を働くものを処罰する、②兵役不正事件に即時対応し、措置を工夫する、③一般国民に民主主義の意識を養成して保甲制度（行政機関の末端組織）を健全化し、不正行為を告発するメカニズムを作る、④兵役宣伝を強める必要がある。（中略）積極的に兵役不正行為を根絶して、兵役を推進する実際の行動をもって七七を記念すべきである」[51]。ここでは単に抗戦のための動員のみならず、それを実現するために一般国民に民主主義の意識を養成して保甲制度を完備させることを求める基層の国家建設への要求が見られる。

国民政府が本気で抗戦建国記念日を利用して兵役推進運動を加速させたのは一九四二年以降のことであった。その背景としては、長期戦体制を維持するための人的資源の確保という現実があった一方、一九四二年三月に国防最高委員会で採択された「国家総動員法」である。既に第一節で述べたように、抗戦を決心して以来の国民政府は「総動員計画大綱」（一九二七年八月三〇日国防最高会議で通過）により実質的な動員活動を行ってきた。しかし、法的には国家総動員体制が成立していなかったため、前記の「計画大綱」の効果は結局限定的でしかなかった。[52]それまでの兵役推進が制度的に展開し得なかった原因はまさにここにあった。総動員法が公布された「七七抗戦」五周年になると、兵役推進活動の様相が一新した。まず、戦時動員と宣伝工作を担当する軍事委員会政治部（以下、軍政部）は「兵役拡大宣伝週間」を行った。その具体的な内容を表3―2にまとめる。

表3―2を見ると、ここで行われた兵役推進運動の主な対象は出征軍人家族や名誉軍人に限らず、中学生、大学生を含む一般国民にまで及んだ。五周年記念日以降、国民兵運動会の開催、国民兵総閲が盛んになった。また、兵役推進政策の研究が重視されるようになり、郷長・鎮長など末端行政員と文化界・民間組織に協力を求めることが兵役推進政策の重要な一環となった。それと共に、国民党機関紙『中央日報』一九四二年の「七七記念」特輯記事には兵役宣伝と国民兵検閲・運動会に関する記念文書と報道が紙面を賑わせた。[53]そのなかで、五周年記念日にはじまった第一回国民兵運動会はその後、記念日の最も主要な活動になり、そこでは軍事化教育および簡単な軍事訓練を通じて国民の体力向上および規律・清潔な生活習慣を身に付ける新生活運動の内容が組み込まれ、[54]近代国民の養成が期待された。

記念日宣伝は、献金・慰問・兵役推進などの具体的な動員活動のほかの活動として、抗戦建国記念

表 3-2 軍政部兵役拡大宣伝週間日程表（1942 年）

期日	行事	宣伝要項
7 月 7 日	兵役宣伝大会、国民兵運動会、国民兵号戦闘機献機式、音楽演奏会。	国民を奮起させて積極的に従軍させること。
7 月 8 日	出征軍人家族慰問会、兵役宣伝映画を放送。	領袖（蔣介石）が出征軍人の家族に対する敬意と感謝を伝達して心を慰めること。
7 月 9 日	名誉軍人慰労会、兵役宣伝映画を放送。	領袖（蔣介石）が傷病兵に対する敬意と感謝を伝達して、快癒すればまた前線に赴くことを励ますこと。
7 月 10 日	中学生兵役講演競技会、大学生兵役講演競技会。	学生を兵役宣伝に関する研究に励ますこと。
7 月 11 日	郷長・鎮長兵役講演競技会	郷長・鎮長を兵役推進策の研究と兵役宣伝に励まして行動させること。
7 月 12 日	出征新兵の歓送会、音楽演奏会	一般国民に従軍することが光栄であることを周知させること。
7 月 13 日	兵役座談会、遊芸会	各界の有力者（各機関・法人団体・文化界）を兵役の促進に協力させること。

＊「軍政部拡大兵役宣伝周宣伝節目予定表」（1942 年）、「重慶市執行委員会為抗戦建国四周年紀念大会呈報籌備情形概況的有関文書」（1941 年 6 月-1942 年 11 月）中国第二歴史档案館［請求番号］11-7931、321 頁より著者作成。

日のもう一つの重要な内容であり、記念行事と動員活動に付随したものであった。宣伝方法については、記念日通電、ラジオ放送、記念特輯発行、宣伝隊派遣、講演会、抗戦建国展覧会、抗戦映画会、街頭演劇など多種多様なやり方が次第に取り上げられるようになったが、宣伝内容は、基本的に抗戦の進展、国内建設の成果および国際的な地位の向上などの業績を誇示するものに絞られた。

例えば、記念日の前後に多数発行された「抗戦建国記念日」「七七抗戦建国周年記念手帳」「中央による七七記念告示集」などを特輯した書籍や宣伝用パンフレットには、蔣介石が記念日に発表した数年間の記念文書・ラジオ放送原稿が収録されて政府の抗戦への決意表明が繰り返される一方、「抗戦以来の軍事上の勝利」「抗戦中の教育における新動向」「抗戦以来の交通事業の発展」「抗戦以来の海外工作の進展」など国家建設に関わる各分野の成果を記念日を契機に毎年総括し、国民に広めることが図られた。(55) さらに、『中央日報』での記念日特輯を通じて、抗戦以来の立法・司法・農業・工業・財政・内政・外交・文化の各方面にわたる成績を内外に報告する記念文書が集められた。(56) また、上記の抗戦

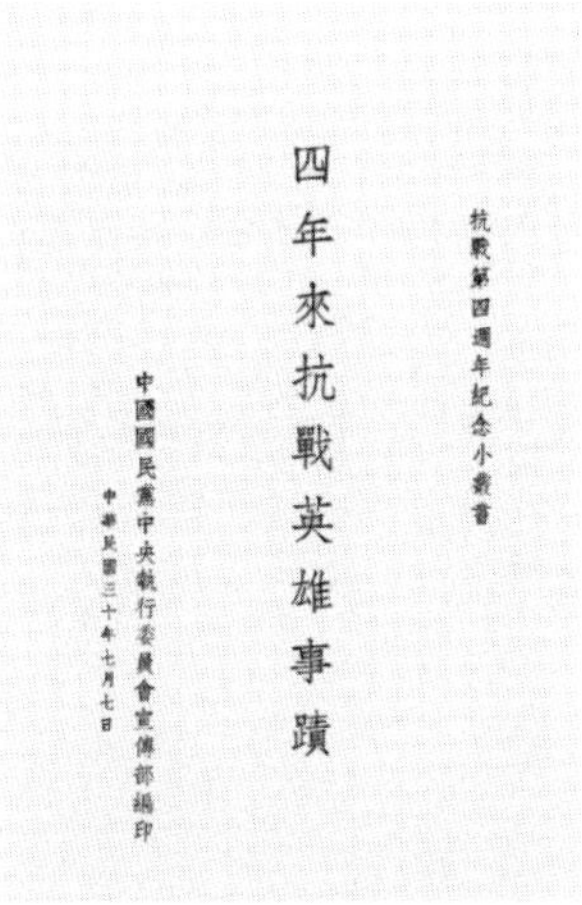

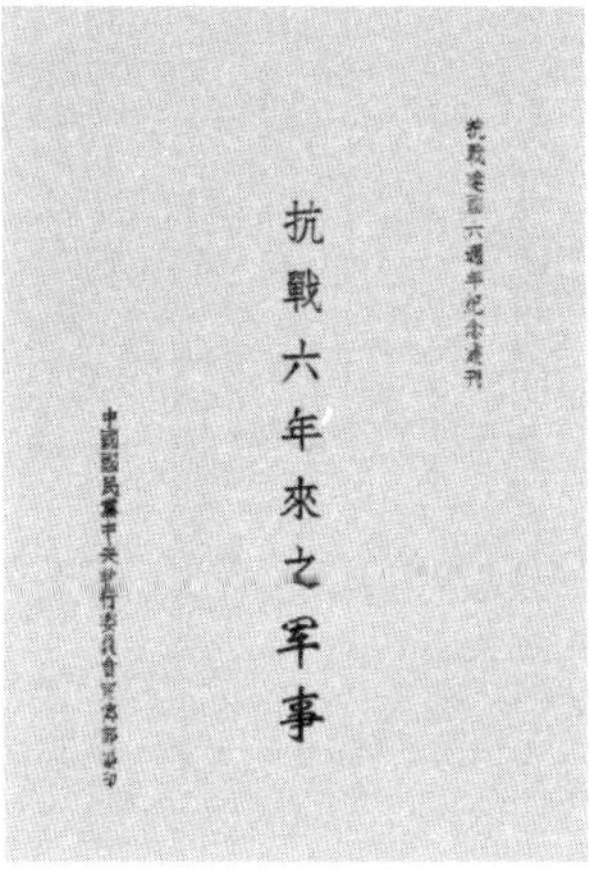

図3-1　中国国民党中央執行委員会宣伝部が作成した記念日宣伝のための小冊子。（著者所蔵）

建国の業績を誇示する展覧会を開いてその内容を分かりやすい形で展示するようになった。自国の先端的兵器や軍用品などが国防建設の成果として陳列され、また各種の戦利品は戦績を国民に誇示する最も説得力のある道具となった(57)。建設工事を描く水彩画や素描、抗戦の犠牲となった「抗日烈士」を描写する作品が陳列された抗戦絵画展覧会もよく見られた(58)。

国際社会や海外華僑の支援を得ようとする宣伝も活発に行われた。まず、国際社会に発信する記念日通電や国際無線電信局による「ラジオ週間放送特輯」も記念日で繰り返された(59)。そして、外部からの援助を求める際に、中国軍の戦績と国民政府による国家建設の成果をアピールすることが重要であるため、抗戦以来の「軍事・財政・経済・救護・生産などの各方面に関わる材料を収集して七七記念帳を作り」、東南アジア諸地域とアメリカに送付することが記念日の重要な宣伝活動となった(60)。その成果として、アメリカ、イギリス、スイス、マレーシア、シンガポールなど多くの国で「七七」を記念する反日デモ行進が行われ、地元の人々と華僑による抗戦献金が続々と中国に送られたことが国内で多数紹介された(61)。そのなかで、大げさに書きたてられたのは、一九四二年七月七日にアメリカ政府によって発行された記念切手である。「切手の下色は中国国民党を象徴するブルーであり、その右上には国父孫文の像を配置し、下には中国語で「民族・民権・民生」の文字を記すと同時に、左上にはリンカーン大統領の像を配置し、下には英語で「of the people / by the people / for the people」の文字を記している。また、真ん中には中国地図を描いて、地図のなかに国民党党徽《とうき》を配置し、丸い党徽のなかには「1937.7.7・抗戦建国・1942.7.7」と刻んでいた」。この切手発行の意義について、「アメリカが中国抗戦に協力する好意を伝えると共に、アメリカの一般国民に中国が行ってきた勇敢な抗戦に対する認識を深めることができる」と評された[62]。しかも、図柄のデザインとして、国民党が孫文の三民主義にしたがって中華民国の抗戦建国を指導していることは、リンカーンの主張した民主主義の精神との一致も意味するとの指摘もあった[63]。

これまで見てきた、宣伝内容を記念日に集中的に展示させることの意図は、まず厳しい戦時体制を強いられた国民に自信を持たせ、一致団結して奮闘すれば勝利が必ず来るという未来像を描き出し、疲弊した銃後を奮い立たせることにある。さらに、国民党および国民政府が指導している抗戦建国の大業が国内外の広範な支持・擁護を獲得しながら順調に進んでいることを示して、国民政府の正統性を確保・増強しようとした。総じていえば、「国統区」で展開された多彩な記念日活動においては、動員活動であれ、宣伝活動であれ、いずれも「抗戦」と「建国」の二重の目的があり、両者の意味が同様に強調されていた。すなわち、抗戦建国の業績は国民党と国民政府の指導下で全民族の団結と友邦・華僑の協力によるものであり、国民党と国民政府は抗戦建国を指導できる唯一の政党と政府であるという印象が国内外で深まるように繰り返されたのである。

二　汪政権と区別する建国、中共と区別する抗戦

国民党と国民政府が建国事業における唯一且つ絶対の正統性と対日抗戦における指導の功績を称えることは、記念日に行った「反汪鋤奸」宣伝（汪精衛と彼の南京政府を批判し、民族の裏切り者「漢奸」を粛清する）および中共の記念日活動に対する警戒にもよく反映されている。記念日の定例行事となった記念大会、戦没将兵・殉難同胞追悼会、松明・提灯行列において、「国民政府を擁護し、蔣（介石）総裁に服従する」「抗戦建国を指導する蔣総裁を擁護する」「抗戦建国綱領を遂行し、三民主義を貫く」「中国国民党万歳、中華民国万歳」「蔣委員長のあらゆる主張を実行する」などのスローガンと共に、「七七を記念するには漢奸を徹底的に粛清しなければならない」「七七抗戦建国三周年を記念するには、漢奸、傀儡組織を消滅させなければならない」「反汪鋤奸運動を拡大せよ」「漢奸を粛清し民族のくずを取り除こう」というスローガンが貼り出され、それは記念式会場・街頭の一大景観となっていた。(64) また、記念大会の名義で中国全土だけでなく国際社会にまで「討汪」（汪精衛・汪政権を討伐する）の電報を発信し、「抗戦建国綱領」を宣伝すると同時に「反汪」署名運動を行うなどの活動が記念日には頻繁に見られた。(65) このように、汪精衛をはじめとする対日協力者を集中的に批判するのは、一九三八年末の汪精衛の重慶脱出が国民政府に大きな衝撃を与え、さらに一九四〇年に「南京帰還」の形で樹立された「南京国民政府」が、唯一の中央政府である「重慶国民政府」の権威を損ねたからである。もちろんそれが「重慶国民政府」の「抗戦必勝・建国必成」という徹底的抗戦建国方針

に明らかに違反するものであることは、いうまでもない。
したがって、「国統区」の人心を安定させ、徹底抗戦の意志を固めるだけでなく、敵の後方といわゆる被占領地においても汪政権の権威を失わせるための記念活動が展開された。第一章で述べたように、南京にある汪政権は「抗戦建国」に対抗する「平和建国」を掲げて、中華民国の中央政権としての正統性を争おうとした。汪政権は「建国」という孫文から継承した目標を実現するために、反日・排日の長期的抗戦ではなく、日本と提携して平和な環境を作ることが正しい道であると被占領地の民衆に唱道した。これに対して、「七七」という民族の危機を喚起する記念日を利用して、汪精衛が唱えた「平和建国」は不可能であり、敵に妥協・屈服するに過ぎない、汪精衛と彼に追随する「漢奸」たちは国家と民族の反逆者であるとのメッセージを被占領地に広める宣伝活動が、敵の後方に派遣された国民党員および三民主義青年団員（国民党の青年組織）によって行われた。その際、被占領地における重要な軍用施設を破壊し、対日協力の要人を暗殺する行動も伴い、対日協力者を恐怖と不安に陥れることが画策された[66]。

一方、対日抗戦のためにやむを得ず連携した中共に対する国民党の警戒心は、記念日活動にもその一端がうかがえる。日中戦争時期における国共両党の関係については、協力して日本に抗戦しながらも、摩擦や暗闘が絶えなかった。なぜなら、国民党は中共の成長を抑制しその勢力を弱めることを図ったのに対して、中共は国民党に制約されないように自政党の拡大を図ったからである。にもかかわらず、日本軍の脅威が依然として存在する限り、両者は衝突を一定の範囲に収めることを余儀なくされた。[67]両政党がこのような微妙な関係にあったため、「国統区」における抗戦建国記念日の活動には、「反汪」運動のように表面的には中共を批判する言論や活動がほとんど無い場合もあれば、対日抗戦を共に戦った中共の役割に言及しないこともあった。つまり、国民党は中共が対日抗戦を継続することを望む一方、海外華僑をも含む全民族的一致抗戦像のなかでは中共の影響力を極力排除しようとした。ここからは、国民党が中共の存在をその独占的指導権を揺るがしかねない要素として警戒する意識が垣間見られる。

特に、中共が五周年の機に乗じて「抗戦中に団結して対日抗戦を戦い、抗戦後に団結して建国事業を行う」ことを宣言する[68]と、国民党の警戒心は一層高まった。この宣言は国民党が目指す抗戦建国における独占的指導権に公然と挑戦するものだったからである。このため、抗戦建国の業績を誇示する記念特輯のほかに、『中共七七五周年紀念宣言之表裏』のようなパンフレットも発行された。そこには、「中共の七七宣言は、中共が抗戦のために奮闘してきたことを国民に公示することによって行動の合法性を獲得し、さらに抗戦後に国家建設へ参与する資格を求める意図がある。この宣言は中共が抗戦期に団結を破壊したことが全くないような印象を国民に与えている。その目的は国民の中共に対する嫌悪・反感をなくして好感を得ることにある。（中略）我が国軍が前線で奮戦している隙に、中共は抗戦よりもこの機に乗じて自己の発展に没頭し、抗戦後の政権に介入して建国の指導権を奪う準備をしている」と指摘した[69]。ここでは、抗戦の名義で実質的発展を図った中共の行動について、それを国民党の抗戦と区別すると同時に、抗戦における国民党と国民党が指導する国民政府の役割を強調し、抗戦建国事業におけるその唯一無二の指導的地位を守ろうとする意図が隠されている。

これまで見てきた抗戦建国記念日の様相を総括すれば、次のような抗戦像が見えてくる。①日本軍が従来の侵略政策を加速して画策した盧溝橋事件は中華民族の存続に関わる重大な出来事であるため、国民党と国民政府は全国民を組織して民族自衛の抗戦を遂行し、全国民の擁護と支持を獲得している。②国民党が指導する国民政府は全国の抗戦力を統轄する唯一の合法政権であり、戦時動員体制の構築により国家建設および近代国民の養成に力を注いで大きな進展を見た。③世界中の平和を愛する国と華僑は中国の抗戦に重大な関心を寄せ、多大な支援を行った。同時に、中国は国民党および国民政府が指導した抗戦建国を通じて国際的影響力を拡大した。④対日協力者や一致抗戦を破壊する者など抗戦建国の趣旨に悖《もと》るものは、全国民に唾棄《だき》され、彼らの将来は絶対にない。

このような抗戦像は、抗戦を徹底した主役は国民党および国民政府であり、国民党と国民政府が指導した抗戦建国事業の完成と抗戦を通じた国際的地位の向上により、強力な近代国家を建設し民族復興を成し遂げることに向かって邁進するという、「建国」の語りに合致するものだったのである。

おわりに 「建国」の語りの継続と陸軍記念節としての「七七」
「抗戦建国」記念から「抗戦勝利」記念へ

日本で行われた「支那事変周年記念」と異なり、中国の「抗戦建国記念日」は終戦まで続いたが、戦争後期の一九四三年以降、「七月七日」に付与された意味付けは中華民族の恥辱から民族的な立ち上がりを象徴する精神へ、さらに民族の栄光へと変化した。戦後になると、「七月七日」をめぐる記念の様相はまた変化する。終戦後の一九四六年、国民政府は各地方政府に七月七日に記念行事を継続して行うことを要求すると同時に、「抗戦」が既に成し遂げられていたため、「抗戦建国記念日」の名称を使わないよう指示した。一九四六年三月二日に公布した「国難紀念方法修正案」によれば、抗戦に殉じた烈士を偲ぶために毎年七月七日にサイレン、黙祷と集団祭祀を行うとした[70]。そのうえで、同年の七月一日に行政院は拡大追悼大会の挙行に関する電文を各省府に伝達し、「追悼大会のほかに、各地の忠霊祠あるいは抗戦殉難烈士公共墓地で集団祭祀を行い、地方の最高長官が主祭する」という具体的な記念方法を規定した[71]。ここから、「七七」記念日に「抗戦烈士」の忠誠心と勇気を顕彰する意味だけを残そうとしたことが分かる。そして、一九四七年九月に、国民政府は七月七日を公式に「陸軍記念節」に制定し[72]、「七七」の意味をさらに建国に尽力した国軍の威信を顕揚することに限定しようとした。

一方、日本政府が降伏文書に調印した翌日の九月三日については、翌年の一九四六年に国民党中央執行委員会常務委員会で「国定記念日」に制定され、同時に「七七」「九一八」は記念日日程表から取り除かれた[73]。戦争の後期から人心を奮い立たせ、全民族の自信を高めるために「七七」は「建国」の語りにおける栄光として捉えられたが、戦後になると、それは『勝利の日』（九三）に取って代わられた。こうして、「建国」の語りにおける「抗戦」の記憶は「七七」という国難に対して立ち上がった民族の悲愴から、「九三」の勝利を掴んだ民族の誇りへと移行した。これに対して、中共は、戦後になっても「七七抗戦」記念を続けたのか、これについては第四章で詳述する。

注

（1）「中国国民党第一次全国代表大会宣言」（一九二四年一月二三日）、栄孟源主編『中国国民党歴次代表大会及中央全会資料』（上冊）光明日報出版社、一九八五年、一一－二二頁参照。

（2）孫中山「国民政府建国大綱」（一九二四年一月二三日）、広東省社会科学院歴史研究所・中国社会科学院近代史研究所中華民国史研究室・中山大学歴史系孫中山研究室合編『孫中山全集』（第9巻）中華書局、一九八六年、一二六－一二九頁。

（3）「二届中央常務会議通過《訓政綱領》」（一九二八年一〇月三日）、中国第二歴史档案館編『国民党政府政治制度档案史料選編』(上冊) 安徽教育出版社、一九九四年、五九〇頁。
(4) 張玉法『中華民国史稿』台北聯経出版事業公司、二〇〇一年、一八六—二〇〇頁。
(5) 西村成雄編著『20世紀中国政治史研究』放送大学教育振興会、二〇一一年、八二頁。
(6) 家近亮子『蔣介石の外交戦略と日中戦争』岩波書店、二〇一二年、七四頁。「第四届中央執行委員会第五次全体会議宣言」(一九三四年一二月一四日)、栄孟源主編『中国国民党歴次代表大会及中央全会資料』(下冊) 光明日報出版社、一九八五年、二四三—二四四頁。
(7) 秦孝儀総編纂『総統蔣公大事長編初稿』(巻4・上冊) 台北中正文教基金会、一九七八年、一一一五頁。
(8) 盧溝橋事件勃発直後、中共は直ちに対日抗戦を全国に呼びかけた。中共の動きに対して、蔣介石は一九三七年七月九日に次のように指摘した。「中共の抗日は一再ならず騒ぎたて、実際には重大な陰謀を孕んでいる。中共の動機は、抗日戦争を引き起こすことができれば、以下の二方面の効果を獲得できることにある。一つは、中国をもって日本を牽制して、日本がソ連に進攻できないようにさせることである。もう一つは、日本軍をもって中国政府を牽制し、国民政府軍が中共に進攻できないようにさせることである。中共はこの機会に乗じて、実力を強化し、政権を奪おうとしている」。(前掲秦孝儀総編纂『総統蔣公大事長編初稿』(巻4・上冊)、一一一九—一一二〇頁)
(9) 前掲秦孝儀総編纂『総統蔣公大事長編初稿』(巻4・上冊)、一一二三—一一二四頁。
(10) 前掲秦孝儀総編纂『総統蔣公大事長編初稿』(巻4・上冊)、一一二七—一一三二頁。
(11) 段瑞聡の戦時中国総動員体制の構築に関する研究によれば、国民政府立法院が一九三七年八月一七日に「総動員法」を通過させたが、その内容は国防最高会議の権限を掣肘《せいちゅう》する所が多いなどの理由で、中国国民党中央政治委員会の要求により、公表されなかった。全国総動員を施行する法的依拠を獲得できなかった国民政府は、国防最高会議に「総動員計画大綱」を通過させて実質的な総動員工作を開始した。(段瑞聡「蔣介石与抗戦時期総動員体制之構建」『抗日戦争研究』二〇一四年第一期、四九—

五〇頁）
(12)「中国国民党抗戦建国綱領」（一九三八年四月一日）、前掲栄孟源主編『中国国民党歴次代表大会及中央全会資料』（下冊）、四八四―四八五頁。
(13)中宣部「擬請命定七七為抗戦建国紀念日案」（一九三八年六月二八日）台北国民党文化伝播委員会党史館［請求番号］会 5.3/83.15。
(14)「国民政府行政院関於確立毎年七月七日為抗戦建国紀念日訓令」（一九三八年七月四日）中国湖北省档案館［請求番号］Ls1-4-0543-006。
(15)現時点で、著者は三周年、七周年、八周年に関する国民政府中央レベルの指示文書を見つけられていないため、重慶市（日中戦争期国民政府の臨時首都）と湖北省（省都である武漢は国民政府が重慶に移す前の最も重要な軍事拠点）の関係文書を参照した。省レベルの文書は中央レベルの策定方針に依拠して作成されるので、信憑性があり、中央の政策をある程度反映したものであると考えられる。
(16)蕭李居編『蔣中正総統档案事略稿本（42）』（民国二七年七―一二月）台北国史館、二〇一〇年、二六―三二頁。
(17)前掲家近亮子『蔣介石の外交戦略と日中戦争』、五二―五三頁。
(18)国民政府軍事委員会政治部「為抗戦建国紀念日的代電」（一九三八年六月）中国湖北省档案館［請求番号］LS1-4-0543-001。
(19)中央執行委員会宣伝部・国民政府軍事委員会政治部「抗戦建国紀念日宣伝要点」（一九三九年七月）、「湖南西康福建等省市各地為七七周年紀念大会呈報籌備情形概況的有関文書」中国第二歴史档案館［請求番号］11-7932、三八頁。
(20)「蘭州各界抗戦建国二周年紀念大会標語、口号」（一九三九年八月一七日）、「社会部関於七七紀念挙行慰労将兵粛清漢奸節約献金運動周案」（一九三九年五月―一九四〇年一二月）中国第二歴史档案館［請求番号］11−7916、一〇八頁。「湖北恩施各界抗戦建国三周年紀念籌備会関於在大同日報発行特刊的電文及挙行公祭陣亡将士、遇難同胞並抄送標語的公函」（一九四〇年七月二日）中国湖北省档案館［請求番号］LS1−4−0544−014。

（21）石島紀之『中国抗日戦争史』青木書店、一九八四年、一二八―一二九頁。

（22）「抗戦六周年紀念宣伝大綱」（一九四三年六月二八日）、「湖北省政府関於定期開会商討七七紀念籌備事宜的通知」中国湖北省档案館［請求番号］Ls1−4−0545−007。

（23）「中国国民党湖北省執行委員会関於七七抗戦七周年紀念会籌備記録的箋函」（一九四四年六月二八日）中国湖北省档案館［請求番号］Ls1−4−0545−013。「七七抗戦六三禁煙紀念標語及有関文書」（一九四四年五月）中国第二歴史档案館［請求番号］11−8839。

（24）朱公振・朱翊新編著『本国紀念日史』世界書局、一九三九年。「各種紀念日簡史」（一九四三年六月）上海市档案館［請求番号］Y15−1−197。

（25）「抄文官処籤呈為中央第146次常会決議五月九日国恥紀念応並入七月七日抗戦建国紀念挙行一案」（一九四〇年五月九日）台北国史館［請求番号］015−020300−0059−0013x。「行政院関於五月九日応並入七月七日紀念挙行的電文及湖北省政府的訓令」（一九四〇年五月九日）中国湖北省档案館［請求番号］Ls1−4−0544−010。「司法行政部関於伝知将五月九日国恥紀念応並入七月七日抗戦建国紀念挙行的訓令及湖北高等法院的訓令」（一九四〇年五月三一日）中国湖北省档案館［請求番号］Ls7−1−00001162−012。

（26）「重慶市各界拡大挙行抗戦建国三周年紀念弁法」（一九四〇年六月）中国第二歴史档案館［請求番号］11(2)−4061、四―五頁。「(重慶市)七七抗戦建国三周年紀念大会標語」中国第二歴史档案館［請求番号］5−12065(1)、八六頁。

（27）第五届中央常務委員会第一二四次会議「抗戦建国紀念挙行弁法及国民革命軍誓師紀念案」（一九三九年六月）台北国民党文化伝播委員会党史館［請求番号］会5.3/124.35。「行政院関於七七抗戦建国紀念会、

「七九北伐紀念届時分別挙行公祭陣亡将士的電文」（一九四〇年七月二日）中国湖北省档案館［請求番号］LS1-4-0544-013。

（28）陳誠・張厲生ほか「請改定七七抗戦建国紀念日紀念弁法案」（一九四一年三月）台北国民党文化伝播委員会党史館［請求番号］会5.2/60.10。

（29）「中央執行委員会常会決議在抗戦期間〝九一八〟〝七七〟両紀念日挙行紀念弁法通飭遵照」（一九四二年一〇月三一日）台北国史館［請求番号］015-020300-0059-0022x。

（30）当時の国民政府の記念日構成において、国定記念日は中華民国開国記念日（一月一日）、革命先烈記念（三月二九日）、孔子誕辰記念（八月二七日）、国慶記念（一〇月一〇日）、国父誕辰記念（一一月一二日）の五つがあり、革命記念日は総理第一次起義記念（九月九日）、肇和兵艦挙義記念（一二月五日）、清党記念（四月一二日）、国民革命軍誓師記念（七月九日）、革命政府記念（五月五日）、総理広州蒙難記念（六月一六日）の六つがあった。（前掲「各種紀念日簡史」（一九四三年六月）を参照）

（31）「行政院関於七七、七九両紀念日照例対抗戦及北伐陣亡将士分別挙行公祭的電文」（一九四三年七月二日）中国湖北省档案館［請求番号］LS1-4-0545-009。

（32）中央執行委員会秘書処「〝七七〟〝七九〟両紀念推請委員報告案」（一九四四年七月四日）台北国民党文化伝播委員会党史館［請求番号］会5.3/235.41。

（33）要綱の「記念方法――その一」は、「「七七」抗戦七周年記念と「七九」革命誓師十八周年記念を合併して記念大会を開催する」とされた。（前掲「中国国民党湖北省執行委員会関於七七抗戦七周年紀念会籌備記録的箋函」（一九四四年六月二八日）を参照）

（34）「七七抗戦及七九国民革命軍誓師紀念意義」（一九四四年七月七日）台北国民党文化伝播委員会党史館［請求番号］一般465/80.2。

（35）「紀念七七抗戦建国八周年暨七九北伐誓師十九周年籌備会議記録」（一九四五年六月二八日）中国湖北

省档案館［請求番号］Ls1-4-0545-020。

（36）社会部代電「電催具報慰労傷兵粛清漢奸節約献金運動周弁理情形並規定献金征納弁法由」（一九三九年六月二四日）、中国国民党寧夏省執行委員会主任馬鴻逵「呈報本省各界紀念〝七七〟挙行節約献金運動情形祈鑑核備査由」（一九三九年八月七日）、安徽省会各界抗戦建国二周年紀念大会編印「安徽省会各界抗戦建国二周年紀念冊」（一九三九年七月）、前掲「社会部関於七七紀念挙行慰労将兵粛清漢奸節約献金運動周案」（一九三九年五月—一九四〇年一二月）、一五、九九—一〇〇、一五〇—二九六頁。

（37）前掲「社会部関於七七紀念挙行慰労将兵粛清漢奸節約献金運動周案」（一九三九年五月—一九四〇年一二月）、九九—一〇〇、二九五—二九六頁。

（38）武漢抗戦建国周年籌備会「武漢各界抗戦建国周年紀念献金征信録」（一九三八年七月七日）中国湖北省档案館［請求番号］Ls1-4-0543-005。

（39）「〝七七〟献金全国踴躍輸将黔捐款慰労空軍」『中央日報』一九四〇年七月一一日、第二面。「在献金塔下人的良心出現了」『中央日報』一九四四年七月七日、第三面。

（40）「七七節在重慶」（そこに「老婦人が一生の貯金を持って献金してきた」との解説文を付けている写真が載せられている）『東方画刊』一九三八年第一巻第六期。「甘河西各界挙行〝七七〟紀念」（甘粛省河西各県で活発した献金運動の様子が記載されている）『緑旗』一九四〇年第一巻第七—一〇合併号、三二頁。

（41）湖南省動員委員会「抄湖南省各界七七抗戦建国三周年紀念献金弁法」（一九四〇年八月一三日）台北国史館［請求番号］014-040600-0065、五—七頁。

（42）「湖北省政府関於湖北省政府七七献金一万元規定弁法三項的訓令」（一九三八年七月二四日）中国湖北省档案館［請求番号］Ls1-4-0543-007。「湖北省政府秘書処関於検送七七献金及検同湖北省政府秘書処控除1938年8、9月分職員七七献金数目冊的公函」（一九三八年一一月二六日）中国湖北省档案館

［請求番号］Ls1-4-0543-009。「湖北省政府関於省政府献金一万元由各庁処分別攤派的籤呈」（一九三九年七月二一日）中国湖北省档案館［請求番号］Ls1-4-0543-017。「湖北省政府関於紀念七七捐款在購糧款下抵発的代電、訓令、公函、電文」（一九四一年七月一六日）中国湖北省档案館［請求番号］Ls1-4-0545-005。

(43)「案拠雲南省各界抗敵後援会呈称」（一九四〇年七月二七日）、前掲「社会部関於七七紀念挙行慰労将兵粛清漢奸節約献金運動周案」、一八頁。

(44)「呈報本省29年七七紀念節挙弁献金及征募労軍薬品結束情形析鑑」（一九四〇年六月一一日）、前掲「社会部関於七七紀念挙行慰労将兵粛清漢奸節約献金運動周案」、八五頁。

(45)「五峰県政府関於挙行七七抗戦建国紀念及拡大献金運動分別解留情形的呈文及湖北省政府的指令」（一九三九年九月五日）中国湖北省档案館［請求番号］Ls1-4-0544-007。

(46)「湖北省政府鄂東行署関於七七紀念籌備会議記録情形的代電」（一九四二年七月二九日）中国湖北省档案館［請求番号］Ls1-4-0545-004。

(47)「陪都各界紀念〝七七〟抗戦建国四周年弁法（二、慰労方面）」（一九四一年二月二日）、「重慶市執行委員会為抗戦建国四周年紀念大会呈報籌備情形概況的有関文書」（一九四一年六月―一九四二年一一月）中国第二歴史档案館［請求番号］11-7931、二一―二二頁。「湖北各界抗戦建国四周年紀念大会抗属慰問隊注意事項」（一九四一年六月）中国湖北省档案館［請求番号］Ls1-4-0545-021。立青「紀念〝七七〟抗戦与救済抗戦軍人家族」『青城』一九三九年第一八期、五―六頁。

(48)前掲「湖北各界抗戦建国四周年紀念大会抗属慰問隊注意事項」（一九四一年六月）。

(49)「全国慰労総会三十一年度七七労軍運動実施弁法」（一九四二年度）、前掲「重慶市執行委員会為抗戦建国四周年紀念大会呈報籌備情形概況的有関文書」（一九四一年六月―一九四二年一一月）、二七八―二八〇頁。

(50)「陝甘寧辺区各界婦女聯合会駐渝代表送交〝七七〟両周年紀念訪問抗戦工作報告案」(一九三九年七月一七日)中国第二歴史档案館［請求番号］11-4544、四—七頁。この文書は陝甘寧辺区各界婦人連合会が作成したものであるが、「国統区」における「七七慰問」活動とその問題点に関する報告書である。

(51)張迪「〝推進兵役〟来紀念〝七七〟」『戦闘』一九三九年第六四期、七—八頁。

(52)前掲段瑞聡「蔣介石与抗戦時期総動員体制之構建」、四九—五一頁。

(53)『中央日報』一九四二年「七七記念」特輯に兵役と国民兵に関わる記事は次の通りである。「抗戦進入第六年、陪都今日盛大紀念、検閲国民兵団慰労国軍、拡大挙行兵役宣伝週」(七月七日第九面)、「各地国民兵運動蔣委員長訓詞」(七月七日第一〇面)、「本市全体国民兵、第一届運動大会、四万人今日分区挙行、自晨至晩有精彩節目」(七月七日第一〇面)、陳立夫「国民兵運動会之重要意義」(七月七日第一〇面)、林森題辞「兵役宣伝周紀念」(七月七日第一〇面)。

(54)「新生活運動とは、国民党政権が中国人民の身体を「躾ける」あるいは「癒やす」ことにより、近代という時代に適応しようとする試み」であり、近代的国民を創出する運動だった。同運動は上からの大衆運動という方法で一九三四年に発動され、日中戦争の間も継続された。日中戦争中に人的資源を調達するために、「戦火の中で傷ついた中国人民の身体を「癒やす」活動が、新生活運動の中で次第に比重を増していった」。(深町英夫『身体を躾ける政治——中国国民党の新生活運動』岩波書店、二〇一三年、九、三二三—三二六頁参照)

(55)記念特輯についてここでは一部を挙げる。民団週刊社編『抗戦建国紀念日』(民団週刊社(南寧)、一九三八年六月二五日発行)、浙江省国民抗敵自衛総司令部政訓処印発『七七抗戦建国第二周年紀念手冊』(一九三九年七月)、中国国民党中央執行委員会宣伝部編印『七七紀念総裁文告彙編』(一九四二年七月七日)、彭文凱編『七七抗戦六周年紀念中外文献彙編』(国民図書出版社印行、一九四二年七月七日)、江西省政府秘書処編訳室編印『七七抗戦紀念中央文告彙輯』(一九四四年二月)。

(56)『中央日報』は終戦まで、毎年の七月七日に最低でも二面を占める「抗戦建国周年紀念特刊」コラムを設けて国民政府の各部門の要人に寄稿してもらっていた。例として、ここでは一九四一年に掲載された「紀念特刊・増刊」のタイトル一覧を挙げる。居正「四年来之司法」(七月七日第三面)、張道藩「四年来之文化動向」(七月七日第三面)、陳済棠「抗戦四年来之農業」(七月七日第四面)、周鐘嶽「抗戦以来内政之進展」(七月七日第四面)、孔祥熙「抗戦四年来之財政与金融」(七月七日増刊第一面)、翁文灝「以農立国以工建国」(七月七日増刊第一面)、孫科「四年来之立法」(七月七日増刊第二面)、王寵恵「四年来之外交」(七月七日増刊第二面)、張忠紱「四年来的中美関係」(七月七日増刊第二面)。

(57)「七七抗建展覧会、昨起分三処陳列」『中央日報』一九四一年七月八日、第三面。

(58)「中央宣伝部主弁、抗戦紀念画展開幕」『中央日報』一九四三年七月六日、第二面。「七七紀念画展」『中央日報』一九四四年七月六日、第三面。

(59)例えば、重慶市は三周年記念日に各国の反日援華団体に通電した(前掲「重慶市各界拡大挙行抗戦建国三周年紀念弁法」(一九四〇年六月)、五頁を参照)。「七七広播宣伝週、国際広播電台挙行」『中央日報』一九四二年七月六日、第二面。「倫敦電台広播七七特別節目」『中央日報』一九四四年七月六日、第三面。

(60)「検送七七抗戦四周年紀念弁法及宣伝綱要各一份」(一九四一年六月三〇日)、前掲「重慶市執行委員会為抗戦建国四周年紀念大会呈報籌備情形概況的有関文書」(一九四一年六月—一九四二年一一月)、一一〇頁。

(61)黄度「七七抗戦紀念日的星洲」(シンガポール)『青年月刊』一九三八年第一巻第五期、一八—一九頁。「美僑胞及美人熱烈紀念七七」『中央日報』一九三九年七月八日、第二面。「瑞士僑胞開会捐款」『中央日報』一九三九年七月九日、第三面。「馬来僑胞忠党愛国、七七挙行宣誓献金」『中央日報』一九四一年七月六日、第二面。「紐約中美人民〝七七〟紀念会」『中央日報』一九四四年七月九日、第二面。伍幕英輯「古巴僑胞紀念〝七七〟」（キューバ）『華僑先鋒』一九四四年第六巻第八期、七六頁。

(62) 「七七紀念郵票」『士兵月刊』一九四二年第七―一〇合併号、一二一―一二三頁。

(63) 郭潤康「美国慶我〝七七〟五周年紀念郵票誌」『黎明郵刊』一九四二年（月日不明）、第三―四面。

(64) 「蘭州各界抗戦建国二周年紀念大会標語、口号」（一九三九年八月一七日）、前掲「社会部関於七七紀念挙行慰労将兵粛清漢奸節約献金運動周案」、一〇八頁。前掲「（重慶市）七七抗戦建国三周年紀念大会標語」（一九四〇年七月）、八六頁。前掲「湖北恩施各界抗戦建国三周年紀念籌備会関於在大同日報発行特刊的電文及挙行公祭陣亡将士、遇難同胞並抄送標語的公函」（一九四〇年七月二日）。「贛省禁政実況及七七抗戦建国四周年紀念宣伝大綱」（一九四一年七月七日）中国第二歴史档案館［請求番号］11(2)-2604、九一頁。「抗戦六周年紀念宣伝大綱」（一九四三年六月二八日）、前掲「湖北省政府関於定期開会商討七七紀念籌備事宜的通知」。

(65) 「湖北恩施各界抗戦建国三周年紀念籌備会　1940年七七三周年紀念籌備会第一次常委会記録」（一九四〇年七月二日）（通電討汪鋤奸掲発汪逆偽組織動揺現状）中国湖北省档案館［請求番号］Ls1-4-0544-015。「渝市民衆熱烈興奮、迎接勝利的第四年」（反汪簽名運動）『中央日報』一九四〇年七月八日、第三面。「群起粛奸」『中央日報』一九四〇年七月八日、第四面。

(66) 「三青団上海支部利用各種紀念日進行宣伝之文稿和有関函件底稿」（一九四一年七月一一日）上海市档案館［請求番号］Q129-1-40、九三―九五頁。

(67) 楊奎松『失去的機会？――抗戦前後国共談判実録』広西師範大学出版社、一九九二年、七八頁。

(68) 「中共中央為抗戦五周年紀念宣言」（一九四二年七月七日）、中央档案館編『中共中央文件選集（1941-1942）』（第13冊）中共中央党校出版社、一九九一年、四〇八―四一三頁。

(69) 「中共七七五周年紀念宣言之表裏」（統一出版社編印、一九四二年八月）台北国民党文化伝播委員会党史館［請求番号］特3/32.7。

（70）行政院・軍事委員会密令公布「修正全国人民紀念国難弁法」（一九四六年三月二日）、『上海市警察局邑廟分局関於升降旗幟等訓令、七七紀念弁法』上海市档案館［請求番号］Q134-5-157、三五頁。

（71）「行政院関於為七七拡大挙行追悼大会的電」（一九四六年七月一日）中国湖北省档案館［請求番号］Ls1-4-0717-001。

（72）「国民政府訓令　為定七七為陸軍紀念節日令仰知照並飭属知照由」（一九四七年九月二六日）台北国史館［請求番号］015-020300-0131-0025x。

（73）「省令県党部飭属遵照――〃九三〃為国定紀念、〃七七〃〃九一八〃取消」『蘇訊』一九四六年第六九号、一〇頁。「上海市政府訓令　為抄発国定紀念日日期表令仰知照由」（一九四八年九月二五日）上海市档案館［請求番号］Q215-1-47、一五五―一五七頁。

第四章

革命の語り

ヘゲモニー争いを内包する

中国共産党根拠地の「七七記念」

はじめに

前章で触れたように、近代国家建設の実現を図る蔣介石の「安内」策によって中国西北の片隅に追い詰められた中国共産党（以下、中共）は、日中全面戦争勃発直後、対日抗戦のために中国国民党（以下、国民党）と再度連携することに成功した。このため、共産党の軍隊である紅軍が蔣介石率いる国民革命軍に改編されると共に、中共が支配する旧陝甘ソビエト区が陝甘寧辺区に改称され、共産党の行政組織は当時の中国中央政府である国民政府に認められた合法組織となった。しかし、上記の国共両党の「合作抗日」は、形式的には中共の軍隊と政権の双方が国民政府に編入されたものの、実質的には中共が完全に独立運営する地域権力の状態を維持した[1]。そればかりでなく、両国の正規軍が対峙する正面の戦場で日本軍と戦う国民党系軍隊と異なり、中共は陝甘寧辺区を拠点に主に日本軍の後方に根拠地を作ってゲリラ作戦を展開した。

本章では、国民政府の地方政権となった中共が実際に支配する「抗日根拠地」において、国民政府が抗戦動員のために制定し全国範囲の実施を要求した「抗戦建国記念日」がどのように受け止められ、どのように記念活動が行われたのかを考察する。そのうえで、ソビエト革命から抗日民族革命へ転換した中共が、当該記念日において、協力関係にある国民党とそれが指導する国民政府の正統性を主張する「建国」の語りとは異なる、自らの「革命」の語りをどのように「抗戦」と結び付けたのかを検討する。そして、そこから見えてくる中共の抗戦像を国民政府の「国統区」と比較しながら明らかにしたい。著者は、中共政権によって繰り広げられた「七月七日」を記念する活動の様相と特徴が、日中全面戦争勃発前後の中共の路線転換および戦時体制に対応するための「第二次国共合作」に内在する矛盾に現れていると考えている。

第一節　中共革命の路線転換と「抗日民族革命」

盧溝橋事件から国共再合作の実現へ

一九二七年に「第一次国共合作」が崩壊して以降、中共はコミンテルンの指示を受けて「ソビエト政権」の樹立を目指すソビエト革命に専念し、「党軍」である紅軍によって中国農村部に支配地域を広げて、一九三一年に国民政府に対抗する中華ソビエト共和国臨時中央政府を樹立するまでに勢力を拡大していた。一方、「北伐戦争」の完成を指導した蔣介石の南京国民政府は、一九二八年末に全国統一の形式を整えた後、近代国家建設の実現を図る中央集権化を進め、軍事面では一九三〇年末から最大の地方抵抗勢力と見なした中共ソビエト地区に対し五回にわたる大規模な掃共戦（共産党勢力を消滅するための掃討戦）を展開した。その結果、中共は一九三四年一〇月から江西省瑞金の中央ソビエト区を放棄し、ソ連に接近する西北地方に向けて約二年の「長征」を余儀なくされ、生存の危機に直面していた。

この間、満洲事変や第一次上海事変、日本の華北分離工作によって引き起こされた大衆的抗日運動（一二・九運動）を経て抗日ナショナリズムが高揚するなかで、ソビエト革命が挫折した中共は、コミンテルン第七回大会およびそれ以降の政策転換によって、「抗日民族統一戦線」の樹立に生存の希望を求めるようになり、さらに「第二次国共合作」を通じて自らの合法性と行動の自由の獲得を目指した(2)。一九三六年末に起こった「西安事変」の平和解決によって、蔣介石は共産党に対する掃討を停止し、紅軍と連合して抗日することを約束した。そして、一九三七年二月、南京で開かれた国民党第五期中央執行委員会第三回全体会議において、国民党は中共が提起した「合作救国方針(3)」を受け入れ、事実上中共問題の武力解決方針を放棄することを決議した(4)。その後、国共間では合作問題に対する具体的な交渉段階に入り、中共党内では国共合作の実現に向かうソビエト区・紅軍の辺区政府・国民革命軍への改組問題をめぐって、中国のソビエト化という革命路線の放棄と新たな革命路線の提起が議題にのぼった(5)。

しかし、盧溝橋事件勃発直前まで、国共双方は両党合作の組織原則、改組後の紅軍の編制および指揮権、辺区政府の人事問題などで合意に達せず、交渉は難局に陥っていた(6)。一九三七年七月七日に盧溝橋事件が発生すると、翌日（八日）、中共は延安から「中国共産党の日本軍の盧溝橋進攻に対する通電」[7]など四つの電文を発し、全国・党内・国民政府中央・冀察地方当局に宛てていち早く対日抗戦に立ち上がれと呼びかけ[8]、難航した国共交渉を推し進めようとした。当時、国共交渉と統一戦線工作を担当した周恩来は「中共中央為公布国共合作宣言」案の交渉のために上海におり、事件の勃発を知った直後、即刻廬山に行き、「合作宣言」案を蒋介石に手渡し（七月一五日）、改めて紅軍の改編人数と指揮権の問題を取り上げた。しかし、周恩来たちは七月一七日に廬山で開かれた盧溝橋事件をめぐる全国各界指導者談話会に参加することを認められなかった。一八日、周恩来は宋美齢経由で交渉案を蒋介石に伝達したが、蒋は改編後の紅軍に統一指揮機関の設立を認めようとはしなかった[9]。つまり、事件勃発当初、日中の開戦によって蒋介石との合作を中共側に有利に進めて交渉の行き詰まりを打開できると期待した中共の急進的な動きに対し、対日応戦を決意した蒋介石は慎重に対応し、国共合作の条件に譲歩することは考えていなかった。

戦火が華北で急速に拡大し、北平・天津が陥落すると、八月一日、蒋介石は国防問題を協議するため、秘かに国共交渉の国民党側の代表である張冲《ちょうちゅう》を通じて毛沢東・朱徳・周恩来の三人を南京に招きたいと電報を送った。中共中央は周恩来・朱徳・葉剣英《ようけんえい》を国防会議に参加させると決めた後、八月三日に洛甫《らくほ》（張聞天）と毛沢東は周恩来らに電文を送り、「今回の南京行きには下記の事項を解決する必要がある。（一）宣言の発表。（二）政治綱領の確定。（三）国防計画の策定。（四）紅軍指揮部の発表および兵員数の初歩的な確定。（五）紅軍の作戦方針」と指示した[10]。周恩来・朱徳・葉剣英の三人は南京到着後、八月一一日に国民政府軍事委員会軍政部の談話会に参加し、一二日から国民政府側の代表である張沖・邵力子《しょうりきし》・康沢と再び「合作宣言」について交渉を行った。康沢は「合作宣言」のなかでは「民主に触れず、民族・民権・民生に対する解釈を削除し、国民党との了解に基づき共に国難に赴くことに言及しない」よう要求した[11]。

一三日、上海戦がはじまり、戦火は華中に広がり南京にも迫った。一四日、国民政府は「自衛抗戦声明書」を公表し、日本に宣戦した。同日、洛甫と毛沢東は朱・周・葉に下記のような電報を打った。「(甲) 宣言は改訂するとしても、必ずしも康沢の提案通りに改訂するわけではない。(乙) 我が方の改正案はすぐに送付する。(丙) 合作宣言の発表を急がない。(丁) 行動を急がない[12]」。この電文から分かるのは、中共の交渉態度が平津陥落以前とは異なり、急進的ではなくなり、条件面でも譲歩しなくなったことである。これより、日本に宣戦を布告した蔣介石は、挙国一致の抗戦体制を早急に整え背後に敵を作らないように紅軍の参戦を求め、結果紅軍の指揮権については考えを改めなければならなくなった。中共もこの有利な機会に乗じてさらに合法化を図った。

八月一五日、国民政府が「全国総動員令」を下したことで、中国は戦時に入った。一八日、中共中央書記処は南京の国防会議に参加していた朱徳・周恩来・葉剣英に「国民党と談判する十項目の条件」を送り、「現在一番大事なのは、党と紅軍の合法的地位だ」と指示した。さらに紅軍の「独立自主の遊撃戦原則」と「情況によって出兵する」「兵力を分けて使用しない」という条件も加えた[13]。周恩来らが上述の条件に基づいて繰り返し交渉した結果、「蔣介石と何応欽は主力紅軍の遊撃戦原則と、朱徳と彭徳懐《ほうとくかい》が八路軍の正副総指揮となることに同意した」[14]。二二日と二五日、国民政府と中共側はそれぞれ紅軍を国民革命軍第八路軍に改編し、一一五師・一二〇師・一二九師を編成する命令を出し、朱徳と彭徳懐は即日、正副指揮官として就任するとの電報を発した。これにより、編成された八路軍一一五師は二二日に出兵した[15]。以上のように、紅軍の編制と指揮権問題は蔣介石の譲歩によって合意に達し、その作戦原則も認められた。国共間の軍隊に関する主な懸案は大体まとまったものの、一方では辺区政府の人事問題が表面化することになった。

八月三〇日、毛沢東は陝甘寧辺区の人事問題について、当時南京に残っていた葉剣英に電報を送った。その内容は「康沢が推薦した丁惟汾《ていいふん》は受け入れられない」「辺区政府の正副主席は林《りん》（伯渠《はくきょ》）・張（国燾）とする」[16]というものだった。九月一日、洛甫と毛沢東は連名で周恩来らに中央の「丁惟汾」案に対する対策を指示した。その内容は、「辺区は主席を設けず、正副長官とする。林を正長官とし張を副長官とする。南京が派遣した高級参謀は「兵営に一歩も足を踏み入れさせない」、連絡参謀に変えて、紅軍が認める人物を任命する。一一五師・一二〇師と総指揮部が相次いで出兵することに同意するが、一二九師は国共間の主な問題が解決しなければ出兵しない」[17]。九月二日、周恩来は国民政府軍事委員会に属する西安行営から国民政府が辺区政府を丁（惟汾）と林（伯渠）を正副長官とし、八路軍を集結させ出兵してから「合作宣言」を発表するとの情報を得たため、蔣介石への伝達を求める以下の電文を康沢へ送った。その内容は「合作宣言」をすぐに発表し、辺区政府の正副長官を林（伯渠）と張（国燾）にしたいというものであった。九月八日、周は再び蔣介石に打電し、八路軍の一二九師を出兵するために、迅速に「合作宣言」と陝甘寧辺区の名義を発表するよう要求した[18]。

九月一〇日、洛甫と毛沢東から西安行営の蔣鼎文に宛てて、一二九師が出兵しない理由を説明する電報を打った。電文は「一、現在の作戦区域に三ケ師を使用する必要はない。二、宣言・辺区の公表がなされず合法的地位を獲得してないので、兵士家族には保障がない。三、一二九師に編入された第四方面軍の改編が完了していない」[19]というものであった。九月一三日、山西の大同が陥落し、八路軍が属する第二戦区に危険が迫っていたことにより、中共側は強硬な交渉態度を少し軟化させるようになった。九月二〇日、洛甫と毛沢東が博古《はくこ》（秦邦憲）と葉剣英に次のような電文を送った。「宣言を発表して合法的地位を獲得しさえすれば、辺区問題を暫く棚上げにしてもよい。宣言が発表されればすぐ劉師（一二九師）を出兵する」[20]。この譲歩策によって、国民政府は九月二二日、国民党中央通信社を通じて公式に「合作宣言」を発表するに至り、「第二次国共合作」が実現することになった。

これまで見てきたように、国共再合作の実現は盧溝橋事件の勃発およびその後の日中戦争の拡大によって加速させられたものであり、国共双方が戦局の発展を見つめながらやむを得ず互いにある程度の譲歩を行った結果の産物である。このように提携した国共両党の間には、辺区問題や政治改革に関わる民主化の問題など未解決の課題が残され、それは抗戦時期にわたって摩擦が絶えない原因となった。

国民政府の対日宣戦と国共合作抗日における軍隊指揮権問題について、中共は一九三七年八月二二—二五日、延安南部の洛川で中央政治局拡大会議を開催し、中共の抗戦主張を集約した「抗日救国十大綱領」を採択した。ここでは、「国共両党の徹底的な合作を基礎とする全国の各党・各派・各界・各軍隊による抗日民族統一戦線の樹立とそれによる抗日戦争の指導」を基本的主張として、「日本帝国主義を打倒し、あらゆる形の妥協や動揺に反対する（第一項）。全国の軍事力を総動員し、人民を武装させて抗日遊撃戦争を展開し、主力軍と協力させる。抗日の軍隊を平等に取り扱う（第二項）。全国人民を総動員し、漢奸を除いて全国人民に言論・出版・結社・集会および抗日の武装を組織する自由を確保する。党禁を解除し、愛国の革命政治犯をすべて釈放する（第三項）。政治機構を改革し、真に人民を代表する国民大会を召集して真の民主的憲法を採択し、国防政府を選挙して民主集中制を取り、地方自治を実行する（第四項）」など中共の発展（活動）空間を拡大することに有利な要求を打ち出すと同時に、抗日民族統一戦線の強化と効果的な抗戦動員の実現を保証する前提と考えられた「民主主義」を主張した[21]。この綱領は、抗戦における指導的地位および抗戦動員に欠かせない民主的政治改革について、国民党が後から公表した「抗戦建国綱領」（一九三八年四月一日、第三章参照）と明らかに異なる内容を有していた。

九月二二日、全国に公表された「合作宣言」において、中共は「（一）民族革命の抗戦を準備・発動し、中華民族の独立自由と解放を実現する。（二）憲法および救国方針を制定するための国民大会を招集し、民権政治を実現する。(三) 国防経済を発展させて人民の生活を改善し、中国人民の幸福と快適な生活を実現する」との三つの目標を掲げ、「(一) 本党は孫中山先生の三民主義の徹底的実現のために奮闘する。(二) 国民党政権の打倒を目指す暴動政策と赤化運動を取り消し、暴力により地主の土地を没収する土地政策を停止する。(三) ソビエト政府を取り消して民権政治を実行し、全国政権の統一を期す。(四) 紅軍の名称と番号を取り消して国民革命軍に改編し、国民政府軍事委員会の統括を受けて抗日の前線における職務を遂行する」と宣言した[22]。この宣言は、中共が公式にソビエト革命路線を放棄することを示すものだけではなく、抗戦を民族革命として位置付ける意思を表明した。さらに、九月二九日、毛沢東は「国共両党統一戦線成立後中国革命的迫切任務」において、「現段階の中国革命」を「抗日民族革命」と捉え、革命の任務は(国民)政府・軍隊の改造を通じて真の三民主義に合致する「抗日救国十大綱領」の実現であると主張した[23]。

要するに、抗戦を国民政府のもとで進められる近代国家建設の一環とする国民党の主張に対し、国共再合作の実現によって合法的地位と行動の自由を獲得した中共は、抗戦を「抗日民族革命」と規定し、「抗戦建国」に対する国民党および国民政府の指導的地位とは相容れない民主的政治改革を構想した。このような国共間の抗戦に対する認識のズレは、その後の中共によって展開された「七七記念」にも反映されることになる。以下、中共がいかにして抗戦の記憶を「革命」の語りに収斂させていったのかを見ていこう。

第二節　「辺区政府」にとっての抗戦建国記念日
中共の記念日宣言に見るもう一つの「抗戦建国」

第三章で述べたように、国民党と国民政府は盧溝橋事件勃発一周年を前に、七月七日を抗戦建国記念日に制定し、その記念方法と宣伝要綱を定め、辺区を含む全国で実行することを要求した。これに対して、「合作宣言」の公表によって中華民国の一地方政権としての辺区政府を指導することになった中共は、抗戦建国記念日を辺区で実施しつつ、国民党による記念要綱の主旨とは異なる記念宣言の発表によって抗戦に対する自らの主張を公表した。表4－1は、一九三八年以降、辺区政府の所在地延安より中国共産党中央委員会の名義で出された抗戦周年記念宣言の論点である(24)。

まず、表4－1にあるように、中共の抗戦周年記念宣言に一貫した主張は「団結して抗戦を徹底する」ことであり、対日妥協や内部分裂に対する強い警戒心が分かる。このことは、対日抗戦と全国的な動員体制の構築を国民政府に求めることによって、生存空間の拡大を図ろうとする中共の「抗日民族統一戦線」政策と密接に関連していた。すなわち、もしも対日妥協が実現すれば、国共両党が合作する根拠がなくなり、「団結」の中核が霧散してしまう。また内部分裂すれば、中共が「団結」に関わる両党関係の調整をきっかけに政治体制を変革する望みも絶たれてしまう。そして、中共の抗日民族革命の目標、抗日戦争による民族解放と国共合作抗日による民権政治の実現は達成できなくなって

表 4-1　中国共産党中央委員会による抗戦周年記念宣言（1）

題名（年月日）	主要な論点
抗戦一周年に際して蔣委員長および全国の抗戦将兵に対する通電（1938 年 7 月 6 日）	抗戦の最高統帥蔣介石および前線兵士に感謝し、殉難烈士に哀悼の意を表する。盧溝橋事件以来、全国が団結して抗戦することは我が民族の精神を奮起させ、最後の勝利の基礎を築いたが、今後は統一戦線を堅持して抗戦を徹底するためにさらなる努力が必要となる。本党は抗戦の最前線に立ち、祖国を守るために最後までやり抜くことを決意する。全国同胞のすべてが抗戦に従事し、民族国家の徹底解放のために奮闘することを呼びかける。
抗戦二周年の時局に対する宣言（1939 年 7 月 7 日）	偉大で神聖な民族的抗戦の二周年に当たり、蔣委員長および前線将士に深い敬意を払い、我が全国同胞および海外華僑に敬意を表し、抗戦烈士の遺家族に慰問の意を伝え、我が国に同情し援助する友邦の人士に感謝する。二年間の一致団結は日本侵略者の速戦即決論を粉砕し、抗戦を継続して最後の勝利を勝ち取り、独立・自由・幸福の新中国を実現する基礎を固めた。現段階において、日本侵略者は武力侵攻よりも政治的謀略による投降勧告により中国を滅亡させる方針へと転換したため、漢奸汪精衛をはじめとして、国内には投降・妥協を主張するものが現れた。彼らは我が軍事力・経済力の不足と人民の厭戦気分を高揚させる流言を放ち、共産党の八路軍・新四軍および辺区を中傷し、揉め事を起こして国共両党の団結を離間させる活動を行っている。我々は抗戦を堅持し、対日妥協に反対する。国内団結を固め、内部の分裂に反対する。全国の進歩に努力し、後退に反対する。
抗戦三周年の時局に対する宣言（1940 年 7 月 7 日）	偉大な抗戦の三周年記念日に当たり、民族革命に努力した全国同胞、前線将士、各党派、抗日に加わったすべての同志に敬礼し、抗戦三年以来の殉国烈士に哀悼の意を表し、傷病将兵および戦災者に感謝する。我が国の英雄的な三年間の抗戦は日本帝国主義の実力を大いに弱めただけではなく、当今の国際情勢は中国側に有利に変化している。にもかかわらず、抗戦は最も困難な段階を迎えている（国際方面では、ドイツ・イタリアの調停政策が英米仏の宥和政策に取って代わる可能性が現れた。国内方面では、日本帝国主義の重圧に直面して、抗戦の意志が薄弱な者が投降する兆しが現れた）。今後の任務は、当面の困難を認識したうえで、国内団結を一層固めて困難を克服し、抗戦を最後までやり抜くことである。共産党は民国 26 年 9 月 22 日に公表した宣言の諸条件を守り、国共両党の合作を徹底する。現在も存在する「溶共」「反共」「限共」「防共」などの抗戦力を弱める政策は廃止しなければならない。

表 4-1　中国共産党中央委員会による抗戦周年記念宣言（2）

題名（年月日）	主要な論点
抗戦四周年記念宣言（1941 年 7 月 7 日）	国際反ファシズム戦線を擁護し、中・ソ・英・米およびそのほかのすべての反ファシズムの国家・民族との連携を促進し、日独伊のファシズム連盟に反対する。汪精衛をはじめとする民族の反逆者や傀儡政権に対する批判を強化して漢奸を粛清し、抗日の陣営を固める。積極的な反撃を準備するために、国軍の整備・訓練を急ぎ、日本軍の後方にある抗日の軍隊に弾薬や糧秣を補給する。政府の援助によって各抗日根拠地の政治・経済・文化の諸施設を整える。抗日の各党派の連携を強化し、国共関係を調整し、新四軍問題を解決することによって、抗戦力を高める。愛国の人民に言論・出版・集会・結社の自由を与えて、人民の力をすべて抗戦に動員する。汚職官吏を免職して開明的な者を採用し、政府機関に潜んでいる親日分子を淘汰し、政治機構を改革する。物価を安定させ、人民の苦しい生活を改善する。兵役動員制度を改革し、詐欺・賄賂による替え玉・強制・虐待を絶滅する。中央と地方の関係を調整し、地元の人材を採用し、少数民族と結束する。
抗戦五周年記念宣言（1942 年 7 月 7 日）	抗戦五周年に当たって、民族解放のために努力している全国同胞、全体将士に敬礼し、殉難した志士に哀悼の意を表し、傷病将士に感謝し、全世界のファシズムの侵略に反抗する戦友たちに敬意を表する。世界の反ファシズム闘争が勝利の前夜を迎えるに当たり、我々は二つの大きな問題に直面している。第一に、時間の問題。抗日の最後勝利を早く実現するように、時間を有効に使って困難を克服することである。第二に、団結の問題。抗戦中に団結して対日抗戦を戦い、抗戦後に団結して建国事業を行うことができるように、各党派の意見をまとめることである。
抗戦六周年記念宣言（1943 年 7 月 2 日）	抗戦六周年を迎える偉大な記念日に当たり、全世界の反ファシズム連盟とファシズム侵略者連盟の力関係が逆転し、当面の情勢は我が方と連合国側に極めて有利になっている。敵に打ち勝ち、民族解放を実現するには最後まで努力しなければならない。今後の任務は、対日作戦を強化し、団結を固め、政治の改良を実行し、生産を発展させることである。五周年記念宣言に表明した戦後の「合作建国」方針を堅持する。六年以来の抗戦の事実は中国共産党が忠実でまじめに護国の戦争を戦ってきたことと、八路軍・新四軍および敵の後方の人民が抗戦のために刻苦奮闘してきたことを証明した。

表 4-1　中国共産党中央委員会による抗戦周年記念宣言（3）

題名（年月日）	主要な論点
抗戦七周年記念スローガン（1944 年 7 月 6 日）	全国の抗戦同胞、前線と後方の軍民、八路軍新四軍、被占領地の抗日同胞、中国抗戦を援助する米ソ英に敬意を表する。対日作戦を強化する。兵士の待遇の改善と軍事機構の改革を国民政府に要求し、軍紀を整えて戦闘力を高める。大後方に現れようとしている人民民主運動を保護することを国民政府に要求する。八路軍・新四軍の装備を改良し、八路軍・新四軍に対する進攻を停止することを国民政府に要求する。内政を改革して民主制を実行し、党禁の解除を国民政府に要求する。米ソ英などの連合国との連携を増強し、全世界の反ファシズム戦争の勝利を勝ち取り、ファシズム勢力を絶滅する。ソ連反攻の勝利・太平洋地域の勝利・ビルマ前線の勝利を祝賀する。
抗戦八周年記念スローガン（1945 年 7 月 7 日）	全国の抗日将士・人民、中国解放区に奮戦した一億同胞、抗日の前線で奮戦した八路軍・新四軍・華南抗日縦隊、被占領地における抗日同胞、国民党統治区に抗戦と民主政治のために努力した同胞、海外の愛国華僑に敬意を表する。国民党の一党独裁を直ちに廃止し、民主政治を実行する。国民党が独断で開催しようとする「国民大会」を反対する。解放区の軍隊に対する進攻を停止し、連合国が援助した武器と物資の半分を解放区に分配することを国民政府に要求する。解放区の拡大と被占領区の縮小を図る。共産党第七回大会による「連合政府」の主張を宣伝する。

＊　「中共中央為抗戦一周年給蔣委員長及全国抗戦将士電（1938 年 7 月 6 日）」（第 11 冊、533-534 頁）、「中共中央為抗戦二周年紀念対時局宣言（1939 年 7 月 7 日）」（第 12 冊、138-144 頁）、「中共中央為抗戦三周年紀念対時局宣言（1940 年 7 月 7 日）」（第 12 冊、410-416 頁）、「中共中央為抗戦四周年紀念宣言（1941 年 7 月 7 日）」（第 13 冊、153-159 頁）、「中共中央為抗戦五周年紀念宣言（1942 年 7 月 7 日）」（第 13 冊、408-413 頁）、「中共中央為抗戦六周年紀念宣言（1943 年 7 月 2 日）」（第 14 冊、48-61 頁）、「中共中央発布抗戦七周年紀念口号（1944 年 7 月 6 日）」（第 14 冊、268-271 頁）、「中共中央紀念抗戦八周年口号（1945 年 7 月 7 日）」（第 15 冊、174-178 頁）（中央档案館編『中共中央文件選集』中共中央党校出版社、1991-1992 年）より著者作成。

しまう。その一方で、「団結」の中身は、国内外の情勢の変化に合わせて中共が抗戦に対する意味付けを修正することによって、少しずつ調整されていった。

抗戦一周年記念日に当たり、「抗戦建国綱領」に則って設置された戦時民意機関としての国民参政会は、武漢で第一期第一回会議を開催することになった（一九三八年七月六―一五日）。これに対して、中共は参政員を派遣し、参政会をうまく機能させることを通して、自らが主張する統一戦線の強化（＝団結）を期待していた。毛沢東は会議がはじまる前の七月五日、会議の開催に祝電を打った。すなわち「侵略者日本が中国を亡国の危機に陥れたが、民意を自由に述べさせて吸収することができれば、国家を危機から救う望みがある。救国の方法はいろいろであるが、三つにまとめることができる。その一、抗戦を徹底する。その二、統一戦線を堅持する。その三、持久戦を実行する。怠慢・落胆することなく、この三つの方向に沿って抗戦を進めて、勝利を勝ち取ることができると信じている」と述べた[25]。また、戦時中に全国的な範囲で発行していた中共機関誌『群衆』の社説「偉大な「七七」をいかに迎えるか？」は、「盧溝橋事件勃発の七七は神聖な民族抗戦の発端であり、全民族復興のはじまりでもある。国府がこの日を抗戦建国記念日に制定した意味はまさにここにある。この偉大な記念日を迎えるために、まず全民族の抗日勢力の団結をさらに固めることが必要となる。（中略）最近開催することになっている国民参政会は全民族の各党各派のさらなる団結がなされていることを示している」と主張した[26]。

ここでは、国共合作が実現したばかりで、中共は国民政府のもとで行う政治改革による抗戦体制の構築に期待をかけ、中共を含む各党派の実質的な政治参加にも期待したことが分かる。この時点で、中共が主張した「団結」の対象はすべての抗日勢力であり、「団結」の仕組みは、国民政府の枠組みを保ちながらの各党派の政治参加であると理解できる。なぜなら、盧溝橋事件の勃発によりはじまった抗戦を民族復興の起点として捉えた中共は、その革命の目標（＝民族解放・民権政治）が国民党による「抗戦建国」の目標（＝民族独立・憲政）と一致していると見なしたからである。しかしながら、こうした「抗戦建国」に対する中共の一方的な解釈は一九三九年に入るとすぐに覆された。武漢陥落後、国民党が重慶で開催した第五期中央執行委員会第五回全体会議（一九三九年一月二一―三〇日）において「防共委員会」の設立、「異党問題処理弁法」など一連の決議が採択され、その後国民党によるいわゆる「第一次反共高潮」が起こった。中共は、このように亀裂を生じた「国共合作」が崩壊の危機に直面していると捉えた。

それゆえ、毛沢東は抗戦二周年のために書いた記念文書「当面の時局の最大の危機」において、「この半年、和戦問題の議論が世間に横行しており、投降の可能性は当面の政治情勢のなかで最も危険である。そして反共（すなわち、国共を離間させ団結抗日を分裂させること）は投降派の第一歩である。投降と分裂に反対するのは、あらゆる愛国の党派・同胞の当面の緊急課題である」と指摘し[27]、「反共」の原因を国民党党内に現れた一部の「投降派」に限定した。「投降派」が現れた背景について、二周年記念宣言は、「現段階において、日本侵略者は武力侵攻よりも政治的謀略を用いて投降を誘うことによって中国を滅亡させる方針に転換したため、漢奸汪精衛をはじめとして、国内には投降・妥協を主張するものが現れ、彼らが我が軍事力・経済力の不足や人民の厭戦気分の高揚などの流言を放ち、共産党の八路軍・新四軍および辺区を中傷し、揉め事を起こして国共両党の団結を離間する活動を行っている」と指摘する。(28)ここでは、一九三九年以来の国民党による反共活動を婉曲に批判する一方、日本の対中政策の調整に呼応する汪精衛の重慶脱出の影響を一定の範囲に限定しようとした。つまり、ここでの意図は国民党全体が「投降派」側とならないようにし、蔣介石が統率する抗戦を徹底させて「国共合作」を極力維持させようとすることである。

一九三九年九月にドイツによるポーランド侵攻で欧州大戦が勃発すると、国際情勢は大きな変化を見せた。東南アジアに植民地を持つ英仏はドイツに宣戦し、東南アジアを生存圏内に組み込もうとする日本は、独伊と軍事同盟を締結して早期に日中戦争の泥沼から脱出することを図った。このため、日本は南京で汪政権を成立させる一方、重慶国民政府に対する平和工作（桐工作）を進めさせた。軍事面では中国軍の早期降伏を図るために、フランスに仏印経由の中国向け軍需物資輸送の中止、イギリスにビルマ「援蔣ルート」の遮断を要求した。ゆえに、中共の抗戦三周年記念宣言は「抗戦は最も困難な段階を迎えている」と指摘し、「今後の任務は当面の困難を認識するうえで、国内団結を一層固めて困難を克服して抗戦を最後までやり抜くことである。（中略）現在でも存在している「溶共」

「反共」「限共」「防共」などの抗戦力を弱める政策は廃止しなければならない」と主張した[29]。ここでの「団結」をどのように捉えるべきかについては、同日の「中共中央関於目前形勢与党的政策的決定」から読み取ることができる。

当前の国際情勢の特徴は三大陣営の闘争である。すなわち、第一に日独伊帝国主義陣営、第二に英仏米帝国主義陣営、第三にソ連平和陣営である。現在対立する二大帝国主義陣営間の戦争は欧州から世界へ拡大しそうである（甲の第一、二項）。国内では抗戦が困難な段階に入り、国民党の頑固派（保守派）による反共政策で抗戦力が低下させられたため、国民党の内部ではさらに分裂して新たな汪精衛派（投降派）が生まれることは必然的である（甲の第五、六項）。

投降の危機を克服するために、当面の国内外の情勢を次のように利用することができる。英米仏と日独伊の対立、とりわけ日米の太平洋における衝突を利用する一方、ソ連を中国抗戦の最も信頼できる盟友とする。大地主・大ブルジョアジーの一部は日本からの圧力・抗戦の困難さ・共産党および民衆に対する恐怖で必ず投降派になるが、残る「頑固派」は積極的な抗日派に転換する可能性がある。もちろん、彼らの階級利益を損害しないことが前提条件である。また、広汎な中間層は依然として抗戦の意欲を持っている。本党の任務は抗日派に転換する可能性のあるすべての勢力を団結し、国民党の主力を味方に引き入れて合作の時間を延長し、さらに、全国の抗日勢力を団結する中核になることである（甲の第七、八、九項、乙の第五項）[30]。

つまり、この時点における中共は、「団結」の対象を国民党「頑固派」（保守派）のなかの抗日派と中間層に絞り、「国共合作」を堅持しつつ、自らが全国抗日勢力結集の核心になることを目指した。

一九四一年に入ると、国民党軍と共産党系の新四軍の武力衝突である「皖南事変《かんなんじへん》」が発生し、それは国共関係の決定的悪化を示すものとなった。加えて、日本軍による占領地の治安強化運動が本格化し、抗日根拠地は危機に直面した。これにより、中共による抗戦は困難の局面を迎えた。しかし、独ソ開戦は難局に陥った中共を奮い立たせた。抗戦四周年記念宣言において、中共は「世界中にファシズム戦線と反ファシズム戦線の決戦がはじまった」と判断し、「我々は民族解放の旗印を堅持しながら、各国人民の反ファシズム闘争と連携すべきである」と呼びかける一方、国民党および国民政府に「抗日の各党派の連携を強化し、国共関係を調整し、新四軍問題を解決することによって、抗戦力を高める」ことを要求した[31]。ここでの中共は、抗日民族革命を世界反ファシズム民族解放戦争に関連付けて、国民党の反共政策を批判し抗戦当初の「国共合作宣言」で規定された諸権利を取り戻そうとしたのである。

宣言発表直前、延安の毛沢東は、重慶で統一戦線工作を担当する周恩来に次の電文を送っていた。「七七宣言は今夜脱稿し、明日ラジオ放送を行う。主旨は英・米・蔣（介石）を引き寄せて日・独・

伊を批判するものであるが、蔣批判も含んでいる。国民党の宣言に影響を与えるために、我が党が団結を極力主張する方針を張冲に伝えよ」（七月五日）、「帝国主義国家であるかどうかではなく、ファシズムに反対するかしないかをもって敵味方を決めなければならない」（七月六日）[32]。ここでは、国際情勢の変化を鑑みて過去に日本の対中侵略に宥和政策を取ったと見なされた英米と蔣介石の連携を期待し、国民党による抗戦継続を支持する一方、中共が挙国一致の「団結」を促進・維持する主役であるとの主張がなされている。

アジア太平洋戦争が勃発すると、日独伊を中心とする枢軸国に対抗する連合国が結成され、中共はそれを抗日民族統一戦線を含む国際反ファシズム統一戦線の実現として捉え、中国の抗戦に世界反ファシズム戦争という意義を付与した。そして、世界規模の統一戦線の実現から抗戦勝利の前夜と判断し、五周年記念宣言には「今年はヒトラーを負かし、来年は日本を負かす」という楽観的な予想を打ち出した。さらに、「抗戦中に団結して対日抗戦を戦い、抗戦後に団結して建国事業を行う」という戦後の建国方針を提起した[33]。当初団結して抗戦しながら国民政府のもとで実質的な政治参加の権利を獲得し、民主的政治改革を目指した中共は、国共関係の悪化に伴い、「団結」して政府改革を行う望みは既に絶たれたことを認め、国民党の多数の継続抗戦だけを求めざるを得なくなった。このため、戦後の自身の存続と諸権利の確保を考え、自らを「団結」の主役と位置付けた中共は、抗戦中に実現し得なかった政治改革を戦後に完成させるため、五周年記念日に際して、はじめて戦後の建国方針を提起することになった。そして、「抗戦後に団結して建国事業を行う」という主張を根拠地だけでなく全国にも広めるために、中共中央宣伝部は中共党員全体に特別指示を出し、「党外の広汎な人民に当該方針を説明して納得させる宣伝を行う」ことを要求した[34]。

しかし、抗戦六周年記念日の前後、中共が記念宣言に戦後建国方針を再び提起した時、国民政府はコミンテルン解散の機に乗じて延安の毛沢東に打電し、「中共自らが共産党組織を解散し、辺区における割拠活動を放棄するよう促す決議」を中央通信社から全国に公表した[35]。このため、中共の「抗戦六周年記念宣言」はその全国発行の機関紙『新華日報』での掲載を禁止された。この国民政府による中共解散要求と宣言の掲載禁止に対して、中共は記念日当日に延安で中央政治局会議を開き、翌日、各地方組織に反撃を指示した。その内容は「国民党はコミンテルン解散の機会を利用して、我らの降伏を促し陝甘寧辺区への武力侵攻を企てただけでなく、反動的宣伝攻勢を発動して反共的輿論を形成した。これに対して、中央は反動的宣伝に対抗する反宣伝を行うと共に、軍事力を増強して彼らの進攻を粉砕する」「具体的には、「七七」を利用して延安の各機関、学校、部隊で記念宣言の討論会を開催し、さらに群衆大会を開催し「抗戦を徹底して内戦を反対し、団結を堅持して分裂を反対する」というスローガンを広める。さらに、群衆大会の名義で当該スローガンを電報によって全国に伝達する。辺区を防衛するための軍事作戦を準備する」というものであった[36]。

こうして「第二次国共合作」成立以来の国共両党間の暗闘が公然の対立に転換した。中共は依然として国民党と連携して抗戦を続ける姿勢はとっていたものの、表4－1にあるように抗戦における八路軍・新四軍の功績および抗日根拠地の民主建設の業績を大いに誇示し、それが国民党と国民政府が主導した抗戦のイメージを弱めさせる効果を期待した。その後、禁止された記念宣言の代わりに、中共は抗戦七周年・八周年の記念日には、記念宣言ではなく記念スローガンを解放区機関紙『解放日報』に発表し、可能な範囲で内戦停止・内政改革・一党独裁の廃止、連合政府の樹立などを訴えた。この頃から、中共は国民党および国民党軍の主力を引き続き抗戦に引き付ける一方、「団結」に対する中共の主導的地位だけではなく、抗戦における中共および中共軍の重要な役割を強調するようになった。「団結」の意味は、当初国民党が指導する国民政府の枠組みのなかであらゆる抗日勢力を結集して独立（民族解放）・自由（民権政治）・幸福（民生改善）の中国を建設するというものから、国民党一党独裁の政府を否定して抗戦に大きな役割を果たした中共を中心にあらゆる民主勢力を結集して戦後に新たな政治体制（連合政府）を実現する建国というものに変わった[37]。こうした戦争後期からの中共の役割の強調と国民党に対する公然の批判は、日中戦争終結後、「国民党と国民政府の消極的抗日」というイメージを強化し、国民党の建国に対する指導性に異議を申し立て、多党執政による「連合政府」論の提唱につながっていったのである。

第三節　抗日根拠地を中心とする中共式の「七七記念」
記念活動に伴う「革命」の語りとその広がり

既に述べたように、抗戦を抗日民族革命さらには世界反ファシズム戦争の重要な構成部分と捉える中共は、抗戦建国記念日に公表した記念宣言を通してその「革命」の立場から国民党による抗戦建国と異なる語りを表出させた。形式上は国民政府の管轄下にあったものの、延安をはじめとする中共根拠地において、抗戦建国記念日（「七七記念」）が実際に展開される時、中共による「革命」の語りの独自性の方が、「国統区」の記念活動との一致よりも重視された。

一　中身を入れ替えた抗戦建国記念日——抗日根拠地の「七七記念」

中共は抗戦時期にわたって抗日勢力の「団結」と「国共合作」の建前を終始掲げていたので、根拠地の記念行事と記念日宣伝には「国統区」の抗戦建国記念日に共通する側面があった。まず、抗戦建国記念日の定例行事となった戦死者・殉難者を追悼する記念大会、「抗日戦争で犠牲となった将兵の記念碑」の定礎式、集団祭祀、黙祷などは抗日根拠地においても行われた(38)。「抗日烈士」を弔い、その忠魂を顕彰することによって、抗日的民族感情を高揚させて民衆動員（団結抗日）を推進する目的は、中共も国民党と共通していた。また、記念大会について、会場には国旗を掲揚し、孫文像を配置するだけではなく、「蔣（介石）委員長が抗戦建国を指導することを擁護せよ！」「国民政府と蔣委員長が日本帝国主義と傀儡組織を打ち倒すことを支持せよ！」というような国民政府と蔣介石の抗戦における最高指導権を認めるスローガンが掲げられ、記念大会の名義で国民政府と蔣介石を擁護する通電、全国の抗日将兵の家族を慰問する通電を発することも行われた(39)。さらに、辺区政府およびそれが管轄する根拠地で発行されていた中共機関紙『新中華報』『解放日報』（『新中華報』より改組して一九四一年に創刊）に、蔣介石が記念日に公表した言論が転載され、その内容を擁護する社説が載せられることもしばしば見られた(40)。

しかし、上記のように「国統区」と同じく国民政府と蔣介石を擁護するかに見える記念活動の中身を詳しく見ていくと、中共の独自性が浮かび上がってくる。まず、「抗戦烈士」を追悼・祭祀する際には全国の戦死者・殉難者のほかに、共産系の八路軍・新四軍の戦死者が別枠で取り上げられた。ここでは、中共は蔣介石が率いる国民革命軍の番号を付けて抗戦に加わった共産軍の犠牲と功績を国民党軍にまとめられないように自身の抗戦に果たした役割を主張する意図が明らかである。とりわけ、一九四一年の「皖南事変」以降、国共関係が決定的に悪化したため、中共は四周年記念日から共産軍と根拠地建設の業績を単独で宣揚するようになり、さらに国共両党間の暗闘が公然化した一九四三年以降、共産軍の抗日烈士の追悼・家族慰問・業績誇示などのための記念活動・宣伝は明らかに増加し、それが記念日の主要な内容になった(41)。これに対して、機関紙における蔣介石の記念日言論の転載は、

図 4-1　1938 年 7 月 7 日に、晋察冀辺区抗日根拠地において「七七」記念大会が開催される様子。
出典：中国国際戦略研究基金会編『中国人民抗日戦争史録』中央文献出版社、1995 年、163 頁。

一九四三年以降ほとんど見られなくなる。

また、記念大会およびその会場の配置についていえば、孫文像を掛けると同時に、蔣介石像と並べて毛沢東、朱徳など中共の党・軍指導者の像も掲げられた。例えば、延安で開かれた抗戦三周年記念大会について、次のような描写があった。「講壇の上の方には抗戦三周年記念大会と書かれた横断幕が掛けられ、国旗が真中に置かれた旗竿に翻っている。孫中山先生、蔣委員長、毛沢東同志、朱徳総司令の油絵の肖像画が公場に配されている」[42]。ここで、国共両党の指導者像を並べさせるのは、「国共合作」を示す一方、孫文の三民主義にしたがって近代的な国家建設を実現するための抗戦（=民族革命）を行うことが国民党の独占事業ではないという意味を表している。記念スローガンも同様で、国民政府と蔣介石を擁護するもの以外に、「抗戦を徹底せよ」「国共合作を固め、反共活動に反対する」「日本帝国主義を打倒する」「日独伊ファシストの強盗を打倒する」「中華民族解放万歳」「独立・自由・幸福の新中国万歳」など中共による抗日民族革命の語りに合致する標語が同時に掲げられていた(43)。対照的に、「国統区」の記念スローガンによく出てくる「中国国民党万歳、中華民国万歳」「蔣委員長のあらゆる主張を実行する」などは抗日根拠地の記念大会には一度も使用されなかった。中共はやはり国民党が主張しようとした抗戦建国に対する独占的指導権に高い警戒心を持っていたのである。

さらに、抗日根拠地の記念活動には、以下に述べるような公式の抗戦建国記念日とは異なる中共特有の側面があった。まず、「国統区」と明らかに異なるのは「七七」を「七一」と合併させて記念することである。「七一」は中共の創立記念日とされている日付である。しかし、中共が創立された日をその第一回全国大会が挙行された日とするならば、それは「七一」ではなく、一九二一年七月二三日であることが現在の研究で確認されている(44)。一九三八年の五月から六月にかけて、毛沢東が延安で行った講演「持久戦論」のなかで、「七月一日は中国共産党創立の十七周年記念日であり、この日はちょうど抗日戦争の一周年に当たる(45)」と述べているが、それは中共の創立と「七一」とを結び付けた最初の事例である。そこでは、非公式ながら「七一」が抗戦一周年記念に合わせる形で提起されていた。同年以降「七一」と「七七」をセットにして「記念週」の形で記念されることになった(46)。

「七一」が中共の創立記念日として中共中央の文書にはじめて記載されたのは、抗戦四周年記念の指示においてである。そこには、「今年の「七一」は中共が誕生して二十周年であり、また「七七」は中国抗日戦争の四周年である」と書かれており、この二つの「偉大な記念日」に関する宣伝の要点は、「中共の歴史は中華民族と中国人民を解放する事業のために勇敢に戦う歴史であり、抗日戦争は民族解放事業の最も重要な一歩である。中共は全国を団結させて抗日戦争の勝利を収める決定的な要素であり、中国革命の主役であるため、中共の施政綱領を全国に広める必要がある」とされた[47]。要するに、二つの記念日を並置させる意図は、抗日戦争の意義と抗戦における中共の役割を中共創立以来の革命の過程に位置付け、「記念週」を通じた集中的な宣伝により、中共の声望を高める「革命」の語りを広めることにあったのである。ここで注意しなければならないのは、抗戦四周年の一九四一年が国共関係の決定的に悪化した年であり、中共はその年から全国の抗日勢力を「団結」する主役を自ら担うことを目指したのである。

抗日根拠地に展開された記念活動のもう一つの特有の側面は、記念特輯・展覧会など常用の手法と共に、一般民衆とりわけ農民の生活に親しむ民俗（後述、ヤンコ踊りなど）や民間劇を利用することによって、日本軍の暴行と中共の反掃討、根拠地および農村の幸福な生活など共産軍の戦績・根拠地建設の成績を効果的に宣伝したことである。抗日根拠地において日本軍の戦闘時および占領地における残虐行為を強調する記念日宣伝は「国統区」に比べて明らかに活発であった。例えば、日本軍が中国人に加えた暴行を「殺戮・爆撃・姦淫・強奪・焼き払い・毒薬や毒ガスの使用・徴兵（壮丁を捕らえる）・悪巧み・略奪・民族団結を分裂させて奴隷化すること」[48]の十項目に集約する特別記事は、読者にとって非常に衝撃的であったであろう。また、展覧会においては、展覧室の壁に「爆発・焼失・姦淫・殺戮」を目立つように大書し、占領地での日本軍の暴行を告発する残酷な写真を展示することも行われた[49]。このほか、「日本鬼子最可恨、殺我同胞奪我城（日本兵が憎い、わが同胞を殺し町を奪う）」というような日本軍や日本人に対する恨みを喚起する歌が記念日に広場や街頭で広く歌われた[50]。

なぜ中共が日本軍暴行の宣伝を国民党より重視したのか。主に前線で日本軍と作戦する国民党軍と異なり、中共は日本軍の後方に根拠地を差し向け、占領地の治安を乱す遊撃の「抗戦」において日常的な暴行に直面していたからである。そして、このような宣伝は中共の敵の後方における抗戦の過酷さと重要性を強調することができ、日本に対する強い恨みを引き出すことは、民族感情を高揚させ中共が核となり抗戦に民衆の力を集結するうえで非常に効果的であったのである。

ゆえに、日本軍の暴行に反抗するために、中共が根拠地で行った粘り強い「反掃討」は中共による抗戦の大きな戦績として取り上げられ、記念日宣伝のもう一つの重要な内容となった。例えば、日本軍が華北で行った残酷な三光政策に対して、八路軍と民衆が手をつないで勇敢に戦うことを示す「活報劇」（街頭などで時事ニュースを簡単な劇の形式で演じるもの）や中共が日本軍の後方に展開した遊撃戦およびそれに関する出来事をモデルにした民間劇が記念日によく上演された[51]。

それに加えて、中共による根拠地の建設を分かりやすく宣伝するために、写真展・絵画展・歌謡・

ヤンコ踊り（節句やお祝いの時に中国北方の農村で広く行われる民間舞踊）などを利用する記念様式も特徴であった。以下にいくつか例を挙げる。延安で開催された抗戦二周年記念展覧会において、「敵後抗日根拠地」の活気溢れる様相を紹介するために、特別の展覧室を設けて写真展が行われた。記念大会のために作られた「抗戦五周年行進曲」という極めて歌いやすい歌曲は、「我々は五年間の英雄的な抵抗を歌いたたえる。中国人民の全体は厳しい闘争のなかで鉄鋼のような強固な人間に成長した。十八の根拠地は敵の後方に差し入れられ、八路軍と新四軍は反掃討のために血戦・苦闘している。我々は大声で五年間の勇敢な抵抗を歌いたたえる」との内容になっている。また、辺区民衆の生活がよく改善されて衣食に不自由のない生活をしている辺区の農村を描写する絵画展も五周年を記念して開かれた。さらに、「抗戦以来敵の後方における根拠地建設」を反映するヤンコ踊りが七周年記念日に街頭に繰り出した[52]。

しかし、これらの中共の「革命」の語りに合わせた独自性のある記念日宣伝活動は、辺区政府所在地の延安中心部以外の根拠地において必ずしも容易に展開されたわけではなかった。特に、一部の抗日根拠地には元々国民政府が管轄した地方政府が存在するため、記念活動の展開をめぐるやり取りで衝突が起こることもあった。蒐集できた資料のなかから、抗戦一周年記念日に関わる二つの事例を挙げる。延安市の北部境界にある安定県（現在は子長県）瓦窯堡《がようほ》において、中共が組織した安定抗敵後援会は抗戦一周年の頃に「七一」「七七」記念大会を開催する予定であったが、最初は当時の安定県政府に禁止された。抗敵後援会は安定県県長と交渉し、「一、二つの記念日の意義を群衆に語ることを禁止。二、記念大会の参加者を抗日軍政大学に限定し一般群衆の参加を禁止。三、中山会場および公共の場所の使用を禁止。四、提灯行列禁止」の四点を守れば記念大会の開催を認めるということになった。抗敵後援会は上記の規制を受け入れず、再度交渉した結果、「一、会場は県長が指定する。二、記念大会に参加する群衆があれば、県長がこれを排除する。三、県長は群衆に対して七月一日から早く寝て遅く起き、外出を控えることを命令し、群衆がこれを違反すれば処罰する」とされた(53)。

もう一つは延安市の南部境界にある洛川県の事例である。「偉大な抗戦建国記念日に当たって、洛川付近の我が各機関・団体・駐屯軍は各界の人々を集める記念大会を開催して、陣没将士を追悼することを計画した。そして、演劇・歌・行列などを通じて洛川の都心部に宣伝を広めることを準備した。しかし、洛川当局は宣伝活動を許さないため、変装して宣伝を行うことや街頭劇などの手法に変えるしかなかった」(54)。この二つの事例には、抗戦中における国共両党間の暗闘の一側面が反映されている一方、中共があらゆる可能性をつくって「革命」の語りを広げる記念日宣伝を工夫したこともうかがえる。「国共合作」が実現されたばかりの一九三八年の抗戦一周年記念日でさえ、こうした揉め事が起こったことを考えれば、それ以降の国共両党関係の悪化につれて、同様の衝突が激化したことは十分予想できる。

二　記念日に乗じる中共の宣伝――「国統区」の記念活動に見る中共

中共が実際に支配する根拠地以外に、「国共合作」の実現による言論・出版・集会・結社の自由を確保するため、一九三八年の前後に武漢（のちに重慶）で全国で発行できる中共機関紙『新華日報』・機関誌『群衆』を相次いで創刊し、戦時中共の政治主張と抗戦活動を中国全域に広く紹介する責務を担わせた。それらによる報道と記念文書からは、「国統区」で行動の自由を獲得した中共が、国民政府による公式な抗戦建国記念日においてどのような活動をしたのか、その一端がうかがえる。

まず、根拠地と異なり、「国統区」で活動していた中共は計画者や主催者ではなく主に抗戦建国周年記念活動の参加者であり、「七七献金」「七七慰問」などの戦時動員に直結する全国的抗戦の促進に有益な活動に積極的に加わった。「江漢関に設けられた献金処で極めて重大な意義を持つ献金があった。それは中国共産党献金代表団からの献金である。陳紹禹《ちんしょうう》（王明）は中共中央を代表して国幣一千元を献金し、続いて周恩来は軍事委員会政治部からもらった月給の二四〇元を寄付し、さらに国民参政員である中共党員六名から七月の月給を秦邦憲《しんほうけん》（博古）に頼んで献金した。また、遠く敵の後方で戦っている八路軍の兵士たちが節約して集めた献金一千元は李克農《りこくのう》に託して寄付した。（中略）これらの献金は抗戦軍人家族・傷病将士・被災同胞救済のために使用される」「献金処では群衆がたくさん集まり、気持ちが沸き立って「日本帝国主義を打倒せよ」「中国国民党万歳」「中国共産党万歳」を叫んだ」というような報道や、共産系民衆団体陝甘寧辺区各界婦人連合会重慶駐在代表団が国民党系の新生活運動促進総会婦人指導委員会と共に「七七慰問」活動を担当したことに関する報道が記念日の前後にしばしば見られる[55]。これらの記念活動の参加を通じて、中共は「国共合作」と「団結」を示す一方、「国統区」の一般民衆に中共に対する認識とプラスイメージを与え、中共の影響力を増加させようとした。

このように、記念日活動の参加者として「国統区」に滞在していた中共の代表団は、記念日に乗じて自身の抗戦に対する主張や中共による敵の後方の抗戦と根拠地建設の事情を、機関紙・誌に掲載して、「国統区」の民衆に紹介・宣伝した。宣伝の内容は基本的に社説と多数の記念文書からなる記念特輯を通して語っており、ほとんどが以下の三点に関するものであった。一つ目は、周年記念日に過去の抗戦における教訓・経験を総括して国民政府と国民党軍の業績を認めると共に、中共による抗戦の重要性と成績に言及することである。例えば、機関紙の一周年社説には「軍事方面では前線の正面切っての作戦と敵の後方の遊撃戦との協力で、敵の速戦即決論を粉砕した[56]」と述べて、中共による敵の後方の抗戦成績を主張した。機関誌の三周年社説は「抗戦三年以来、中共の同志が前線、銃後を問わず、全国の隅々で抗日戦争を戦っている。（中略）中共は中華民族解放闘争における最も強力な戦闘者である[57]」という中共による抗戦の役割と重要性を宣揚する内容であった。記念特輯のほうは国民政府と国民党の上層部が作った記念文書の転載のほかに、共産党側が作成した「東南戦場で活躍している新四軍」「抗戦における陝甘寧辺区の地位と役割」「八路軍が華北における抗戦を堅持している」

などの共産軍と辺区政府の業績を大いに宣揚するものが同様に紙面をにぎわした[58]。

中共による抗戦の重要性と業績の宣伝とは対照的に、二つ目は「国統区」における各方面の問題を指摘することである。それは、「献金運動には労働者、行商人、難民が熱心であるのに対して、生活の豊かな者がかえって後進的であった」「臨時首都では淫靡の風がまだ盛んであり、厳粛で質素な戦時生活がしっかり実行されていない。民生の改善が余りにも進んでない」「一部の地方では徴兵の方法がよくない、兵役忌避の民衆がなお存在する」というような内容であった[59]。

さらに、三つ目は中共独自の抗戦主張を宣揚するものである。それは中共中央が毎年公表した記念宣言の内容に一致する「抗戦の国策を堅持し、投降の危機を克服する」「妥協に反対し、抗戦を徹底する」「抗戦中に団結して対日抗戦を戦い、抗戦後に団結して建国事業を行う」などの主張を論じた記念文書や社説である[60]。これらの宣伝の目的は中共が主張した抗戦および政治政策を「国統区」の民衆に納得させて、中共を中心とする「団結」の基盤を固めようとすることにあったと考えられる。

これまで見てきたように、根拠地で中共が主導した独自性のある「七七記念」であれ、「国統区」で中共が行った記念活動であれ、中共の抗戦における業績とその抗戦に対する主張の宣伝が工夫をこらして展開された。そして、国共関係の悪化に伴って、そもそも国共両党の目指した「抗戦建国」にあるズレが徐々に顕在化していくうちに、中共による記念活動には自身の抗戦における役割の重さを強調しながら中国抗戦を中共革命の文脈に位置付けようとする一方、国民政府に対しては擁護から批判へ、そして国民党の抗戦における役割と貢献度に対して当初の承認から次第に言及しなくなる方向へ転換した様相が見えてくる。そこには中共の「革命」の語りの広がりが影響していたといわざるを得ない。このことは、抗戦中の国民党および国民政府による中共不在の抗戦像を補完するような意味を持っていたと考えられるが、抗戦後になると、それが国共内戦の進展につれて国民党不在の抗戦像形成の基盤となっていたと思われる。

おわりに　「革命」の語りの独占と選別された抗戦像の継承
内戦期における中共の「七七記念」と「未完成の革命」

抗戦を国民党による建国事業の一環として捉えた国民政府は、日中戦争が終結した後「抗戦建国記念日」の名称を放棄して「七月七日」を陸軍記念節に規定したことは第三章で明らかにした。これより、公式的には戦時国民動員に利用された「七七」に対する国民全体の記念が建国に尽力した国民革命軍の威信を顕揚するためのかなり限定的な記念に変わった。しかし、終戦後に国民党と内戦に突入した中共は、「七七」を抗戦周年記念日として引き続き記念していた。一九四六年七月七日に、中共はその中央委員会の名義で「七七」九周年記念宣言を公表した。そこには、抗戦中から民族復興のはじまりとして位置付けられた「七七」抗戦の目標は「民族解放の実現であり、反ファシズム戦争は勝利したが民族の危機は依然として存在しているため、抗日戦争によって完成していない神聖な任務をこれから努力して完成させなければならない」と述べて、さらに「我が全国軍民の一致団結によって国民党内の反動派による消極的抗戦が招いた民族の危機をようやく乗り越えた。（中略）抗戦勝利後、反動派は日本ファシズムの残存勢力および米国反動派の支持を受け、独裁と内戦に固執し、各種の条件を利用して抗戦の成果を盗み取ろうとしている」というように国民党に反動派の帽子をかぶせて、その抗戦を「消極的なもの」と評価し、「政治協商会議を再開し、国民党一党独裁の各級の政府を各級の民主連合政府に改造し、独立・平和・民主の新中国の目標を達成しよう」と呼びかけた。[61]

既に論じたように、抗戦中に国民党が目指した建国と中共が要求した政治改革におけるズレは国共両党が公然と対立した戦争後期から顕在化するようになり、終戦直前に両党がそれぞれ開いた全国代表大会において定式化された（連合政府 vs 国民党が指導する三民主義の共和国）。国民党による「建国」の語りからすれば、抗戦の終結は日本侵略者を放逐して国家民族の独立を実現した勝利を意味している。抗戦後は建国に向けた次の段階に入るべきであり、それはすなわち抗戦中に戦時動員体制の構築に伴って進められた「訓政」から「憲政」への移行である。これに対して、抗戦を民族革命として捉えた中共にとっては、抗戦九周年記念宣言にあるように、民族革命が目指した民族解放（対外的には独立、対内的には民主）はまだ実現していない、アメリカが日本に取って代わって中国の独立を妨げる一方、国民党内の反動派が民主的政治改革（連合政府）を拒否して独裁政治を続けようとしているというように見ていた。つまり、日本を打倒した抗日民族革命は「未完成の革命」であるとされた。ここでは、「未完成の革命」という結果に終わった主因を国民党に帰して国民党の抗戦における役割を過小評価し、その反動性（保守性・非革命性）を強調することによって革命を続けなければならないという意味が付与された。

さらに、国共内戦が膠着した一九四七年以降の抗戦十周年記念日に、中共は記念スローガンを発表し、「全国の労働者、農民およびあらゆる愛国者が連携して、民族統一戦線を組織しよう。売国・内戦・独裁の政策を取る蔣介石政権を打倒し、独立・平和・民主の新中国を建設しよう」と呼びかけ[62]、国民党「反動派」の頭目・蔣介石および彼が支配する国民政府を民族の敵とする民族統一戦線を組織し、そして打倒すべき対象を当初の日本から国民党および蔣介石政権に転換した。そして、抗戦十一周年、十二周年記念のために中共が出した指示やスローガン、宣伝文などには抗日戦争と人民解放戦争（内戦）が民族解放戦争の二段階として捉えられ、日本の侵略とその残虐さを非難すると共に、内戦中のアメリカと結託した蔣介石の人民に対する搾取が日本よりさらに厳しいと批判し、抗戦中に「抗戦も建国もしなかった国民党」を抗戦後に打倒しないと新中国の建設は成就しないという論理が示された[63]。要するに、日中戦争終結以降過小評価された国民党の抗戦における役割はこれより中共の民族革命の語りによって全面的に否定されるようになった。さらに、この論理において国民党の新中国建設における指導権はもちろん、参加の資格さえも否認することが意図された。

これまで見てきたように、国民政府は終戦後に「七月七日」を記念しないように指示したが、国共両党の決裂で中共は内戦中においても国民党およびそれが指導する国民政府に反対する民族革命の主張に正当性を与えるために、「七七」を利用してそれを引き続き記念していた。中共の民族革命の語りに規定された内戦期の「七七」記念によって形成された抗戦像には、国民党および国民政府の役割と業績が徐々に不在となり、中共は日中戦争時期の抗戦像にある日本侵略とその残虐さの部分を継承する一方、内戦期を経て自らが抗戦の主役であるような抗戦像を形成させようとしたのである。

注

（1）日中戦争初期の国共両党関係について、楊奎松は次のように評価している。中共の政権と軍隊は形式上改編したが、実際の政権と軍権はしっかりと中共の手に握られていた。国共間は結局各自の独立した政治的軍事的実体という関係であった。（楊奎松「論抗戦初期的国共両党関係」『近代史研究』一九九六年第三期、一四二頁）

（2）田中仁『一九三〇年代中国政治史研究――中国共産党の危機と再生』勁草書房、二〇〇〇年、六八―七六頁。

(3) 中共は国民党第五期三中全会の前に、国民党および中央政府に対して次の方針を提起した。(一)内戦を停止し、国力を集中し、一致して外敵に対抗する。(二)言論・集会・結社の自由を実現し、政治犯を釈放する。(三)共同救国のために、各党各派各界各軍の代表を集めて会議を開催する。(四)迅速に抗日戦の準備を整える。(五)人民の生活を改善する。(張憲文ほか『中華民国史』(第2巻)南京大学出版社、二〇〇六年、三三九―三四三頁を参照)

(4) 「関於根絶赤禍之決議」(一九三七年二月二一日)、栄孟源主編『中国国民党歴次代表大会及中央全会資料』(下冊)光明日報出版社、一九八五年、四三三―四三六頁。

(5) 「西安事変」後、中国国内の新たな情勢に鑑みて、コミンテルンはソビエト制度を放棄し、紅軍とソビエト区を改称して国民政府軍事委員会と中央政府の一元的指揮にしたがうと中共に提議した。(「共産国際執行委員会書記処給中国共産党中央委員会書記処的電報」(一九三七年一月二〇日、三月五日)、中共中央党史研究室第一研究部編『共産国際・聯共(布)与中国革命档案資料叢書(17)共産国際・聯共(布)与中国革命文献資料選輯(1931-1937)』中共党史出版社、二〇〇七年、四八三―四八五頁を参照)。一九三七年に入ると、国共再合作をめぐる諸問題の交渉が進むなかで、中共は革命の主要任務をソビエト化から「民主主義の獲得」(政治制度の民主的変革および人民の言論・集会・結社の自由の保障)を通じる国内平和の強化と抗日民族統一戦線の強固に転換することを考えた。(前掲『一九三〇年代中国政治史研究』、七九―八〇頁参照)

(6) 「中央関於同蔣介石第二次談判情況向共産国際的報告」(一九三七年六月一七日)、中央档案館編『中共中央文件選集(1936-1938)』(第11冊)中共中央党校出版社、一九九一年、二六五―二六七頁。

(7) 『中共中央文件選集(1936-1938)』第11冊にある日付は一九三七年七月八日であるが、その出典は『解放』第一巻第一〇期(一九三七年七月一二日)と記されている。(「中国共産党為日本軍進攻盧溝橋通電」(一九三七年七月八日)、前掲『中共中央文件選集(1936-1938)』(第11冊)、二七四―二七五頁参照)。

しかし実際の電文は、七月一五日の『解放』第一巻第一一期に載せられた。また『新中華報』七月一三日にも同じ電文が掲載されている。この件について、詳細に検討した安井三吉と秦郁彦によれば、電文の日付に関する議論はあるものの、電文が本物であることは疑いないだけでなく、事件直後の中共の断固たる抗日態度と全面抗戦の要求を否定するものではないとする。（安井三吉『盧溝橋事件』研文出版、一九九三年、二八六―二八八頁、秦郁彦『盧溝橋事件の研究』東京大学出版会、一九九六年、二七七―二八〇頁などを参照）

（8）「中国共産党為日本軍進攻盧溝橋通電」（一九三七年七月八日）、「中央関於盧溝橋事変後華北工作方針問題給北方局的指示」（一九三七年七月八日）、「紅軍将校為日本寇進攻華北致蔣委員長電」（一九三七年七月八日）、「紅軍将領為日寇進攻華北致宋哲元等電」、前掲『中共中央文件選集（1936-1938）』（第11冊）、二七四―二七九頁。

（9）中共中央文献研究室編『周恩来年譜（1898-1949）』中央文献出版社、一九八九年、三七一―三七二頁。

（10）中共中央党史研究室張聞天選集伝記組編『張聞天年譜（1900-1976）』中共党史出版社、二〇〇〇年、四八〇頁。

（11）前掲『周恩来年譜（1898-1949）』、三七六頁。

（12）前掲『張聞天年譜（1900-1976）』、四八五頁。

（13）「中央関於同国民党談判的十項条件給朱徳周恩来葉剣英的指示」（一九三七年八月一八日）、前掲『中共中央文件選集（1936-1938）』（第11冊）、三二二―三二三頁。

（14）前掲『周恩来年譜（1898-1949）』、三七七頁。

（15）前掲『周恩来年譜（1898-1949）』、三七九頁。

（16）中共中央文献研究室編『毛沢東年譜（1893-1949）』（中巻）中央文献出版社、二〇〇二年、一九頁。

（17）前掲『張聞天年譜（1900-1976）』、四九一―四九二頁。

(18)前掲『周恩来年譜(1898-1949)』、三八〇頁。
(19)前掲『張聞天年譜(1900-1976)』、四九四頁。
(20)前掲『張聞天年譜(1900-1976)』、四九九頁。
(21)「中国共産党抗日救国十大綱領」(一九三七年八月二五日)、前掲『中共中央文件選集(1936-1938)』(第11冊)、三二七―三三〇頁。
(22)「中国共産党決心共赴国難宣言」(一九三七年九月二二日)、『中共中央抗戦宣言集』蘇南新華書店、一九四九年、一―二頁。
(23)前掲『毛沢東年譜(1893-1949)』(中巻)、二九―三〇頁。
(24)一九三八年に記念宣言は発表されていないが、抗戦一周年の時点で中共の抗戦に対する主張を集約した「中共中央為抗戦一周年給蔣委員長及全国抗戦将士電」を記念宣言に当たるものとして捉えることができる。また、一九四三年から記念宣言の公表を国民政府によって禁止されたため、中共は記念宣言に代わり、記念スローガンの発表を通じて終戦まで自らの抗戦主張を訴え続けた。
(25)前掲『毛沢東年譜(1893-1949)』(中巻)、九〇頁。
(26)「社説　怎様去迎接偉大的〝七七〟?」『群衆』一九三八年七月二日第二巻第四期、一頁(中国和平出版社、一九八七年影印本第一冊、四七五頁)。
(27)毛沢東「当前時局的最大危機」『新華日報』(七七抗戦二周年紀念特刊・続)一九三九年七月七日、第一面。
(28)「中共中央為抗戦二周年紀念対時局宣言」(一九三九年七月七日)、中央档案館編『中共中央文件選集(1939-1940)』(第12冊)中共中央党校出版社、一九九一年、一三八―一四四頁。
(29)「中共中央為抗戦三周年紀念対時局宣言」(一九四〇年七月七日)、前掲『中共中央文件選集(1939-1940)』(第12冊)、四一〇―四一六頁。

(30)「中共中央関於目前形勢与党的政策的決定」（一九四〇年七月七日）、前掲『中共中央文件選集（1939-1940）』（第12冊）、四一七―四二五頁。

(31)「中国共産党中央委員会為抗戦四周年紀念宣言」（一九四一年七月七日）、中央档案館編『中共中央文件選集（1941-1942）』（第13冊）中共中央党校出版社、一九九一年、一五三―一五九頁。

(32) 前掲『毛沢東年譜（1893-1949）』（中巻）、三五〇頁。

(33)「中国共産党中央委員会為紀念抗戦五周年宣言」（一九四二年七月七日）、前掲『中共中央文件選集（1941-1942）』（第13冊）、四〇八―四一三頁。

(34)「中共中央宣伝部通知」『群衆』一九四二年七月一五日第七巻第一三期、三〇一頁（中国和平出版社、一九八七年影印本第五冊、三〇一頁）。

(35) 前掲『毛沢東年譜（1893-1949）』（中巻）五〇七頁。

(36)「中央書記処関於中央決定発動宣伝反撃的通知」（一九四三年七月八日）、中央档案館編『中共中央文件選集（1943-1944）』（第14冊）中共中央党校出版社、一九九二年、七一―七二頁。前掲『毛沢東年譜（1893-1949）』（中巻）、五〇八―五〇九頁。

(37) 中共第七回全国代表大会（一九四五年四月二三日―六月一一日）において、毛沢東による連合政府論の主張が出された。これに対し、国民党第六回全国代表大会（一九四五年五月五―二一日）は明確に連合政府論を拒否して国民党が指導する三民主義の共和国の樹立を主張した。（前掲『毛沢東年譜（1893-1949）』（中巻）、六六八―六七二頁。「中国国民党第六次全国代表大会」（一九四五年五月）、前掲『中国国民党歴次代表大会及中央全会資料』（下冊）、八九九頁）

(38)「七日上午挙行盛大追悼大会　由洛甫同志致開会詞高崗同志主祭　並由毛沢東同志領導挙行　抗日陣亡将士紀念碑奠基典礼」『新中華報』一九三八年七月一〇日、第二面。「抗戦両周年紀念　本市各界挙行紀念大会　並公祭抗戦陣亡将士　王明林伯渠鄧小平等同志莅場講演」『新中華報』一九三九年七月一一日、第四面。「今日〝七七〟全辺区充満紀念浪潮　延安軍民下午熱烈集会　全市黙哀追悼抗戦陣亡将士」『解放日報』一九四二年七月七日、第二面。

(39)「抗戦建国日」『新中華報』一九三八年七月一〇日、第二面。「延安各界抗戦二周年紀念大会　致全国抗日陣亡将士家属慰問信」『新中華報』一九三九年七月一一日、第三面。「本市挙行抗戦三周年紀念大会　朱総司令出席講演」『新中華報』一九四〇年七月一二日、第四面。「西北局留政指示各地　熱烈紀念七七　本市明日放暇普懸国旗」『解放日報』一九四三年七月六日、第二面。「本市（延安）熱烈紀念〝七七〟」『解放日報』一九四四年七月七日、第一面。

(40)例えば、「抗戦周年紀念　蒋委員長重申抗戦決心　粉砕敵人挑撥国共合作陰謀」『新中華報』一九三八年七月一〇日第一面、「社論　擁護中共中央宣伝和蒋委員長的文献」『新中華報』一九三九年七月一一日第一面、「蒋委員長抗戦三周年告全国軍民書」『新中華報』一九四〇年七月九日第一面、「偉大抗戦四周年紀念日　蒋委員長昭告同胞」『解放日報』一九四一年七月七日第一面、「蒋委員長抗戦五周年対全国人民広播詞」『解放日報』一九四二年七月七日第一面。

(41)例えば、一九四一年から『解放日報』の「七七抗戦周年紀念特輯」に、「八路軍新四軍抗戦第四周年」（一九四一年七月七日）「抗戦改変了辺区的一切」（一九四一年七月七日）「第十八集団軍（八路軍）戦績」（一九四二年七月七日）「八路軍新四軍抗戦第六周年戦績」（一九四三年七月七日）「八路軍新四軍抗戦第七周年戦績」（一九四四年七月七日）など共産軍の戦績を総括する記念文書が掲載されていた。また、共産軍抗日烈士追悼、家族慰問について、前掲「今日〝七七〟全辺区充満紀念浪潮　延安軍民下午熱烈集会　全市黙哀追悼抗戦陣亡将士」「西北局留政指示各地　熱烈紀念七七　本市明日放暇普懸国旗」などを参照。

(42)前掲「本市挙行抗戦三周年紀念大会　朱総司令出席講演」。

(43)前掲「抗戦両周年紀念　本市各界挙行紀念大会　並公祭抗戦陣亡将士　王明林伯渠鄧小平等同志莅場

(44) 講演」。「延安各界万人集会　紀念抗戦四周年　打倒日徳意法西斯強盗　保衛中国、保衛蘇聯」『解放日報』一九四一年七月八日、第二面。前掲「今日〝七七〟全辺区充満紀念浪潮　延安軍民下午熱烈集会全市黙哀追悼抗戦陣亡将士」。前掲「西北局留政指示各地　熱烈紀念七七　本市明日放暇普懸国旗」。

(45) 石川禎浩「思い出せない日付——中国共産党の記念日」、小関隆編『記念日の創造』人文書院、二〇〇七年、一三〇—一三七頁。

(46) 毛沢東「論持久戦」（一九三八年五月）、中共中央毛沢東選集出版委員会『毛沢東選集』人民出版社、一九六七年、四〇七—四〇八頁。

(47) 斉華「紀念〝七一〟〝七七〟与我們的任務」『新中華報』一九三八年六月三〇日、第三面。「〝七一〟〝七七〟紀念在辺区」『新中華報』一九三八年七月二〇日、第二面。「七一——中共廿二周年・七七——抗戦第六周年紀念特刊」『解放日報』一九四三年七月二—七日、第四面。

(48) 「中共関於中国共産党誕生二十周年・抗戦四周年紀念指示」（一九四一年六月）、前掲『中共中央文件選集（1941-1942）』（第13冊）、一四〇—一四一頁。

(49) 「日寇一年的暴行」『新中華報』一九三八年六月三〇日、第四面。

(50) 叶瀾「抗戦二周年紀念展覧会」『新中華報』一九三九年七月一四日、第四面。

(51) 「抗戦建国日」『新中華報』一九三八年七月一〇日、第二面。

(52) 前掲「今日〝七七〟全辺区充満紀念浪潮　延安軍民下午熱烈集会　全市黙哀追悼抗戦陣亡将士」。「戦地動態　看！我們在遊撃区怎様紀念七七」『戦地』一九三九年第三巻第二期、二二—二四頁。

(53) 前掲「抗戦両周年紀念展覧会」。麦新作詞・作曲「抗戦五周年行進曲」『解放日報』一九四二年七月五日、第四面。「七七錦集」『解放日報』一九四二年七月八日、第二面。前掲「本市（延安）熱烈紀念〝七七〟」。「違反国府命令　安定友区政府　阻撓挙行〝七七〟紀念大会」『新中華報』一九三八年七月一五日、第二面。

(54)「〃七一〃〃七七〃紀念在辺区」『新中華報』一九三八年七月二〇日、第二面。

(55)「献金洪潮瀰漫武漢　中国共産党熱烈献金　労働同胞慨捐血汗銭」『新華日報』一九三八年七月一〇日、第三面。「社論　民衆献金運動」『新華日報』一九三八年七月一二日、第一面。「陝甘寧辺区各界婦女聯合会駐渝代表送交〃七七〃両周年紀念訪問抗戦工作報告案」（一九三九年七月一七日）中国第二歴史档案館［請求番号］11-4544、四―七頁。

(56)「社論　抗戦建国紀念日」『新華日報』一九三八年七月七日、第一面。

(57)「社論　慶祝中共十九周年紀念」『群衆』一九四〇年七月七日第四巻第一八期、四九四―四九五頁（中国和平出版社、一九八七年影印本第三冊、四九四―四九五頁）。

(58)華西円「活躍東南戦場的新四軍」『新華日報』（抗戦建国紀念日特刊）一九三八年七月七日、第六面。呉克堅「陝甘寧辺区在抗戦中之地位与作用」『新華日報』（七七抗戦二周年紀念特刊・続完）一九三九年七月九日、第四面。鄧小平「八路軍堅持華北抗戦」『新華日報』（七七抗戦二周年紀念特刊・続完）一九三九年七月九日、第四面。

(59)前掲「社論　民衆献金運動」。「社論　検討自己紀念〃七七〃」『新華日報』一九四〇年七月六日、第一面。「社論　怎様去迎接偉大的〃七七〃?」『群衆』一九三八年七月二日第二巻第四期、一頁（中国和平出版社、一九八七年影印本第一冊、四七五頁）。

(60)王明「堅持抗戦国策克服投降危機」『新華日報』（七七抗戦二周年紀念特刊）一九三九年七月七日、第二面。洛甫「反対妥協投降堅持抗戦到底」『新華日報』（七七抗戦二周年紀念特刊）一九三九年七月七日、第二面。「社論　団結抗戦団結建国」『新華日報』一九四二年七月一〇日、第一面。

(61)「中国共産党中央委員会為紀念〃七七〃九周年宣言」（一九四六年七月七日）、中央档案館編『中共中央文件選集（1946-1947）』（第16冊）中共中央党校出版社、一九九二年、二三一―二四〇頁。

(62)「中共中央為紀念〃七七〃抗戦発布対時局口号」（一九四七年七月七日）、前掲『中共中央文件選集

（1946-1947）』（第16冊）、四七一―四七四頁。

(63)　「中国共産党中央宣伝部関於紀念〝七一〟和〝七七〟的通知」（一九四八年六月二八日）、中央档案館編『中共中央文件選集（1948）』（第17冊）中共中央党校出版社、一九九二年、二二一―二二三頁。「中国共産党中央委員会紀念〝七七〟――抗日戦争十二周年口号」（一九四九年七月一日）、中央档案館編『中共中央文件選集（1949）』（第18冊）中共中央党校出版社、一九九二年、三五二―三五四頁。「社論　粛清残敵、鞏固中国人民的勝利――紀念〝七七〟十二周年」『群衆』一九四九年七月七日第三巻第二八期、一四六頁（中国和平出版社、一九八七年影印本第一四冊、六一八頁）。

終章

「盧溝橋事件記念日」に見る日中の戦争認識の差異

第一節　日中戦争像の構築を伴う「真実」と「忘却」

対抗しつつも並存していた複数の戦争像

本書では、盧溝橋事件を発端とする日中全面戦争の勃発から終戦前後まで、共に戦時体制を強いられた日本と中国を四つの異なる政治空間（日本本土、日本軍による中国占領地、〈重慶〉国民政府が管轄する「国統区」、中共が支配する抗日根拠地）に区分し、それぞれの権力の主体（日本政府、対日協力の汪精衛政権、重慶国民政府、中共政権）が「七月七日」の盧溝橋事件を戦争動員あるいは政治宣伝の必要に応じてどのように記念し、それぞれの戦争解釈を支配下にある国民にどのように語ったのかを検討してきた。戦時日本と中国で継続して行われた「盧溝橋事件記念日」によって、四者それぞれの日中戦争像が形作られ、それらが戦時を通じて対抗しつつも並存していた。

日本本土で繰り広げられた「支那事変周年記念」に伴う「聖戦」の語りは、日本軍の対中長期作戦に大義名分を与え、国民の戦争に対する継続的な支持を求めるなかで作り上げられたものである。そこでは、「七月七日」を「暴戻な中国軍が日本軍に行った不信行為による凶悪事件」と意味付け、日中戦争を「抗日の中国政府を膺懲し、東亜の平和安定を実現する神聖な正義のための聖戦」と捉えた。こうした文脈で展開された記念活動からは、「日本の軍民が罪深い抗日勢力を壊滅し、弱者の中国を助けて東亜全体の幸せのために奮闘した」という聖戦像が見えてくる。ここでは、中国を対等の相手と見なさず、戦争の残酷さにも言及されていないため、戦争による加害の実態が全く見えてこない。さらに、太平洋戦争勃発以後、「支那事変」の持つ意味が「大東亜戦争」に回収されていくうちに、「聖戦」の語りの中核は「強者の英米に対抗して東亜永遠の平和を確立する」ことに切り替えられ、結果、聖戦像には戦争および加害の相手である「支那」が不在となってしまった。また、太平洋戦争以前から表出していた厳しい戦時生活に対する国民の被害者心理は、それ以降の戦局の悪化に伴って一層強化された。

一方、日本軍の中国占領地で展開された国民党や中共による抗日宣伝に対抗する反宣伝のための盧溝橋事件記念活動は、明らかに日本の「聖戦」の語りに影響された側面があった。しかし、占領地の形式上の権力主体である汪精衛政権は、自政権の独自性を主張するための「平和」の語りに合致する戦争解釈を行おうとした。そこでは、盧溝橋事件を表象する「七月七日」の意味を「日中平和を破壊した失敗の教訓」と説明して事件に対する当否を回避し、日中戦争初期の中国の抗戦を認めつつ、日本との国交調整を平和運動に読み替え、重慶（国民政府）に対しては誤った反日政策と抗戦継続を非難した。しかし、汪精衛政権の求めた「対等の平和」は「聖戦」の語りが目指した「従属的平和」と異なったため、占領地の記念活動は「日中」双方が協調しつつも対抗するなかで行われ、結局、日中戦争像が無定形なものになってしまった。すなわち、中国の民衆を教化する目的を抱いて「従属的平和」を中国に強いる「聖戦」の語りに特徴付けられた戦争像と、「対等の平和」を求めて真の「平和建国」を実現する意図が託された戦争像が交錯していたのである。さらに、太平洋戦争が展開するにつれて、「大東亜戦争」に巻き込まれた汪精衛政権による「平和」の語りは破綻し、その戦争像は対英米宣戦によって日本本土で構築された聖戦像に飲み込まれざるを得なかった。

これに対して、対日抗戦を主導した中国側の中央政府である（重慶）国民政府は、戦時動員体制の構築を通じ、戦前から開始していた近代的な国民国家の建設を実現させるため、「七月七日」を「抗戦建国記念日」に制定した。このため、戦時の国民政府が実際に管轄し得る「国統区」における記念活動には「抗戦」を「建国」と結び付ける「建国」の語りが用いられた。すなわち、「七月七日」を「日本軍が中国に対する侵略政策を加速した中華民族の存続に関わる出来事の発生日」と見なし、日中戦争を「民族の独立を確保するための対日自衛抗戦」として捉え、それを国民政府および国民党が指導する建国事業の一環に位置付けた。このような国民政府の正統性を主張する「建国」の語りに規定されながら形成された抗戦像は、「抗戦の主役である国民政府と国民党が、抗戦を通じた国内建設の完成と国際的地位の向上を目指して、民族復興に邁進している」というものであった。そこには、太平洋戦争勃発以後の中国抗戦の国際的な役割を強調する意味も含まれていた。

同じく対日抗戦に加わった中共政権は、国共両党の「合作」によって形式的に国民政府に編入され、実質的に合法的地位と行動の自由を獲得することに成功し、延安を拠点に独立運営する根拠地を拡大していた。そのなかで、抗戦を「抗日民族革命」と規定した中共は、建前では国民政府が要求した「抗戦建国記念日」を根拠地でも展開したが、国共関係の緊張・悪化に伴い、自らの「革命」の語りに特徴付けられた独自性のある記念活動を活発化させていった。そこでは、「七月七日」の意味を「日本帝国主義による長期にわたる中国侵略に対する全民族的立ち上がりの起点」と理解し、日中戦争を「民族解放を実現するための日本帝国主義打倒の民族革命、さらに世界反ファシズム戦争の重要な構成部分」として捉えた。中共の「革命」の語りの広がりに影響された抗戦像は、抗日民族統一戦線の強化に重要な役割を果たした中共とその抗戦における業績、および日本軍の暴行をより強調するという点で、国民政府による公式の抗戦像と異なっていた。そして、戦争後期から国共両党それぞれが目指す抗戦像の差異の顕在化により、中共側の抗戦像には国民政府および国民党の姿が徐々に薄くなっていった。

このように戦争記念日を利用して、戦時動員およびそれに伴う政治宣伝の内容を国民に記憶させて共有させながら形成された複数の日中戦争像は、それぞれの権力の主体が主張しようとした戦争の「真実」である。銃後のナショナリズムを刺激し、一般の人々を戦争に動員することは、近代的な総力戦に巻き込まれた日本と中国に共通する特徴であった。そこでは、宣伝や教育を通じて「戦争の記憶を一定方向に誘導」する必要が生じた。これには、戦争遂行のために記憶を誘導し強化するのみならず、都合の悪い事例を捨象するという記憶の範囲を狭めようとする側面があった。こうして戦時体制下で構築された戦争の記憶では、部分的な事実によって神話が形成され、「真実」として国民に信じられた。(1)しかし、このような部分的な事実で構成されたそれぞれの「真実」には「忘却」も伴っていた。「聖戦像」における加害事実の隠蔽、形式的には提携関係にあった国共両党のそれぞれの「抗戦像」における他党の姿の排除などは、それに当たる。戦争に対する同時代認識の差異はまさにこのようなプロセスのなかで生まれ、強化されていったのである。

第二節　日本と中国の戦争認識における差異

「加害」「被害」・「敗戦」「戦勝」について

第一節で確認した四者それぞれの日中戦争像の比較検討を通じて、日中の戦争認識における次のような差異が見えてくる。日本本土の聖戦像および「聖戦」の語りに制約された中国占領地の戦争像には、敵側を「東亜平和を破壊する中国の抗日勢力」と解釈し、「支那事変（中日事変）」は日中間の戦争ではなく、日本が中国を助けて抗日勢力を消滅する「事変」であるように印象付けられた。これに対して、対日抗戦のために連携した国共両党およびその政権による抗戦像は、敵側を「中華民族を侵略する日本（帝国主義者）および日本に協力する漢奸」と規定し、「抗日戦争」は日中両国のみならず日中両民族の対決であると認識された。ここでの相手側に対する位置付けと戦争に対する捉え方には、日中戦争を戦った双方の間で差異があった。この差異こそは、戦争における加害と被害に対する双方の認識上のズレを規定したと考えられる。つまり、戦争遂行の正当性（日中平和の可能性）を主張する聖戦像では中国に対する加害が隠蔽されたのに対して、抗戦の継続に欠かせない抗日ナショナリズムを高揚するための抗戦像では日本による被害を強調しなければならなかったのである。

この差異は太平洋戦争勃発以後一層際立った。なぜなら、「日本vs英米」の対決が日本の聖戦像の中心的内容となったにもかかわらず、中国では「中国vs日本」の対決が依然として抗戦像の中核として維持されたからである。ここでは、当初独自性を主張しようとした占領地の汪政権による戦争像が日本の聖戦像に抗しきれず吸収されたため、「対日協力の中国」であれ「抗日の中国」であれ日本の聖戦像のなかからは「中国」の姿が消えてしまった。一方、中国の抗戦像の内部では国共両党関係の悪化に伴い、国民政府および国民党が主導する抗戦を通じた中国の国際地位の向上と民族復興を誇示するため、中国の抗戦の国際的意義と栄光をより強く強調する抗戦像と、日本軍の後方における抗戦の役割を強調するために日本軍の残虐行為と被害をより強く強調する中共の抗戦像とが競合していた。つまり、加害の相手すら不在であった日本の聖戦像では、強者の英米から受けた被害が意識させられたのに対して、日本を相手とした中国の抗戦像には抗戦の世界的意義の強調と共に、国共両党間の戦後の国家建設に向かうヘゲモニーの争いによって、栄光と被害の両面が現れていた。

このように戦争後期から際立った日中の戦争認識の差異は、その後、終戦における「敗戦」と「戦勝」に対する双方の認識上のズレを規定することになった。それは、「アメリカを中心とする強者に負けた」という日本の「敗戦」意識と「日本を負かした主役」という中国側の「戦勝」認識のズレにほかならない。つまり、日本の聖戦像は「敗戦」によって断絶させられたが、そこで語られた「日本vs英米」の構図と共に、被害者としての一方的な心理は終戦後も残された。これに対して、栄光の抗戦像と被害の抗戦像はそれぞれの文脈を有していたが、いずれも「中国軍民が長期にわたる厳しい抗戦を徹底したうえで日本侵略者を追い出した（あるいは日本帝国主義者を打ち倒した）」という「戦勝」の認識を支えながら終戦後もそのまま継承された。さらに、この日中それぞれの戦争認識は、戦後に出現した日本と中国の新たな政治空間のなかで状況の展開を踏まえた調整を加えつつ、現代まで継続している。

第三節　日中の異なる戦後とそれぞれの継承された戦争認識

盧溝橋事件にはじまった日中全面戦争は、太平洋戦争を含む第二次世界大戦の終結と共に決着がついた。その後、日本は政治的主権を保有しながら連合国軍の占領下に置かれたいわゆる占領期に入ったのに対して、中国は戦時中に既に顕在化していた国共両党間の政治的・軍事的対立によって内戦に突入した。こうして、戦時中から終戦までに形作られた日本の「聖戦・敗戦」対中国の「抗戦・戦勝」という戦争認識の構図は、終戦後の日本と中国それぞれの複雑な状況のもとで再構成されていった。

日本は、連合国軍による占領という事実上のアメリカ単独占領のもとに置かれ、アメリカの占領政策に由来する戦争観や戦争認識の影響を直接に受けた。[2] このため、「聖戦・敗戦」像における加害の隠蔽と中国の不在の部分は、戦争におけるアメリカの役割と対日占領の必要性を裏付ける「太平洋戦争史観」に組み込まれ、戦後日本の戦争認識の出発点として定着した。これに対して、内戦に入った中国では、抗戦における民族の栄光をより重視する国民党、および内戦を抗戦と共に民族革命の構成部分に位置付けてその政治的主張に正当性を与えた中共が、それぞれの抗戦像を構築し続けた。この結果、「抗戦・戦勝」像における国民党およびその政権の役割と業績は内戦に優位を占めていった中共によって徐々に排除されていったが、そのほかの部分は継承されて中共の民族革命の文脈における抗戦像に合流し、それが戦後中国の戦争認識の歴史的基盤となった。こうした日本と中国の異なる戦後と、そこにおいて捨象されたそれぞれの戦争認識や差異は、今日の日中両国における戦争観をめぐる対立の根底にほかならない。

最後に、「盧溝橋事件記念日」の戦後について述べながら、日中戦争をめぐる相互認識の形成に残された課題と戦争認識問題の今後の展開を提示したい。まず、日本において、太平洋戦争勃発後徐々に消えていった「支那事変周年記念」は、終戦後に再び提起されることはなかった。なぜなら、銃後動員推進の機能を果たしたこの記念日は、日本の敗戦によって全否定すべきものになったからである。それと同時に、欧米が主導した「東京裁判」は「勝者の裁き」としばしば言われるが、中国をはじめとするアジア被害国・被害者への配慮が非常に不十分であるという指摘もあった。これは終戦直後の日本で「支那事変」への印象と認識を薄めさせたもう一つの要因である。さらに、米ソ冷戦の展開に伴って、アメリカはその対日占領政策を懲罰から復興へと転換し、結果、日本のアジア諸国に対する戦争責任の検証とそれに相応する戦争賠償がうやむやなまま終わってしまった。これこそが戦時から形成された「加害の隠蔽」と「中国不在」の戦争認識を一層強固なものとした。他方で、中国大陸で政権を握ることに成功した中共と、国共内戦の敗北で政権を台湾に移転せざるを得なかった国民党は、共に七月七日に代えて戦争の勝利を象徴する九月三日を記念するようになり、それぞれが期待する国民的アイデンティティの構築を図っていった。国共内戦期に明確に分岐した中共中心の「抗戦革命」認識と国民党中心の「抗戦建国」認識は、それぞれの戦勝記念に接続していった。そして、朝鮮戦争の影響で中台の分断が構造化するなかで、国共の異なった抗戦認識はそれぞれ中国大陸と台湾で定着していった。

一九七〇年代の中国の国連復帰および日本・アメリカとの国交樹立を契機として、日中台それぞれの戦争認識は、東アジアの新たな構図のなかに定置されることになる。一九八〇年代に再提起される東アジアの歴史問題はこのような文脈から理解すべきであり、本書が考究した戦時期に由来する歴史的射程を視野に収めつつ、日中戦争に関わる相互認識の形成に向けた日中台の共同研究が求められる。

注

(1) 浅野亮「戦争と国家形成」、浅野亮・川井悟編著『概説 近現代中国政治史』ミネルヴァ書房、二〇一二年、三九三頁。

(2) 吉田裕『日本人の戦争観――戦後史のなかの変容』岩波書店、一九九五年、二三一―二三二頁。

参考文献

（日本語文献は五十音順、中国語はピンイン順、英語はアルファベット順とする）

【史料】

Ⅰ　文書

日本語

「記念演習実施に関する件」（陸軍省兵務課、一九三九年六月一七日）アジア歴史資料センター（以下、アジ歴）レファレンスコード C01007342200
「軍楽隊市中行進に関する件」（陸軍省報道部、一九四一年七月三日）アジ歴レファレンスコード C07091928300
「支那事変一周年に当り賜ふ勅語案」（内閣総理大臣公爵近衛文麿、一九三八年七月六日）アジ歴レファレンスコード A02030075100
「支那事変一周年に当り勅語を賜はり内閣総理大臣告諭」（内閣、一九三八年七月七日）アジ歴レファレンスコード A02030075200
「支那事変第四周年記念「前線と銃後を結ぶ集ひ」に軍楽隊派遣方申請」（陸軍省、一九四一年六月二一日）アジ歴レファレンスコード C04014812600
「支那事変二周年記念皇軍に感謝の会後援の件」（陸軍省、一九三九年七月四日）アジ歴レファレンスコード C04014762100
「支那事変に対する宣伝方策大綱」（情報委員会・内閣情報部、一九三七年九月三日―一九三八年二月二六日）

国立公文書館［請求番号］本館2A−040−00資00327100［件名番号］003

「支那事変記念「輝く荒鷲現地報告写真展覧会」後援の件」（陸軍省、一九四二年六月三〇日）アジ歴レファレンスコードC04014919700

「支那事変勃発5周年記念行事に伴う啓発宣伝実施要領の件」（陸軍省、一九四二年六月九日）、アジ歴レファレンスコードC07092230500

「「支那事変勃発五周年記念」大東亜の空を征くM・C二〇展覧会後援名義使用方に関する件」（陸軍省、一九四二年六月八日）アジ歴レファレンスコードC04014910100

「支那事変勃発2周年記念実施に関する件」（内閣書記官長（内情精第8号）、一九三九年五月二七日）アジ歴レファレンスコードC01001777900

「支那事変勃発2周年記念実施に関する件」（陸軍省（陸支普第1607号）、一九三九年六月三日）アジ歴レファレンスコードC10073342000

「支那事変勃発二周年記念実施に関する件　内閣書記官長通牒並正副議長、顧問官へ通知」（内閣書記官長・枢密院書記官、一九三九年五月二七日）アジ歴レファレンスコードA06050810000

「支那事変四周年記念行事実施に関する件　情報局次長通牒」（情報局次長久富達夫、一九四一年五月一二日）アジ歴レファレンスコードA06050835700

「「大東亜建設工兵展」後援の件」（陸軍省、一九四二年六月三〇日）アジ歴レファレンスコードC04014920200

「大東亜戦争1周年記念日前後に於ける宣伝に関する件」（陸軍省報道部、一九四二年一〇月二一日）アジ歴レファレンスコートC01000929900

「大東亜戦争一周年記念行事実施要領「一般行事」に関する件　大政翼賛会事務総長通牒」（大政翼賛会事務

総長後藤文夫、一九四三年一一月一六日）アジ歴レファレンスコード A06050852600
「大詔奉戴日の実施方策に関する件　大政翼賛会事務総長通牒」（大政翼賛会事務総長丸山鶴吉、一九四三年一一月二四日）アジ歴レファレンスコード A06050868300
「展覧会後援御願」（陸軍省、一九四二年六月一二日）アジ歴レファレンスコード C04014918300
「米国及英国に対する宣戦詔書渙発の訓令の件」（文部省、一九四一年一二月八日）国立公文書館［請求番号］昭59文部 01045100
「陸軍経理関係報告書、人事に関する統計表（九、支那事変三周年記念日）」（臨時陸軍東京経理部、作成年月不明）アジ歴レファレンスコード A03032249800

中国語

「抄湖南省各界七七抗戦建国三周年紀念献金弁法」（湖南省動員委員会、一九四〇年八月一三日）台北国史館［請求番号］014-040600-0065
「重慶市各界拡大挙行抗戦建国三周年紀念弁法」（一九四〇年六月）中国第二歴史档案館［請求番号］11(2)-4061
「（重慶市）七七抗戦建国三周年紀念大会標語」（一九四〇年七月）中国第二歴史档案館［請求番号］5-12065(1)
「重慶市各界拡大挙行抗戦建国三周年紀念弁法」（作成年月不明）中国第二歴史档案館［請求番号］11(2)-4061
「重慶市執行委員会為抗戦建国四周年紀念大会呈報籌備情形概況的有関文書」（一九四一年六月—一九四二年一一月）中国第二歴史档案館［請求番号］11-7931
「贛省禁政実況及七七抗戦建国四周年紀念宣伝大綱」（一九四一年七月七日）中国第二歴史档案館［請求番号］

11(2)-2604

「各種紀念日簡史」（一九四三年六月）上海市档案館［請求番号］Y15-1-197

「国民政府行政院関於確立毎年七月七日為抗戦建国紀念日訓令」（一九三八年七月四日）中国湖北省档案館［請求番号］Ls1-4-0543-006

「国民政府訓令　為定七七為陸軍紀念節日令仰知照並飭属知照由」（一九四七年九月二六日）台北国史館［請求番号］015-020300-0131-0025x

「湖北省政府関於湖北省政府七七献金一万元規定弁法三項的訓令」（一九三八年七月二四日）中国湖北省档案館［請求番号］Ls1-4-0543-007

「湖北省政府秘書処関於検送七七献金及検同湖北省政府秘書処控除１９３８年８、９月分職員七七献金数目冊的公函」（一九三八年一一月二六日）中国湖北省档案館［請求番号］Ls1-4-0543-009

「湖南西康福建等省市各地為七七周年紀念大会呈報籌備情形概況的有関文書」（一九三九年六—七月）中国第二歴史档案館［請求番号］11-7932

「湖北省政府関於省政府献金一万元由各庁処分別攤派的籤呈」（一九三九年七月一一日）中国湖北省档案館［請求番号］Ls1-4-0543-017

「湖北恩施各界抗戦建国三周年紀念籌備会関於在大同日報発行特刊的電文及挙行公祭陣亡将士、遇難同胞並抄送標語的公函」（一九四〇年七月二日）中国湖北省档案館［請求番号］LS1-4-0544-014

「湖北恩施各界抗戦建国三周年紀念籌備会１９４０年七七三周年紀念籌備会第一次常委会記録」（一九四〇年七月二日）（通電討汪鋤奸掲発汪逆偽組織動揺現状）中国湖北省档案館［請求番号］Ls1-4-0544-015

「湖北各界抗戦建国四周年紀念大会抗属慰問隊注意事項」（一九四一年六月）中国湖北省档案館［請求番号］Ls1-4-0545-021

「湖北省政府関於紀念七七捐款在購糧款下抵発的代電、訓令、公函、電文」（一九四一年七月一六日）中国湖北省档案館［請求番号］Ls1-4-0545-005
「湖北省政府鄂東行署関於七七紀念籌備会議記録情形的代電」（一九四二年七月二九日）中国湖北省档案館［請求番号］Ls1-4-0545-004
「湖北省政府関於定期開会商討七七紀念籌備事宜的通知」（一九四三年六月二八日）中国湖北省档案館［請求番号］Ls1-4-0545-007
「紀念七七抗戦建国八周年暨七九北伐誓師十九周年籌備会議記録」（一九四五年六月二八日）中国湖北省档案館［請求番号］Ls1-4-0545-020
「抄行政院呈為本年7月7日抗戦建国紀念日仍照軍事委員会上年所規定紀念弁法弁理請通飭遵照一案訓令」（一九三九年五月一七日）台北国史館［請求番号］015-020300-0059
「抄文官処籤呈為中央第146次常会決議五月九日国恥紀念応並入七月七日抗戦建国紀念挙行一案」（一九四〇年五月九日）台北国史館［請求番号］015-020300-0059-0013x
「抗戦建国紀念挙行弁法及国民革命軍誓師紀念案」（第五届中央常務委員会第一二四次会議、一九三九年六月）台北国民党文化伝播委員会党史館［請求番号］会5.3/124.35
「抗戦建国紀念日宣伝要点」（一九三九年七月）中国第二歴史档案館［請求番号］11-7932
「抗戦六周年紀念宣伝大綱」（一九四三年六月二八日）中国湖北省档案館［請求番号］Ls1-4-0545-007
「擬請命定七七為抗戦建国紀念日案」（中宣部、一九三八年六月二八日）台北国民党文化伝播委員会党史館［請求番号］会5.3/83.15
「七七抗戦六三禁煙紀念標語及有関文書」（一九四四年五月）中国第二歴史档案館［請求番号］11-8839
「〝七七〞〝七九〞両紀念推請委員報告案」（中央執行委員会秘書処、一九四四年七月四日）台北国民党文化伝

播委員会党史館［請求番号］会5.3/235.41
「七七抗戦及七九国民革命軍誓師紀念意義」（一九四四年七月七日）台北国民党文化伝播委員会党史館［請求番号］一般465/80.2
「請改定七七抗戦建国紀念日紀念弁法案」（陳誠・張厲生ほか、一九四一年三月）台北国民党文化伝播委員会党史館［請求番号］会5.2/60.10
「全国民衆慶祝国府還都擁護平和大会宣伝計画」（国民政府（汪）行政院宣伝部、一九四〇年四月一五日）上海市档案館［請求番号］R18-1-702
「三青団上海支部利用各種紀念日進行宣伝之文稿和有関函件底稿」（一九四一年七月一一日）上海市档案館［請求番号］Q129-1-40
「陝甘寧辺区各界婦女聯合会駐渝代表送交〝七七〟両周年紀念訪問抗戦工作報告案」（一九三九年七月一七日）中国第二歴史档案館［請求番号］11-4544
「上海特別市政府抄発七七紀念日宣伝要点及弁法、標語令」（国民政府（汪）行政院宣伝部、一九四一年六月二四日）上海市档案館［請求番号］R18-1-54-21
「上海特別市政府秘書処関於七七事変五周年宣伝要点」（国民政府（汪）行政院宣伝部、一九四二年六月二〇日）上海市档案館［請求番号］R18-1-54-175
「上海特別市政府秘書処関於七七事変六周年宣伝要点」（国民政府（汪）行政院宣伝部、一九四三年七月二日）上海市档案館［請求番号］R18-1-55-64
「上海市政府訓令　為抄発国定紀念日日期表令仰知照由」（一九四八年九月二五日）上海市档案館［請求番号］Q215-1-47
「社会部関於七七紀念挙行慰労将兵粛清漢奸節約献金運動周案」（一九三九年五月―一九四〇年一二月）中国

第二歴史档案館［請求番号］11-7916
「司法行政部関於伝知将五月九日国恥紀念応並入七月七日抗戦建国紀念挙行的訓令及湖北高等法院的訓令」（一九四〇年五月三一日）中国湖北省档案館［請求番号］Ls7-1-0001162-012
「為抗戦建国紀念日的代電」（国民政府軍事委員会政治部、一九三八年六月）中国湖北省档案館［請求番号］LS1-4-0543-001
「武漢各界抗戦建国周年紀念献金征信録」（武漢抗戦建国周年籌備会、一九三八年七月七日）中国湖北省档案館［請求番号］Ls1-4-0543-005
「武漢各界紀念興亜日（七・七）聯合大会籌備会記録」（一九三九年六月―一九三九年八月）武漢市档案館［請求番号］LS008-09-00144
「五峰県政府関於挙行七七抗戦建国紀念及拡大献金運動分別解留情形的呈文及湖北省政府的指令」（一九三九年九月五日）中国湖北省档案館［請求番号］Ls1-4-0544-007
「行政院関於規定7月7日為抗戦建国紀念日並挙行各項典礼的電文及湖北省政府代電」（一九三八年七月四日）中国湖北省档案館［請求番号］Ls1-4-0543-002
「行政院関於五月九日応並入七月七日紀念挙行的電文及湖北省政府的訓令」（一九四〇年五月九日）中国湖北省档案館［請求番号］Ls1-4-0544-010
「行政院関於七七抗戦建国紀念会、七九北伐紀念届時分別挙行公祭陣亡将士的電文」（一九四〇年七月二日）中国湖北省档案館［請求番号］LS1-4-0544-013
「行政院関於七七、七九両紀念日照例対抗戦及北伐陣亡将士分別挙行公祭的電文」（一九四三年七月二日）中国湖北省档案館［請求番号］LS1-4-0545-009
「行政院関於為七七拡大挙行追悼大会的電」（一九四六年七月一日）中国湖北省档案館［請求番号］

Ls1-4-0717-001
「修正全国人民紀念国難弁法」（行政院・軍事委員会密令公布、一九四六年三月二日）、『上海市警察局邑廟分局関於升降旗幟等訓令、七七紀念弁法』上海市档案館［請求番号］Q134-5-157
「中共七七五周年紀念宣言之表裏」（統一出版社編印、一九四二年八月）台北国民党文化伝播委員会党史館［請求番号］特 3/32.7
「中央執行委員会常会決議在抗戦期間〃九一八〃〃七七〃両紀念日挙行紀念弁法通飭遵照」（一九四二年一〇月三一日）台北国史館［請求番号］015-020300-0059-0022x
「中国国民党湖北省執行委員会関於七七抗戦七周年紀念会籌備記録的箋函」（一九四四年六月二八日）中国湖北省档案館［請求番号］Ls1-4-0545-013

Ⅱ　史料集

日本語

赤澤史朗・北河賢三・由井正臣編『資料日本現代史12　大政翼賛会』大月書店、一九八四年
赤澤史朗・北河賢三・由井正臣編『資料日本現代史13　太平洋戦争下の国民生活』大月書店、一九八五年
有山輝雄・西山武典編『近代日本メディア史資料集成第2期　情報局関係資料』（第4巻）柏書房、二〇〇〇年
稲葉正夫「盧溝橋事件勃発当初における陸軍内部の紛糾」『現代史資料月報』（一一月）みすず書房、一九六五年
臼井勝美・稲葉正夫編『現代史資料（9）日中戦争2』みすず書房、一九六四年
外務省編『日本外交文書　日中戦争』（第一冊）六一書房、二〇一一年

外務省編『日本外交年表並主要文書』（下巻）原書房、一九六六年
「河邊虎四郎少将回想応答録（参謀本部作製）」、小林龍夫ほか編『現代史資料（12）日中戦争4』みすず書房、一九六五年
防衛庁防衛研修所戦史室編『戦史叢書　支那事変陸軍作戦（1）』朝雲新聞社、一九七五年
松田光生編著『十五年戦争時代日録』（上巻）葦書房、一九八五年
吉田裕・吉見義明編『資料日本現代史10　日中戦争期の国民動員①』大月書店、一九八四年

中国語

広東省社会科学院歴史研究所・中国社会科学院近代史研究所中華民国史研究室・中山大学歴史系孫中山研究室合編『孫中山全集』（第9巻）中華書局、一九八六年
栄孟源主編『中国国民党歴次代表大会及中央全会資料』（上・下冊）光明日報出版社、一九八五年
蕭李居編『蔣中正総統档案事略稿本（42）』（民国二七年七―一二月）台北国史館、二〇一〇年
中国第二歴史档案館編『国民党政府政治制度档案史料選編』（上冊）安徽教育出版社、一九九四年
中共中央党史研究室第一研究部編『共産国際・聯共（布）与中国革命档案資料叢書（17）共産国際・聯共（布）与中国革命文献資料選輯（1931–1937）』中共党史出版社、二〇〇七年
中共中央毛沢東選集出版委員会『毛沢東選集』人民出版社、一九六七年
中央档案館編『中共中央文件選集（1936–1938）』（第11冊）中共中央党校出版社、一九九一年
中央档案館編『中共中央文件選集（1939–1940）』（第12冊）中共中央党校出版社、一九九一年
中央档案館編『中共中央文件選集（1941–1942）』（第13冊）中共中央党校出版社、一九九一年
中央档案館編『中共中央文件選集（1943–1944）』（第14冊）中共中央党校出版社、一九九二年

中央档案館編『中共中央文件選集（1945）』（第15冊）中共中央党校出版社、一九九二年
中央档案館編『中共中央文件選集（1946-1947）』（第16冊）中共中央党校出版社、一九九二年
中央档案館編『中共中央文件選集（1948）』（第17冊）中共中央党校出版社、一九九二年
中央档案館編『中共中央文件選集（1949）』（第18冊）中共中央党校出版社、一九九二年

Ⅲ　伝記・回想録・年譜・日記

日本語

色川大吉『ある昭和史――自分史の試み』中央公論社、一九七八年
清沢洌『暗黒日記――昭和17年12月9日―20年5月5日』評論社、一九七九年
島利栄子『戦時下の母――「大島静日記」10年を読む』展望社、二〇〇四年
志村建世『少国民たちの戦争――日記でたどる戦中・戦後』社会批評社、二〇一〇年
杉山元帥伝記刊行会編『明治百年史叢書　杉山元帥伝』原書房、一九六九年
田渕脩子「上海高女時代に寄せて」、石塚歌子・田中雍子編『上海第一高等女学校　創立七十周年記念誌』江風会関東支部発行、一九九一年（非売品）
ロス、コリン（金森誠也・安藤勉訳）『日中戦争見聞記――1939年のアジア』講談社、二〇〇三年

中国語

秦孝儀総編纂『総統蔣公大事長編初稿』（巻4・上冊）台北中正文教基金会、一九七八年
中共中央文献研究室編『毛沢東年譜（1893-1949）』（中巻）中央文献出版社、二〇〇二年
中共中央党史研究室張聞天選集伝記組編『張聞天年譜（1900-1976）』中共党史出版社、二〇〇〇年

中共中央文献研究室編『周恩来年譜（1898–1949）』中央文献出版社、一九八九年

Ⅳ　新聞・雑誌

日本語

『大阪朝日新聞』（一九四〇年九月以降は『朝日新聞』に改題）（一九三七―一九四五年）大阪大学総合図書館所蔵
『大阪毎日新聞』（一九四三年一月以降は『毎日新聞』に改題）（一九三七―一九四五年）毎索
『写真週報』（一九三七―一九四四年）アジア歴史資料センター
https://dbs.g-search.or.jp/WMAI/IPCU/WMAI_ipcu_menu.html
『週報』（一九三七―一九四四年）アジア歴史資料センター
『大陸新報』（一九三九―一九四五年）立命館大学修学館リサーチライブラリー所蔵
『東京日日新聞』（一九三七―一九四二年）毎索
https://dbs.g-search.or.jp/WMAI/IPCU/WMAI_ipcu_menu.html
『読売新聞』（一九四二年八月以降は『読売報知』に改題）（一九三七―一九四五年）ヨミダス歴史館
https://database.yomiuri.co.jp/rekishikan/

中国語

『東方画刊』（一九三八―一九三九年）上海図書館所蔵
『華僑先鋒』（一九四四年）上海図書館所蔵
『黎明郵刊』（一九四二―一九四三年）上海図書館所蔵

『緑旗』（一九四〇年）上海図書館所蔵
『青城』（一九三八―一九三九年）上海図書館所蔵
『青年月刊』（一九三八年）上海図書館所蔵
『群衆』（中国和平出版社影印本）（一九三七―一九四五年）、大阪大学田中仁研究室所蔵
『士兵月刊』（一九四二年）上海図書館所蔵
『蘇訊』（一九四六年）上海図書館所蔵
『新申報』（一九三九―一九四〇年）国立国会図書館関西館アジア情報室所蔵、（一九四一―一九四三年）日本大学高綱博文研究室所蔵
『新華日報』（一九三八―一九四六年）大阪大学外国学図書館所蔵
『新中華報』（一九三七―一九四一年）大阪大学外国学図書館所蔵
『解放日報』（一九四一―一九四五年）大阪大学総合図書館所蔵
『中華日報』（一九三七、一九三九―一九四四年）上海図書館所蔵
『中央日報』（一九三七―一九四五年）大阪大学外国学図書館所蔵
『戦闘』（一九三九年）上海図書館所蔵
『戦地』（一九三九年）上海図書館所蔵

V　その他

日本語

朝日新聞百年史編修委員会編『朝日新聞社史・資料編』朝日新聞社、一九九五年
内閣情報部『支那新中央政府成立の経緯』内閣情報部発行、一九四〇年

毎日新聞社社史編纂委員会編『毎日新聞七十年』毎日新聞社、一九五二年
読売新聞100年史編集委員会編『読売新聞100年史（別冊）資料・年表』読売新聞社、一九七六年

中国語

民団週刊社編『抗戦建国紀念日』民団週刊社（南寧）、一九三八年発行
彭文凱編『七七抗戦六周年紀念中外文献彙編』国民図書出版社、一九四二年印行
『七七抗戦建国第二周年紀念手冊』浙江省国民抗敵自衛総司令部政訓処、一九三九年印発
『七七紀念総裁文告彙編』中国国民党中央執行委員会宣伝部、一九四二年編印
『七七抗戦紀念中央文告彙輯』江西省政府秘書処編訳室編印、一九四四年
『中共中央抗戦宣言集』蘇南新華書店、一九四九年発行
朱公振・朱翊新編著『本国紀念日史』世界書局、一九三九年

〔著作・論文〕

日本語

赤木須留喜『翼賛・翼壮・翼政――続　近衛新体制と大政翼賛会』岩波書店、一九九〇年
赤木須留喜『近衛新体制と大政翼賛会』岩波書店、一九八四年
赤澤史朗ほか編『戦時下の宣伝と文化』（年報・日本現代史第7号）現代史料出版、二〇〇一年
浅野亮「戦争と国家形成」、浅野亮・川井悟編著『概説　近現代中国政治史』ミネルヴァ書房、二〇一二年

有山輝雄『情報覇権と帝国日本II――通信技術の拡大と宣伝戦』吉川弘文館、二〇一三年
アルヴァックス、M（小関藤一郎訳）『集合的記憶』行路社、一九八九年（Maurice Halbwachs, *La mémoire collective*, Paris: Presses Universitaires de France, 1950）
家近亮子『蔣介石の外交戦略と日中戦争』岩波書店、二〇一二年
家近亮子ほか編著『岐路に立つ日中関係――過去との対話・未来への模索』（改訂版）晃洋書房、二〇一二年
伊香俊哉『戦争はどう記憶されるのか――日中両国の共鳴と相剋』柏書房、二〇一四年
石井弓『記憶としての日中戦争――インタビューによる他者理解の可能性』研文出版、二〇一三年
石川禎浩「思い出せない日付――中国共産党の記念日」、小関隆編『記念日の創造』人文書院、二〇〇七年
石島紀之『中国抗日戦争史』青木書店、一九八四年
石田雄『記憶と忘却の政治学――同化政策・戦争責任・集合的記憶』明石書店、二〇〇〇年
伊藤勲「日中事変はなぜ拡大したか（上）、（下）――盧溝橋事件勃発六十五周年を記念して」『松阪大学政策研究』二〇〇三年第三巻第一号、二〇〇四年第四巻第一号
井上寿一『理想だらけの戦時下日本』筑摩書房、二〇一三年
井上寿一『日中戦争下の日本』講談社、二〇〇七年
今井清一「日本における日中戦争論　一九三七―一九四二」、井上清・衛藤瀋吉編著『日中戦争と日中関係――盧溝橋事件五〇周年日中学術討論会記録』原書房、一九八八年
内田尚孝『華北事変の研究――塘沽停戦協定と華北危機下の日中関係　一九三二―一九三五年』汲古書院、二〇〇六年
江口圭一『十五年戦争研究史論』校倉書房、二〇〇一年
江口圭一『日本の侵略と日本人の戦争観』岩波書店、一九九五年

江口圭一『十五年戦争小史』（新版）青木書店、一九九一年
江口圭一『盧溝橋事件』岩波書店、一九八八年
小野寺史郎『国旗・国歌・国慶——ナショナリズムとシンボルの中国近代史』東京大学出版会、二〇一一年
カーツァー、D・I（小池和子訳）『儀式・政治・権力』勁草書房、一九八九年（David I. Kertzer, *Ritual, Politics, and Power*, New Haven: Yale University Press, 1988）
貴志俊彦『満洲国のビジュアル・メディア——ポスター・絵はがき・切手』吉川弘文館、二〇一〇年
貴志俊彦・川島真・孫安石編『増補改訂　戦争・ラジオ・記憶』勉誠出版、二〇一五年
許育銘（和田英男・周妍訳）「東アジア共同研究と台湾の歴史認識」、田中仁編『21世紀の東アジアと歴史問題——思索と対話のための政治史論』法律文化社、二〇一七年
倉沢愛子ほか編『岩波講座アジア・太平洋戦争3　動員・抵抗・翼賛』岩波書店、二〇〇六年
倉沢愛子ほか編『岩波講座アジア・太平洋戦争6　日常生活の中の総力戦』岩波書店、二〇〇六年
小関隆編『記念日の創造』人文書院、二〇〇七年
坂野良吉「蔣介石の「最后の関頭」演説について——盧溝橋事件に中国サイドから接近」『上智史学』二〇〇七年一一月第五二号
笹川裕史「中国の総力戦と基層社会」、久保亨・波多野澄雄・西村成雄編『日中戦争の共同研究5　戦時期中国の経済発展と社会変容』慶應義塾大学出版会、二〇一四年
笹川裕史・奥村哲『銃後の中国社会——日中戦争下の総動員と農村』岩波書店、二〇〇七年
佐藤卓巳『八月十五日の神話——終戦記念日のメディア学』筑摩書房、二〇〇五年
佐藤卓巳・孫安石編『東アジアの終戦記念日——敗北と勝利のあいだ』筑摩書房、二〇〇七年
里見脩『新聞統合——戦時期におけるメディアと国家』勁草書房、二〇一一年

里見脩「同盟通信社の「戦時報道体制」──通信社と国家」『マス・コミュニケーション研究』二〇〇五年第六六号
柴田哲雄『協力・抵抗・沈黙──汪精衛南京政府のイデオロギーに対する比較史的アプローチ』成文堂、二〇〇九年
庄司潤一郎「戦争の呼称をめぐる諸問題」『外交史料館報』二〇一二年第二五号
庄司潤一郎「戦後日本における歴史認識──太平洋戦争を中心として」『防衛研究所紀要』二〇〇二年二月第四巻第三号
千田夏光『天皇と勅語と昭和史』汐文社、一九八三年
孫江『中国の「近代」を問う──歴史・記憶・アイデンティティ』汲古書院、二〇一四年
高岡裕之『戦争の経験を問う　総力戦体制と「福祉国家」──戦時期日本の「社会改革」構想』岩波書店、二〇一一年
田中仁「「終戦」「抗戦勝利」記念日と東アジア」、西村成雄・田中仁編『現代中国地域研究の新たな視圏』世界思想社、二〇〇七年
田中仁『一九三〇年代中国政治史研究──中国共産党の危機と再生』勁草書房、二〇〇二年
玉井清編『戦時日本の国民意識──国策グラフ誌『写真週報』とその時代』慶應義塾大学出版会、二〇〇八年
津金澤聰廣・有山輝雄編著『戦時期日本のメディア・イベント』世界思想社、一九九八年
鶴見俊輔「知識人の戦争責任」『中央公論』一九五六年一月号
遠山茂樹・今井清一・藤原彰『昭和史』岩波書店、一九五五年
富田健治『敗戦日本の内側──近衛公の思い出』古今書院、一九六二年

冨山一郎編『歴史の描き方3　記憶が語りはじめる』東京大学出版会、二〇〇六年
長志珠絵『占領期・占領空間と戦争の記憶』有志舎、二〇一三年
成田龍一『戦争の経験を問う　「戦争経験」の戦後史――語られた体験／証言／記憶』岩波書店、二〇一〇年
西村成雄編著『20世紀中国政治史研究』放送大学教育振興会、二〇一一年
ノラ、ピエール編（谷川稔監訳）『記憶の場――フランス国民意識の文化＝社会史』（第一巻「対立」、第二巻「統合」、第三巻「模索」）岩波書店、二〇〇二年―二〇〇三年
秦郁彦『盧溝橋事件の研究』東京大学出版会、一九九六年
服部龍二『日中歴史認識――「田中上奏文」をめぐる相剋 1927-2010』東京大学出版会、二〇一〇年
深町英夫『身体を躾ける政治――中国国民党の新生活運動』岩波書店、二〇一三年
福間良明『「聖戦」の残像――知とメディアの歴史社会学』人文書院、二〇一五年
丸田孝志『革命の儀礼――中国共産党根拠地の政治動員と民俗』汲古書院、二〇一三年
安井三吉「盧溝橋事件研究の現状と課題」『歴史科学』二〇〇八年一二月一九五号
安井三吉『柳条湖事件から盧溝橋事件へ――一九三〇年代華北をめぐる日中の対抗』研文出版、二〇〇三年
安井三吉『盧溝橋事件』研文出版、一九九三年
山中恒『新聞は戦争を美化せよ！――戦時国家情報機構史』小学館、二〇〇一年
山之内靖、ヴィクター・コシュマン、成田龍一編『総力戦と現代化』柏書房、一九九五年
山本武利「上海居留民を扇動するメディア『大陸新報』」『Intelligence』二〇一二年第一二号
山本武利責任編集『岩波講座「帝国」日本の学知第4巻　メディアのなかの「帝国」』岩波書店、二〇〇六年
尹海東（藤井たけし訳）「植民地認識の「グレーゾーン」――日帝下の「公共性」と規律権力」『現代思想』、二〇〇二年第六号

吉田裕『日本人の戦争観——戦後史のなかの変容』岩波書店、一九九五年
劉傑・三谷博・楊大慶編『国境を越える歴史認識——日中対話の試み』東京大学出版会、二〇〇六年
劉傑『日中戦争下の外交』吉川弘文館、一九九五年
柳鏞泰（李香淑訳）「自国史の帝国性を問う——韓中日三国の東アジア地域史比較」*OUFC Discussion Papers in Contemporary China Studies* No. 2015-12
鹿錫俊『蔣介石の国際的解決戦略：1937–1941——「蔣介石日記」から見る日中戦争の深層』東方書店、二〇一六年
ワン・ジョン（伊藤真訳）『中国の歴史認識はどう作られたのか』東洋経済新報社、二〇一四年（Zheng Wang, *Never Forget National Humiliation: Historical Memory in Chinese Politics and Foreign Relations*, New York: Columbia University Press, 2012）

中国語

卜正民（潘敏訳）『秩序的淪陥——抗戦初期的江南五城』商務印書館、二〇一五年（Timothy Brook, *Japanese Agents and Local Elites in Wartime China*, Cambridge, MA: Harvard University Press, 2005）
蔡徳金「対盧溝橋事変幾個問題的思考」『抗日戦争研究』一九九七年第三期
陳蘊茜『崇拝与記憶——孫中山符号的建構与伝播』南京大学出版社、二〇〇九年
陳在俊「日本発動盧溝橋事件的真相和背景」『近代中国』一九八四年六月第四一期
段瑞聡「蔣介石与抗戦時期総動員体制之構建」『抗日戦争研究』二〇一四年第一期
馮攀「抗戦時期国民政府七七紀念活動研究」西南大学修士学位論文、二〇一三年
郭輝「民族危機与政治動員——抗戦時期国家紀念日増設述略」『抗戦史料研究』二〇一三年第一輯

洪長泰『新文化史与中国政治』一方出版、二〇〇三年
李雲漢『盧溝橋事変』台北東大図書公司、一九八七年
彭剛「歴史記憶与歴史書写――史学理論視野下的〝記憶的転向〟」『史学史研究』二〇一四年第二期
皮埃爾・諾拉主編（黄艶紅等訳）『記憶之場――法国国民意識的文化社会史』南京大学出版社、二〇一五年
曲家源「再論日本発動盧溝橋事件的計画性――兼答安井三吉教授」『抗日戦争研究』一九九九年第四期
曲家源「対〝一失踪士兵〟的考証――盧溝橋事変起因研究之一」『近代史研究』一九九一年第三期
王晴佳『新史学講演録』中国人民大学出版社、二〇一〇年
王晴佳・古偉瀛『後現代与歴史学――中西比較』台北巨流図書有限公司、二〇〇四年
魏宏運「関於盧溝橋之戦的幾個問題（上）」『南開学報（哲学社会科学版）』二〇〇六年第六期
楊奎松「論抗戦初期的国共両党関係」『近代史研究』一九九六年第三期
楊奎松『失去的機会?――抗戦前後国共談判実録』広西師範大学出版社、一九九二年
臧運祜「関於一份七七事変前夕日軍陰謀侵占華北的機密文書」『抗日戦争研究』二〇〇二年第三期
張義成・劉洪英「国共有関抗戦問題表述方面的比較研究――以『新華日報』国共両党〝七七〟紀念文章為対象的考察」『広西社会科学』二〇一五年第八期
張憲文等著『中華民国史』（第2巻）南京大学出版社、二〇〇六年
張玉法『中華民国史稿』台北聯経出版事業公司、二〇〇一年
周遊「汪偽政権対〝双十節〟的紀念与闡釈」『社会科学論壇』二〇一三年第七期

英語

Wagner, Rudolf G., "Ritual, Architecture, Politics, and Publicity during the Republic: Enshrining Sun Yat-sen", Edited by Jeffrey W. Cody, Nancy S. Steinhardt, Tony Atkin, *Chinese Architecture and the Beaux-Arts*, Hong Kong: Hong Kong University Press, 2010

Xiaohua Ma, "Constructing a National Memory of the War: War Museums in China, Japan, and the United States", Edited by Marc Gallicchio, *The Unpredictability of the Past: Memories of the Asia-Pacific War in U. S. -East Asian Relations*, Durham, NC: Duke University Press, 2007

あとがき

本書は二〇一六年の夏、大阪大学に提出した博士論文「日中全面戦争期における「盧溝橋事件記念日」研究——構築された日中戦争像をめぐる日本と中国の比較」を加筆修正したものである。

私は二〇一一年に来日し、博士後期課程では研究テーマを日本と中国双方の資料を利用した日中戦争史比較研究に定めた。しかし、具体的な研究課題を確定するまでは悩みの連続だった。たまたま、日中戦争時期の日本社会における対中輿論に関わる資料を探していたところ、戦時中の日本では盧溝橋事件勃発日の七月七日が継続的に記念されていたことを知った。そして、盧溝橋事件記念に関する一連の資料も見つけることができた。

このことは、中国人の私にとって新鮮な驚きであった。なぜなら、盧溝橋事件についての中国における一般的な理解は、「日本軍の謀略」というものであり、謀略であるならば、日本は事件の責任や国際社会の非難を回避するために、わざわざこの事件を記念したりするはずがないと考えていたからである。当然ながら、中国では戦時中から戦後、そして現在に至るまで、盧溝橋事件を中華民族の苦難と恥辱を記憶させるシンボルの一つとして記念してきた。私は、これまで注目されてこなかった

「盧溝橋事件記念日」について研究し、中国のそれと比較検討することによって、日中戦争に対する認識を戦時中まで遡って明らかにすることができるのではないかと考えたのである。この課題は、まさに戦後のみを対象としてきた日本と中国の戦争認識についての先行研究の不足を補うものであり、本書は、未熟ではあるものの新たな問題提起を行うことができたと自負している。

幸いにも、本書は独立行政法人日本学術振興会平成二九年度科学研究費助成事業（研究成果公開促進費）「学術図書」（課題番号JP17HP5100）の出版助成を受けることができた。出版までに与えられた時間は極めて短いものであり、本書に不足な点が多々あることは承知しているが、可能な限りの努力はしたつもりである。謹んで、学界諸賢のご批判を乞う次第である。

本書の元となった論文の初出は以下の通りであるが、博士論文の形にまとめるに当たって、さらに今回書籍として出版するに際して、それぞれ大幅に加筆したことをことわっておく。

第一章　「盧溝橋事件の拡大とメディアの報道について——『東京日日新聞』を中心に」（大阪大学中国文化フォーラム編『日中台共同研究「現代中国と東アジアの新環境」② 21世紀の日中関係：青年研究者の思索と対話』OUFCブックレット第三巻、一〇九—一三〇頁、二〇一四年）、「盧溝橋事件周年記念日に見る日中戦争像——戦時期における日本と中国を比較して（一）」（『阪大法学』第六五巻第四号、八一—一〇五頁、二〇一五年）

第二章　「日本占領下の華中における盧溝橋事件記念の諸相と対日協力政権のジレンマ」（『現代中国研

究』第三九号、一〇―二七頁、二〇一七年）
第三章「盧溝橋事件周年記念日に見る日中戦争像――戦時期における日本と中国を比較して（二）」（『阪大法学』第六五巻第五号、一二三―一四七頁、二〇一六年）
第四章「盧溝橋事件とその後の中国共産党――対国民党政策の展開と抗日を中心に」（『現代中国研究』第三二号、三九―五六頁、二〇一三年）、「盧溝橋事件周年記念日に見る日中戦争像――戦時期における日本と中国を比較して（二）」（『阪大法学』第六五巻第五号、一二三―一四七頁、二〇一六年）

本書を出版するまでには、多くの方々のご支援やご協力をいただいた。ここに記して感謝を申し上げたい。

まず、博士後期課程の指導教員である田中仁先生のあたたかな指導に深く感謝を申し上げる。田中先生とはじめてお会いしたのは、二〇〇七年に中国南開大学で行われた第一回「現代中国社会変動与東亜新格局」国際会議である。以後、田中先生には毎年日本や台湾、中国と持ち回りで開催される同会議において貴重なアドバイスをいただいた。修士課程を修了し、日本への留学を決めた時にも、田中先生には多大なご支援をいただいた。留学生の私に対して、研究上の丁寧な指導はもちろんのこと、六年間の研究生活が順調に進められたのは先生のきめ細かなご配慮のおかげである。本書の執筆に際しても、貴重なご意見をいただいた。

大阪大学の瀧口剛先生、高橋慶吉先生、山田康博先生には、主に日本政治史や戦前戦後を通じた東アジアの国際関係について教えていただき、中国近現代史出身の私に国際政治への視点を持たせてくださった。瀧口先生が主宰される政治史研究会での、政治史研究が専門の方々との交流が研究を進めるうえでの有益なヒントになっている。瀧口先生と高橋先生には、博士論文の副査も担当していただくことができ、大変光栄に思っている。

また、大阪大学中国文化フォーラム、中国現代史研究会（関西）、日中戦争史研究会（愛知大学）、日本上海史研究会（東京）などの研究会において、度々お世話になった西村成雄先生、馬場毅先生、高綱博文先生、丸田孝志先生、許衛東先生、日野みどり先生、坂井田夕起子氏、根岸智代氏、河野正氏、菊地俊介氏にも心より感謝を申し上げたい。本書の日本語に関して校閲していただいた坂井田夕起子氏は、田中先生のゼミの大先輩であり、私の留学当初から二人で勉強会を行い、研究生活や日本語論文執筆の助言をいただいてきた。独学で日本語を学んだ私が、たった五年間の留学で約十五万字の日本語論文を完成できたのは、坂井田先輩のおかげである。菊地俊介氏、河野正氏には、研究課題についてのアドバイスをいただくと共に、研究資料の収集にも協力していただいた。同様に協力いただいた前田輝人氏が昨年二月に他界され、本書をお見せできなかったことが悔やまれる。西村成雄先生には、本書の初稿を丁寧に読んでいただき、貴重なご意見や励ましの言葉をたくさんいただいた。そのおかげで、私は勇気を出して未熟な本書の出版助成を申請することができた。

さらに、修士課程の指導教員であり、歴史学の手ほどきをしていただいた中国南開大学の江沛先生に謹んで感謝を申し上げる。江先生には学部時代からゼミや国際会議に参加させていただき、視野と人脈を広げていただいただけでなく、日本留学中も引き続き研究上のご指導をいただいた。台湾と中国大陸の文書館や図書館に所蔵されている未刊行の一次資料を多数使用するに当たっては、台湾東華大学の許育銘先生、陳進金先生、院生時代の先輩秦熠氏、劉暉氏にも協力していただいた。謹んで感謝の意を表したい。

この他、一人一人のお名前を挙げることはしないが、本書の刊行までにご指導ご支援いただいた多くの方々に心よりお礼を申し上げたい。

最後に、本書の刊行に当たっては、出版助成の申請に協力していただいた大阪大学出版会の川上展代氏、本書の編集を引き受けていただいた同出版会の板東詩おり氏に感謝したい。はじめての著書の出版で、とまどうばかりだった外国人の私は、両氏の協力と支援がなければ本書を刊行することができなかっただろう。心よりお礼を申し上げる。

二〇一八年一月三日

鄒　燦

関連年表

（太字は日中共通の事項である）

西暦	日本	中国
一八九四	八月　**清国に宣戦布告（日清戦争）**	八月　**朝鮮での甲午農民戦争をきっかけとして日清戦争勃発**
一八九五	四月　**下関条約（三国干渉）** 六月　台湾総督府が軍政を開始	四月　**下関条約（台湾などが日本に割譲される）**
一九〇四	二月　日露戦争勃発	
一九〇五	九月　ポーツマス条約調印（ロシアから南満洲鉄道と旅順・大連の租借権を獲得）	八月　孫文を中心に清朝打倒を目指す中国同盟会結成
一九〇六	一一月　南満洲鉄道株式会社設立	九月　清朝政府が預備立憲の詔を発布
一九一一		一〇月　武昌蜂起（辛亥革命はじまる）

一九一二	七月　明治天皇死去	一月　中華民国臨時政府成立（孫文が臨時大統領に就任） 二月　清朝皇帝退位、清朝滅亡
一九一三	二月　大正政変	七月　袁世凱に対する武装蜂起（第二革命）勃発 一〇月　袁世凱が中華民国大統領に就任
一九一四	八月　第一次世界大戦に参戦**（一一月に日本軍がドイツの租借地青島を占領）**	一月　袁世凱が国会を解散 七月　孫文が中華革命党を結成
一九一五	一月　**袁世凱政権に「二十一か条要求」を提出**	五月　**「二十一か条要求」受諾** 一二月　袁世凱が帝政を表明（一九一六年に「中華民国」を「中華帝国」に改称）
一九一八	五月　**「日中共同防敵軍事協定」締結** 八月　シベリア出兵宣言	五月　**「日中共同防敵軍事協定」締結**
一九一九		五月　五・四運動（北京から全国に広がった日本帝国主義反対運動） 一〇月　孫文が中華革命党を中国国民党と改組・改称

西暦	日本	中国
一九二一	一月　**日中軍事協定廃棄**	一月　**日中軍事協定廃棄** 七月　中国共産党成立
一九二二	二月　**ワシントン会議で「山東懸案に関する条約」調印**	二月　**「山東懸案に関する条約」調印**
一九二三	九月　関東大震災	三月　旅順・大連回収運動展開
一九二四	一月　第二次護憲運動	一月　中国国民党第一回全国代表大会開催（孫文が「国民政府建国大綱」起草、第一次国共合作成立）
一九二五	四月　治安維持法公布 五月　普通選挙法公布	三月　孫文死去 七月　国民政府成立（広州）
一九二六	一二月　大正天皇死去	七月　国民革命軍（総司令官は蔣介石）による北伐戦争が開始
一九二七	五月　**第一次山東出兵** 六月　東方会議（対支政策要綱発表）	四月　四・一二反共クーデター（第一次国共合作崩壊）、南京国民政府成立 八月　共産党軍が南昌で武装蜂起

一九二八	三月　三・一五事件 四―五月　**第二、三次山東出兵** 六月　**関東軍が張作霖を爆殺**	四月　国民革命軍が北伐を再開（六月に北京入城） 一二月　張学良「易幟」（中国全土が統一）
一九三一	九月　**関東軍が柳条湖事件を画策（満洲事変はじまる）**	一月　国民政府が共産党勢力に対して掃討戦を行う（一九三〇年末からはじまる） 九月　国民政府が柳条湖事件を国際連盟に提訴 一一月　「中華ソビエト共和国」瑞金で成立
一九三二	三月　**関東軍が「満洲国建国」を宣言** 九月　**日満議定書調印**	一月　**第一次上海事変はじまる** 六月　蒋介石が「安内攘外」策を発表
一九三三	一月　**関東軍による熱河作戦開始** 三月　国際連盟脱退 五月　**塘沽停戦協定締結**	五月　**塘沽停戦協定締結** 六月　兵役法公布
一九三四	一二月　ワシントン条約廃棄通告	二月　新生活運動が江西省から展開 一〇月　中国共産党が瑞金の中央ソビエト区を放棄し、長征開始

西暦	日本	中国
一九三五	六月　**梅津・何応欽協定調印（日本の華北分離工作推進）** 一一月　**冀東防共自治委員会成立**	六月　**梅津・何応欽協定調印** 八月　中国共産党が八・一宣言を発表（抗日統一戦線結成を呼びかけ） 一二月　一二・九運動（日本の華北分離工作に反対する学生運動）、冀察政務委員会成立
一九三六	二月　二・二六事件 五月　軍部大臣現役武官制復活（軍部強権政治体制確立） 九月　帝国在郷軍人会令公布 一一月　日独防共協定成立	五月　全国各界救国連合会成立（「抗日救国初歩政治綱領」採択） 一一月　綏遠事件が発生 一二月　西安事件（張学良が国共内戦停止と一致抗日を蒋介石に要求）
一九三七	七月　**盧溝橋事件**、内閣が華北派兵を決定（盧溝橋事件以来の事態を「北支事変」と命名） 八月　**第二次上海事変**、暴支膺懲の「帝国声明」発表、「国民精神総動員実施要綱」決定	二月　中国国民党は中国共産党が提起した「合作救国方針」を受け入れ（中共問題の武力解決方針の放棄） 七月　**盧溝橋事件（日中全面戦争はじまる）** 八月　**第二次上海事変**、国民政府が「自衛抗戦声明書」を公表、「全国総動員令」下す、洛川会議（中

	九月　「北支事変」を「支那事変」に改称、内閣情報部が「支那事変に対する宣伝方策大綱」を立案 一一月　**トラウトマン平和工作開始**、日本政府と軍部が大本営を設置、別に大本営政府連絡会議設置 一二月　**日本軍による南京占領（南京事件）、北支那方面軍の工作による中華民国臨時政府北京に成立**	国共産党が「抗日救国十大綱領」採択） 九月　第二次国共合作成立 一一月　国民政府が首都を重慶へ移転 一二月　**南京陥落**
一九三八	一月　「国民政府を対手とせず」内閣声明発表（第一次近衛声明） 二月　大本営が中支那派遣軍を編成 三月　**中支那派遣軍の工作による中華民国維新政府南京に成立** 四月　国家総動員法公布 七月　昭和天皇による支那事変一周年の勅語下賜、張鼓峰事件が発生 八月　末次信正内相が「戦時下における言論報道の統制と資源枯渇防止」を指示（本格的な戦時新聞統制開始） 一一月　東亜新秩序建設に関する内閣声明発表（第二次近衛声明）	四月　中国国民党非常時期臨時全国代表大会で「抗戦建国綱領」が採択（国民参政会の設置を決定） 五月　**徐州陥落** 七月　国民政府が盧溝橋事件勃発の七月七日を「抗戦建国記念日」に制定 九月　山東抗日根拠地成立 一〇月　**広州、武漢陥落** 一二月　汪精衛が重慶を脱出し、「平和反共救国」を訴える通電発表

西暦	日本	中国
一九三九	四月 「国民精神総動員綱領」閣議決定 五月 ノモンハン事件が起きる 七月 国民徴用令実施、大日本忠霊顕彰会発足 八月 独ソ不可侵条約締結、平沼内閣総辞職 九月 ドイツ軍がポーランドに侵攻（第二次世界大戦勃発）、**駐蒙日本軍の主導のもとで蒙疆聯合自治政府樹立** 一一月 **日本軍が南寧攻略作戦を強行**	一月 中国国民党中央執行委員会が「防共委員会」設立を決定し、「異党問題処理弁法」を採択 二月 国防最高委員会が重慶で成立 三月 国民政府（重慶）が「国民精神総動員綱領」を発布 一二月 **汪精衛が「日支新関係調整要綱」に調印**
一九四〇	二月 斎藤隆夫による反軍演説 七月 第二近衛内閣発足、内閣が大東亜新秩序形成を謳った「基本国策要綱」決定、大本営政府連絡会議が南進政策決定 九月 日本軍が北部仏印に進駐、日独伊三国同盟結成 一〇月 大政翼賛会結成 一二月 内閣情報局の設置（情報宣伝の一元化）	一月 毛沢東が「新民主主義論」を発表 三月 中華民国国民政府（汪精衛政権）南京に樹立 五月 米穀の配給はじまる 八月 八路軍による百団大戦開始
一九四一		一月 皖南事変発生（国民党軍と共産党軍の武力衝突）

	三月　「当面の時局に対する輿論指導方針」閣議諒解 四月　日ソ中立条約締結 六月　独ソ戦争開始、大本営政府連絡会議で南部仏印進駐方針が決定 七月　日本軍による南部仏印進駐開始 一〇月　東条英機内閣成立 一二月　真珠湾攻撃（太平洋戦争勃発）、内閣が戦争を「支那事変を含めて大東亜戦争と呼称する」決定	三月　中国民主政団同盟結成、**北支那方面軍が「第一次治安強化運動」を展開** 八月　晋冀魯豫辺区成立 一二月　**国民政府（重慶）が日独伊に対して宣戦布告を行う**
一九四二	一月　「大詔奉戴日」閣議設定、日本軍がビルマに侵攻 二月　日本軍がシンガポールを占領 三月　ラングーン占領 四月　米軍が東京など日本の大都市を初空襲 五月　**日本軍が中国雲南省に侵攻** 六月　ミッドウェー海戦 一一月　大東亜省設置 一二月　**汪精衛来日**	一月　中国の中央政府を代表する国民政府（重慶）が「連合国共同宣言」に調印 二月　中国共産党による延安整風運動開始、中国遠征軍によるビルマ作戦開始 三月　国防最高委員会で「国家総動員法」が採択される 四月　毛沢東が「延安文芸座談会での講話」を発表 六月　中米武器貸与協定調印 一二月　**汪精衛訪日**

西暦	日本	中国
一九四三	二月　日本軍がガダルカナル島の撤退を開始 九月　イタリアが連合国に無条件降伏 一〇月　内閣が「在学徴集延期臨時特例」を公布、学徒出陣 一一月　大東亜会議が東京で開催	一月　汪精衛政権が対英米に宣戦布告、**「日華共同宣言」発表**、英米が対華不平等条約を撤廃 三月　蔣介石が『中国の命運』を発表 五月　国民政府（重慶）が中国共産党に党組織の解散を要求 一一月、蔣介石がルーズベルト・チャーチルとカイロで会談（カイロ宣言発表）
一九四四	一月　大本営が一号作戦（大陸打通作戦）を命令 二月　東条英機首相が参謀総長を兼任、軍政両面で独裁体制確立 六月　米軍がサイパン島に上陸 七月　東条英機内閣総辞職、小磯国昭内閣成立	一月　中国遠征軍がビルマで反撃開始 九月　国民参政会第三回第三次会議重慶で開催（中国共産党が中国国民党の一党専制の廃止を提起）、中国民主政団同盟が中国民主同盟に改称 一一月　汪精衛が日本で病死
一九四五	一月　**日本軍が南部粤漢打通作戦開始** 三月　東京大空襲開始 四月　米軍が沖縄に上陸、小磯国昭内閣総辞職、鈴木貫太郎内閣成立 五月　ドイツが連合国に無条件降伏 七月　鈴木内閣がポツダム宣言を黙殺し、戦争継続	四月　中国共産党第七回全国代表大会開催（「連合政府」構想の提出） 五月　中国国民党第六回全国代表大会開催（戦後に憲政実施を決定）

	を表明 八月　米軍が広島・長崎に原爆投下、ソ連が対日宣戦布告をする、昭和天皇の「玉音放送」 九月　**支那派遣軍が中国国民政府と降伏文書に調印**	八月　中ソ友好同盟条約締結、中国国民党と中国共産党による重慶会談が開始 九月　**支那派遣軍が国民政府軍に対する降伏文書に調印** 一〇月　中国国民党と中国共産党が「双十協定」に調印（戦後の中国国家建設をめぐる合意）
一九四六	一月　昭和天皇が「人間宣言」を発表（神格を否定） 五月　東京裁判開廷 一一月　新憲法公布	一月　政治協商会議重慶で開催（平和建国綱領可決） 六月　国共内戦開始 一一月　国民政府が国民大会を召集（中華民国憲法制定）
一九四七	一月　公職追放令改正、マッカーサーが二・一ゼネスト中止指令 三月　マッカーサーの初記者会見、民主党結成（芦田均が総裁に就任） 九月　天皇メッセージ（日本の安全保障を米軍下で確保するという提言）	一月　国民政府が中華民国憲法公布 二月　台湾で二・二八事件発生 九月　国民政府が七月七日を「陸軍記念節」に制定 一〇月　中共中央が「中国土地法大綱」を公布、人民解放軍宣言（蒋介石政権打倒を宣言）

西暦	日本	中国
一九四八	一月　帝銀事件 三月　芦田均内閣発足 六月　教育勅語・軍人勅諭失効 一一月　東京裁判判決	三―五月　国民大会が南京で開催（大統領を選挙） 九月　華北人民政府成立、遼瀋戦役開始（人民解放軍が反撃開始）
一九四九	二月　ドッジ・ライン（経済安定政策明示） 八月　戦争犠牲者に関するジュネーヴ諸条約締結	一月　人民解放軍が北京に入城 五月　中華民国国民政府が台湾に戒厳令施行 九月　中国共産党が召集した新政治協商会議北京で開催 一〇月　中華人民共和国成立 一二月　毛沢東がモスクワに訪問
一九五〇	四月　公職選挙法公布 八月　警察予備隊創設	二月　中ソ友好同盟相互援助条約締結 六月　土地改革法公布、米軍が台湾海峡に第七艦隊を派遣（台湾中立化） 一〇月　人民義勇軍が朝鮮戦争に参戦
一九五一	九月　サンフランシスコ講和条約、日米安全保障条約締結	一〇月　人民解放軍がラサに進駐

一九五二	四月　**台湾の中華民国と「日華平和条約」締結**	一月　中共中央が三反五反運動展開
一九五八	五月　長崎中国国旗事件	八月　金門、馬祖砲撃開始
一九六〇	一月　新日米安保条約締結	七月　ソ連が在中国技術者の引揚を通告
一九六二	一一月　**「日中長期総合貿易に関する覚書」（LT協定）成立**	一一月　**LT協定成立**
一九六六		五月　文化大革命開始
一九七二	五月　沖縄返還 九月　**日台断交、日中国交正常化**	二月　ニクソン訪中 九月　**日中国交正常化**

索　引

あ　行

か　行

さ　行

た　行

な　行

は　行

ま　行

や　行

ら　行

中 文 目 录

鄒　燦（すう・さん）

中国湖南省出身。

2008年中国南開大学歴史学院卒業、2011年同学院で修士課程修了。2016年大阪大学法学研究科で博士（法学）取得。専門は日中戦争史、近代日中関係史、政治的シンボルと記憶についての研究。現在大阪大学大学院国際公共政策研究科助教（Assistant Professor）。

〈主要業績〉

「盧溝橋事件とその後の中国共産党――対国民党政策の展開と抗日を中心に」『現代中国研究』第32号、2013年。

「盧溝橋事件周年記念日に見る日中戦争像――戦時期における日本と中国を比較して（一）、（二）」『阪大法学』第65巻第4・5号、2015-2016年。

「抗戦初期日本媒体的戦争宣伝：以『東京日日新聞』為個案」『民国档案』（中国）第125号、2016年。

「日本占領下の華中における盧溝橋事件記念の諸相と対日協力政権のジレンマ」『現代中国研究』第39号、2017年。

「盧溝橋事件記念日」をめぐる日本と中国
政治的語りに見る日中戦争像の比較研究

2018年2月28日　初版第1刷発行　［検印廃止］

著　者　鄒　燦

発行所　大阪大学出版会
代表者　三成　賢次

〒565-0871　大阪府吹田市山田丘2-7
大阪大学ウエストフロント
TEL　06-6877-1614
FAX　06-6877-1617
URL：http://www.osaka-up.or.jp

印刷・製本　尼崎印刷株式会社

ISBN 978-4-87259-594-9 C3020